进化战略

让企业在极速的商业变化中
长青的战术和战略

王民盛◎著

北京联合出版公司
Beijing United Publishing Co.,Ltd.

图书在版编目（CIP）数据

进化战略 / 王民盛著 . — 北京 : 北京联合出版公司 , 2021.12

ISBN 978-7-5596-5621-6

Ⅰ . ①进… Ⅱ . ①王… Ⅲ . ①企业管理 Ⅳ . ① F272

中国版本图书馆 CIP 数据核字（2021）第 205282 号

进化战略

作　　者：王民盛　　　　　　　　　产品经理：刘一寒
出 品 人：赵红仕　　　　　　　　　责任编辑：李艳芬

- -

北京联合出版公司出版
（北京市西城区德外大街83号楼9层　　100088）
北京联合天畅文化传播公司发行
天津旭非印刷有限公司印刷　新华书店经销
字数 299 千字　　710 mm × 1000mm　　1/16　　印张 22
2021 年 12 月第 1 版　　2021 年 12 月第 1 次印刷
ISBN 978-7-5596-5621-6
定价：59.80 元

- -

目录

第一部分　新时代的号角

第二部分　为什么现有战略理论失效

第三部分　进化战略

01

第 一 部 分

新时代的
号角

以工业革命为起点，发展到现在已有两百多年的生产力革命已经走到尽头，如今正处于从生产力革命到服务力革命的范式转换①关口。2020年暴发的新冠疫情给中国和世界带来巨大风险的同时，也蕴藏着巨大的机会，这个机会就是成为经济发展范式转换的助推器。

所谓服务力，不是我们惯常所理解的服务业，而是包含了更高级生产体系的高维服务力，是融合了用户视角沉浸、用户场景分析、网络化用户共创、定制化敏捷柔性生产和物流，以及全维度用户体验的产品与服务无缝融合的定制化服务！

越是重大的范式转换，其潜在收益越大，受到的阻碍也越大。这种阻碍在历史上往往表现为经济危机和战争。服务力革命是最为彻底的一次范式转换，因此面临的阻碍可想而知。

---

① 范式转换是指一个领域里出现新的学术成果，打破了原有的假设或者法则，从而迫使人们对本学科的很多基本理论做出根本性的修正。

第一章　新时代的号角

1.1　导火索：2020 年新冠疫情

2020年，新冠疫情席卷全国。

为了阻止新型冠状病毒的传播，中国经济仿佛被按下了暂停键。人员隔离，工厂停工，餐馆歇业，交通停摆。人民群众众志成城，英勇抵抗这场灾难。

在这场史诗般的战"役"中，我们暴露了许多问题，承受了严峻的考验，付出了巨大的代价，遭受了严重的损失。

疫情带来的直接经济损失以亿万计，直接和间接影响了中国全年经济增长。成千上万的中小企业没有挺过这场严寒的考验，永远地倒在了2020年的早春。对于更多的企业来说，能够顺利复工、复产，维持企业正常运转，已经成为整个2020年最大的目标。

然而，"风险与机遇同在，挑战与发展共存"。在这场危机中，我们也看到一些企业和行业获得了巨大的发展红利。

以钉钉为代表的线上协同办公工具，获得了爆发式增长，甚至被很多中小学指定为线上授课工具。

除此之外，生鲜新零售、线上教育平台、线上娱乐等与互联网相结合的新兴经济形态，都获得了显著提升。

这些变化到底是暂时的，还是会产生长期影响？

中国经济在疫情的打击之下会一蹶不振，还是会迎来新的发展契机，获得长期发展的新动能？

我们每个人的工作、生活和消费方式，是否会因为这场疫情迎来关键性的改变？

1.2 困局：生产力瓶颈成为世界动荡之源

如果我们把关注的目光从国内疫情移开，打量整个世界就会发现，世界面临的问题比这场疫情更加严重。一方面，全球经济正面临痛苦的阶段性发展瓶颈，全球进入存量博弈阶段，这是最近几年来世界局势越来越动荡的总根源。

另一方面，我们正处于从大规模标准化生产到个性化服务转变的前夜。如果迈过这个关口，我们又会迎来相当长时期的欣欣向荣的增长阶段。

但想到是一回事，做到是另一回事。正像历史上的那些重大产业革命一样，越是重大的经济范式革命关口，突破起来越困难。因为需要跨越非连续性鸿沟。

我们明明意识到鸿沟就在那里，但是现有利益结构已经根深蒂固，要跨越鸿沟就意味着放弃现成的利益，追求不确定的未来。人类骨子里贪图现实利益，畏惧不确定性风险的天性，导致了这关键一步极难迈出。

古语云"不破不立"，我们没有勇气去"破"手中的坛坛罐罐，也就没有办法去"立"新的天地。中国在农业时代引领全球，却没能迈向工业时代，就是被过去的成功所带来的利益束缚住了，也成为中国近代衰落的根源。

经历第一次工业革命成为世界头号强国的英国，之所以在第二次工业革命中落后于主要竞争对手德国和美国，就是因为它拥有太多蒸汽机相关产业的资产，明明看到电气化时代的到来，却无法抛弃现有的与蒸汽机相关的资产，坚决转向电气化。不像美国和德国因为要从零开始，反而能够轻装上阵，实现反超。

更要命的是，本次范式转换比以往历次都更加彻底，因此难度更大。

十八世纪以来的三次产业革命，本质上都是解放生产力，发展生产力，都是生产力范式的变革。本次产业革命，则是从生产力革命转向服务力革命，是更为底层的范式转换。

什么是"服务力革命"？我相信你的脑海里有个巨大的问号。其实，这是我新造的一个词语。

我们习惯于将经济结构划分为第一产业、第二产业、第三产业，其中第一产业代表农业生产，第二产业代表工业生产，第三产业代表服务业。十八世纪末的第一次产业革命、十九世纪下半叶的第二次产业革命、二十世纪六七十年代的第三次产业革命都是生产力革命，主要发生在工业领域，因此，也被称为工业革命。

在一般人的印象中，我们是先有第一产业，再有第二产业，然后发展出第三产业，发达国家因为已经经历过生产力高度发达的时代，所以服务业高度发达，GDP占比最高。

在上述观点中，我们不知不觉地采用了供给侧视角。

如果从需求侧视角看，用户需要的始终是可以满足多样化需求的服务，我们将这种针对人的具体需求而提供服务的能力称为"服务力"。

所谓产品，只是承载服务的一种载体，是服务的一个组成部分。

比如，老王买了一把锤子，拥有这个锤子并不是目的，而是为了用它在墙上钉个钉子。而钉钉子是为了挂画，挂画是为了让他的房间看起来更漂亮。当然，让房间更漂亮可能也不是最终目的，可能是为了在他朋友来他家串门看到这幅画时，认为他有品位。

但不管怎么说，他买锤子这一行为背后真正的需求是让他的房间变得更漂亮。但是限于经济条件，他只能采取购买产品+自助服务的方式实现这个需求。

在工业革命之前，以当时的技术条件，提供个性化服务的代价对于大多数人来说都是难以承受的。只有贵族能享受个性化服务。

产业革命的本质，就是将原先少部分人享受的奢侈品变成大多数人能承受的消费品。

第一次工业革命之后，拆分出制造业，通过大规模生产标准化商品，实现供给能力大幅提升，但是这种提升是以牺牲用户的个性化为代价的。

换句话说，我们是通过降低自身需求的标准，来适应蹒跚前进的生产力。但是对于占人口绝大多数的穷人来说，能享受到这些已经足够幸福了！

当年贵族享受的服装定制服务，是由手艺精湛的裁缝贴身测量、裁剪而成的高级成衣。

工业革命确实让服装的成本大幅下降，但我们只能购买固定的服装版型、固定的尺码，真正的个性化定制时装的价格仍然高昂，对于大多数人来说依然是奢侈品。

我们在工业时代所进行的绝大多数努力，都是努力在标准化的基础上扩大规模，提升供给效率的同时降低成本。

随着拥有14亿人口的中国快速走向全面工业化，这场提升生产力的竞赛最终走到了终点，在已被开发的市场范围，都面临供过于求的困境。作为全球生产中心的中国，则面临产能过剩带来的巨大政治经济压力，也成为全球压力中心。企业经营越来越困难，甚至大量破产倒闭，其根源都在于此。至于疫情，只是让情况变得更加严重一些而已。

要知道，这种压力在一百年前曾经引发过世界大战！中国过去几年一直高喊产能过剩，到处嚷嚷着去产能。去产能的背后，是中国社会表面稳定之下矛盾的暗流汹涌，如同地下埋着一座火山。

去产能只是一种权宜之计，并不是很好的解决问题的方案。就好比一个人长高、长大变强壮了，衣服穿不上，就把身上的肉削掉来适应这件衣服。

更好的解决方案，显然是把"市场需求"这件衣服做大，让它能适应蓬勃发展的产能。

因此，这种供需失衡产生的巨大压力，使得中国一方面大力发展"一带一路"，开发第三世界国家的市场；另一方面驱动产业链攀升，与占据高端市场的欧美公司竞争。这已成为中国解决过剩产能问题的国家级战略。

但是，从问题本质上说，这仍然是治标不治本，把问题爆发的时间人为地向后推迟了一些而已。等到市场开发到临界点后，问题还是会爆发，而且到时候会爆发得更加猛烈。

1.3　曙光：从生产力革命到服务力革命

为了真正解决这个问题，我们要进一步挖掘问题的本质。

供需真的失衡了吗？其实当下并不是绝对的供需失衡，而是一种结构性的相对失衡。

我们可以观察到，随着中国人均收入的提高，扩大消费的呼声日渐高涨，这就是所谓的"消费升级"。

消费升级并不一定是追求高价，而是不再满足于抹杀个性的标准化商品，追求个性化需求满足；不再满足于基础的功能性需求，而是追求更加高阶的心理和情感表达。因此，我们会看到如下充满矛盾的场景：

一方面国内库存积压，大量商品滞销；另一方面海淘消费旺盛，中国消费者在全球买买买。

一方面，面向大众的标准化大路货，让人们提不起消费兴致；另一方面，面向小众特定人群的定制化、IP化产品和服务供不应求，甚而引发抢购风潮。

比如最近两年风靡的泡泡玛特，以激发人们猎奇和收集心理的盲盒为卖点，获得显著成功。二次元衍生品的繁荣，国潮消费的兴起，各种"网红"商品一夜而红，都是暗流汹涌的历史大潮表面泛起的几朵浪花。

这些浪花都表明，人们的需求远没有得到满足。人们以前是迫于技术限制，通过降低需求的标准，来适应有限的生产力。人类已经在发展生产力这条路上狂奔了几百年，早已忘了自己真正的需求，而真正的需求从来都是满足个性需求的定制化服务。

发展服务力，才是真正满足人类需求，破解我们面临的困局的根本解决之道！

这里所说的服务力，不是我们惯常所理解的服务业，而是包含了更高级生产体系的高维服务力，是融合了用户视角沉浸、用户场景分析、网络化用户共创、定制化敏捷柔性生产和物流，以及全维度用户体验的产品与服务无缝融合的定制化服务。

引爆服务力革命，生产资料在线化只是最起码的要求，最关键的是形成包含用户网络、生产资料网络、研发设计网络、物流网络在内的复杂共创网络，支撑这一切的大数据、云计算、人工智能及区块链技术平台，使得用户需求能够被精确地捕捉到，商家根据用户需求定义价值焦点，围绕价值焦点设计出服务方案及相应的承载物。

根据上述设计方案，在社会化的生产资料网络中调集相应资源完成生产，然后再由物流网络汇聚到用户场景中提供服务。

以上概念太抽象，下面举个具体的例子。

有个住在北京的白领小明，和几个朋友去西双版纳旅游，拍到了一种罕见的蝴蝶的三维图像。在旅游过程中他与小兰陷入爱河，成为恋人。他想根据这个蝴蝶图像和他女友小兰的轮廓形象，设计一款别致的发卡，以此纪念两个人的恋情，并且将其作为半个月后女友的生日礼物。

他把这个创意通过5G网络上传到云端后，得到了AI设计师的响应，并迅速生成若干成品的三维设计图。小明指定一款后，继续进行他的旅程。

平台以精确到单体机器的颗粒度，设计原材料物流方案，配送到相应的数控机，与其他许许多多订单聚合在一起，以数控的方式批量完成个性化生产，然后再打包形成包裹，按照小明的要求，通过无人机直接在生日聚会现场送到小明手里。聚会现场被拍下来，并发到了短视频平台上。

许多人纷纷对这个发卡点赞，并提出了改进意见，表达了购买意愿。人类设计师在AI助手的协助下，迅速提升了发卡设计的水准，并生成虚拟三维的产品展示。各个用户拍下后，分别提出个性化定制需求，甚至有人将这个创意改成项链，有人作为房间的装饰品，有人则改为台灯的设计，然后又驱动生产和物流网络，形成一系列个性化产品和服务……

以上描述的情景，只是服务力革命时代无数可能性中的一种，而且远未到终局。

华为所说的"万物互联的智能世界"，意味着这个智能世界会像生物体一样不断演化。未来的供给复杂网络不再是通过生产计划、指令实现的，而是在现实互动中不断演化。

这如同科幻一般的过程还要实现高效低成本，让大多数人能承担得起，才能成为席卷一切的产业革命。这就需要整个供给侧打破如今刚性机械的结构，变成如同无数生物体组成的复杂生态系统，以用户需求为动力，在复杂交互中不断重组、进化、升维。至于将来到底会进化成什么样子，我们根本无法想象。

正如电气化革命爆发之后，原本流行的蒸汽机迅速退出历史舞台；当服务力革命爆发之后，工业时代的机械化大生产将迅速被扫地出局。

1.4　难题：现实面临的巨大阻碍

工业革命解决了供给效率的问题；已经接近尾声的消费互联网革命，解决了供给与需求连接的效率问题；接下来的产业互联网，本质上就是要将已经过剩的生产力转化为能够精确满足用户需求的服务力。

谁能占领服务力革命的先机，谁就能成为未来的宠儿，无论是微观层面的商业竞争，还是宏观层面的中美博弈，乃至世界秩序的重建，都是服务力革命的副产品而已。

中国的决策层显然已经看到了服务力革命的重要性。2019年11月15日，国家发改委官网公布了一条消息，题目是《关于推动先进制造业和现代服务业深度融合发展的实施意见》。该实施意见提出，到2025年，形成一批创新活跃、效益显著、质量卓越、带动效应突出的深度融合发展企业、平台和示范区，企业生产性服务投入逐步提高，产业生态不断完善，两业融合成为推动制造业高质量发展的重要支撑。

理想很丰满，现实很骨感。如何实现从生产力向服务力的迁移？其中存在两个难以解决的关键性矛盾：

1. 如何高效洞察海量用户多种多样的个性化服务需求？

2. 如何根据需求提供高效设计能力？

其中第二点比第一点更加困难。相对于早已实现工业化的制造业，工业设计还处在工业化之前的手工业时代。除了能用上电脑等现代化工具，绝大多数设计师的工作方式跟几百年前的手工工匠其实没有本质区别。

也正是因为设计行业的落后，现代工业始终是最小化设计与最大化生产的结合，通过高效生产弥补设计的低效。当然，代价我们都看到了，那就是大家手里的产品都是同质化的。就算我们可以选择不同品牌、不同产品，但是同一个品牌同一个型号的成千上万的产品都是高度一致的，个性化成为奢望，或者只是一定范围内的"伪个性化"。

服务力革命看起来千头万绪，不知从何推动，但根据历次产业革命的规律，一定存在关键的破局之道。如果能形成最初始的"原型胚胎"，不断发展壮大，将越来越多的要素卷入进来引发质变，就会最终引爆服务力革命。

第一次工业革命就是由小小的珍妮纺纱机引爆的，那么，能够引爆服务力革命的"珍妮纺纱机"是什么呢？

找到服务力革命的引爆点，也只是把问题解决了一半。

正如开头我们所说，越是重大的范式革命，阻碍也越大。讽刺的是，这种阻碍往往是过去的成功造成的：我们宁愿在现有困境中得过且过，也不愿意迈向不确定的未来。

美国和德国之所以能爆发第二次工业革命，不仅在于他们在蒸汽机革命中背负的包袱更小，而且在于他们分别通过南北战争和统一战争，用暴力手段消灭了阻碍前进的利益集团。第三次工业革命，更是在席卷全球的经济危机及两次世界大战之后，在全世界的痛苦涅槃中才爆发的。

服务力革命，是更为底层的范式变革，阻碍力量也会更强。难道我们要再经历一次大萧条以及战争吗？

正在这一关口，新冠疫情发生了。正应了中国的古老智慧"祸兮福所倚，福兮祸所伏"。

新冠疫情，尽管让中国付出了巨大的代价，但是从催生服务业革命的角度来看，它所起到的作用比一场严重的经济危机或战争更深远。因为它不仅改变了我们的经济结构，更改变了我们的习惯和心理，让我们在无形中对迎接服务力革命的到来做了相应的准备。

第二章　服务力革命的曙光

2.1　工业化的本质

在对服务力革命进一步展开讨论之前，我们需要回过头来，总结一下从第一次工业革命到现在，供给侧到底发生了哪些变化；正在发生的数据革命和智能革命，又会把供给侧改革引向何方。

首先，我们要深刻理解"工业化"这个词。只有彻底理解了"工业化"到底意味着什么，才能理解生产力革命的含义，"服务力革命"的含义也就揭示出来了。

根据教科书中的描述，所谓工业化，从宏观上看，指工业在一国经济中的比重不断提高以至取代农业，成为经济主体的过程。简单地说，就是传统的农业社会向现代化工业社会转变的过程。其中又伴随着"城市化"过程，也就是农业劳动力大量转向工业，农村人口大量向城镇转移，城镇人口超过农村人口。从微观上看，则是机器大生产代替了手工劳动，多人分工协作代替了工匠式生产，用能源驱动的机械力代替人力、畜力。这正是新中国成立70年以来中国正在发生的一切。

然而，上述描述只是现象，还未涉及本质。

工业化的真正内核，不是机器生产，也不是城市化，而是"数据化"。

更加精确的表述是，以"分解"为主要特征的"数据化"。

换句话说，供给侧数据化不是产业互联网带来的新趋势，而是在两百年前的工业革命发源之初就已经存在的长期趋势，只不过如今要将数据化扩展到更大的深度和广度，以及更高的维度。

人们通常把珍妮纺纱机、蒸汽机这些有形设备作为工业革命的标志。但是，第一次工业革命过程中真正决定性的变革，是无形的"标准化革命"。推动标准化革命的先驱，是美国工业家伊莱·惠特尼（Eli Whitney，1765—1825）。

1798年，美国正笼罩在随时与法国爆发战争的阴影之下，联邦政府急需四万支燧发滑膛枪。然而，新生的美国仅有两家国有兵工厂，无法满足如此海量的生产需求，因此，联邦政府决定向私人公司求助，预算为80万美元。

当时，惠特尼因创业失败而深陷债务泥潭，他将这笔金额巨大的政府采购视为天赐良机。他立即找到负责采购项目的主管官员，表示愿意承接一万支枪的制作。主管官员对惠特尼将信将疑，因为惠特尼此前从未接触过枪支生产，但由于战势危急，主管官员也只得病急乱投医，他决定相信这个年轻人。他孤注一掷地与惠特尼签订了期限为两年的制作一万支枪的合同，并将另外三万支枪的制作，分包给其他26家承包商。

难怪主管官员不相信，这个数量实际上远远超出当时人们对生产力规模的想象。按照当时的制作工艺，每支枪由一名技术熟练的铁匠承制并负责装配，他必须制作所有部件，还要使各部件吻合，生产进度极慢。如何才能完成这个不可能完成的任务呢？

合同签订后，惠特尼在康涅狄格州纽黑文市的郊外建了一座工厂。他亲自设计厂房，招募工人。在工厂里，他将枪分解成若干部分，用专门设计的模子和夹具加工制作同一种部件，再让工人将各部件组装成枪。他还对以前制作过的机械工具加以改进，制造出了用来切割金属的第一部铣床。他设计的机具使生产的部件之间的误差非常微小，每一支枪的每个零件都可以与其他枪的相同部件替换。

整整两年时间，惠特尼一直在试验和改进他的"可替换零件"和"标准化"生产方式，合同期限很快就到了，惠特尼一支成品枪也没造出来。负责该项目的官员大为恼怒，将惠特尼传唤到首都接受审查。

1801年1月，惠特尼从已经生产出的零件中好不容易凑出能够组装出十支枪的零件，带着这些宝贝来到刚刚建成的首都华盛顿，向联邦政府解释"标准化"的生产方式原理。在即将卸任的上届总统约翰·亚当斯和当选总统托马斯·杰斐逊及众多联邦政府官员和议员面前，惠特尼将这些枪拆散，再将拆下来的部件堆放在一起。然后，他蒙上眼睛，从一大堆部件中随机抓取重新组装成十支枪。按传统方式生产的枪，每支枪之间都存在一定差异，部件不能混用。因此，惠特尼的表演对于当时的人来说宛若魔术，在场的政府官员和议员们都惊呆了。

深谙生产工艺的总统杰斐逊马上就意识到惠特尼的发明对于工业发展的决定性意义。杰斐逊当场发表了一番被载入史册的即兴演说，他认为惠特尼发明的不仅是机器，而且是新的生产工序及管理方法。只有机器以不变的形状和规格进行切割，才能生产可替换部件。杰斐逊进一步指出，这一生产原理能大大降低成本，并对后勤保障具有重要意义。

对于当时严重缺乏劳动力和技术工人的美国而言，惠特尼发明的"标准化"生产理念极大刺激了制造业的发展，工程师们研发出了大量的新型加工机械。随着机器质量的提高，生产出的零部件的精度与质量也大大提高，生产效率也极大提升。

惠特尼让产品标准化变成现实，大大提高了生产效率，方便了产品在使用过程中的维修，迈出了工业走向批量化生产的关键一步。因此，惠特尼又被称为"现代工业奠基人"。

2.2　手工业时代的价值网

工业化进程中，有几个重点需要关注：

1.标准化带来的可替换零件，是促进生产力指数级发展的关键要素。

这样一来，人们就可以把一件产品分解为多个零件，将依靠高超的工匠技艺实现的复杂工序，分解为一系列不断重复的简单工序，这样就可以在极大地降低对工人技术要求的同时，极大地提升生产效率。

所谓的标准化，就是根据标准的设计图纸生产零件，并将零件的各项参数方差控制在可接受范围内。因此，这就是以"分解"为主要特征的"初级数据化"。

蒸汽机固然为工业化提供了"动力机"，但如果没有数据化的"工作机"，就如同拥有强大的力量却不懂控制的莽汉。澎湃的动力更适用于破坏而无法用于建设，也就没有多大的作用。

因此，工业化的内核，就是生产过程的数据化。生产工艺的"数据化分解"，促成了生产力的爆发。这就是所谓的供给侧"数据裂变"！

2.范式变革的前提，是存在足以撕裂原有价值网的需求场景。

数据化既然如此重要，为什么没有早出现呢？单单从能力上看，人类应当早就具备这种水平的数据化能力了。

任何一种技术的发明诞生并发展的前提，是存在足够的应用场景。瓦特在改进蒸汽机时就说过类似的话："如果不是有巨大的应用场景（以及由此带来的'钱景'），我才不会费这牛鼻子劲去改进蒸汽机。"

工业化的目的是实现大规模生产建设。但讽刺的是，以大规模破坏为目的的军事需求，恰恰是催生工业化的前提。

需求，才是推动工业革命发展的最重要的动力来源，比物理世界的能源还要重要。

在大规模热兵器战争出现之前，人们找不到大规模标准化生产的应用场景。农业时代的工具都很简单，村头的铁匠就能搞定，其他各种手工艺也大抵如此。

首先，手工艺生产不需要标准化，甚至反对标准化。

产品依赖匠人的技艺，而匠人的技艺高低直接使产品产生区分度。技艺好的匠人生产的产品自然会大受欢迎，匠人们为了突出自己的特色，会不断磨炼精进自己的手艺，也就是所谓的"工匠精神"，同时会给自己的产品打上独特的烙印。至于那些高端定制化需求，比如铸剑大师欧冶子的几把剑："湛卢""纯钧""鱼肠""巨阙"，每一把都有独特的名字和故事，都是有灵魂的艺术品。

再如，我们熟知的三国时代，吕布用"方天画戟"，关羽用"青龙偃月刀"，张飞用"丈八蛇矛"。这些"产品"都是根据使用者的特点量身定制，体现了用户自身的特点和独特品位，每一件都是传奇。（当然，这是小说虚构的，但是反映了人们的认知。）

你要说关羽拎着一把标准化生产的制式刀具SN-007上阵斩华雄，听着就差了十万八千里，哪有半点武圣风采。

在这样的环境下，你说要进行毫无灵魂的标准化生产，目的是降低工艺门槛，简直就是低级到穿透地心，直接落到鄙视链的底层。

其次，手工艺生产也不需要规模化，甚至反对规模化。

今天的人们回望过去，似乎很难理解这一点。其实今天的我们面临类似的困境，但大多数人也是浑然不觉。这就是无处不在的价值网导致的心智束缚。

匠人手工的产量低，所需要的市场容量有限，在本地就可以消化；与此同时，中世纪交通不便，导致物流成本很高，产品通常只在本地销售。匠人们为了避免彼此间的恶性压价竞争，也为了抵制封建领主的压榨勒索，便逐步联合起来，加强自己的力量与地位，按照不同行业组织了行会。

如果说现代工业受到供给侧思维的限制，不善于解决需求形态变化的问题，而过去的匠人行会则为了防止已有技艺失效，甚至连需求形态都不允许变更！

在工业革命之前，生产效率低下的手工业已经形成了一整套与之适应的价值网。这套价值网在保护手工业的同时，也限制了生产力的进一步发展。工业化发展到今天，这种匠人习气仍然在一些局部显现。

这样的价值网之下，根本就不存在大规模标准化产品的应用场景。唯一例外的场景就是大规模热武器战争。大规模的战争需要征召平民入伍，平民不像贵族，从小就进行军事训练，降低武器的使用门槛就很重要，这就需要武器都是制式装备才便于训练；热武器战争把任何耐用品都变成了易耗品，因此可补充可维护变得非常重要，只有零件标准化才便于后勤和修理；热武器是巨大的物资消耗，也就倒逼着生产效率的提升，提升效率最有效的方法就是零件标准化和分工协作。至于匠人行会，在国家战争机器面前，再强大的民间组织也不过是螳臂当车罢了。

2.3　广义摩尔定律

二百年来的工业化，从早期的简陋机器生产发展到如今遍布全球的精密复杂的供给网络。看似翻天覆地的变化，本质上不过是沿着惠特尼的道路继续前进，从而进一步释放生产潜力，仍然是在拆解的基础上进行更小颗粒度的数据化。

第二次工业革命以来，工业的主要动力始终是电力，动力形式在一百年间没什么变化，但是生产力水平仍然呈指数级提升，就是源于在数据化基础上更加精细化的生产控制能力。

惠特尼范式之下的数据精细化程度提升导致生产力水平指数级发展的规律，其实就是"摩尔定律"的实质，我把它称作"广义摩尔定律"。

今天的工业生产母机已经发展为精度极高的多轴数控机床，与一百年前人工操作的机床相比已经不可同日而语。加工环节只是供给侧的一小部分，在物流、仓储、人员、流程等方面，还有巨大的效率提升空间。

一百年前，人们把数据化方法从直接的生产环节扩展到对人的管理、物的管理及流程的管理，诞生了泰勒的科学管理方法，由此掀起了管理学革命。20世纪五六十年代，戴明博士发展了全面质量管理（Total Quality Management），日本丰田公司将戴明的理论发挥到极致，创造了"精益生产方式"（Lean Production）。

20世纪80年代，摩托罗拉提出"六西格玛"管理方法，其内涵是制定极高的目标、收集数据及分析结果，这些措施不断循环，以此来减少产品和服务的缺陷。美国通用电气（GE）在20世纪90年代，将六西格玛从全面质量管理方法演变成为高度有效的企业流程设计、改善和优化的技术，并被许多大公司所采用，成为科学管理技术登峰造极的标志。到此为止，惠特尼开创的工业化范式走到了理论的极限。

在信息技术的推动下，ICT[①]行业挑起了工业化的大梁，也是惠特尼范式之下的两百年工业革命的最后一波高潮。正是在这个时期，英特尔公司的联合创始人摩尔正式提出"摩尔定律"。如今，材料加工的数据颗粒度的精细化程度发展到顶端，集成电路制造工业的关键尺度已经逼近3纳米，也基本达到物理极限。

惠特尼范式的生产力发展已经逼近极限，此后的发展空间极为有限，根本不能承载拉动全球经济发展的需求。就算把人工智能、大数据、云计算、5G等先进技术统统用上，充其量也就是把供给侧的出错率逼近百万分之三点四而已（六西格玛规定的误差）。这点效益提升，连技术投入的巨大成本都填补不上，更别提发展了。因此，未来的所有希望都寄托在通过范式变革寻找新的出路上。

---

① ICT：信息与通信技术（Information and Communication Technology，ICT）。

以上列举的管理学这一派聚焦于对象和过程的数据化，被称为"大泰勒主义"（如果回本溯源的话，应该称为"大惠特尼主义"，但是管理学家们只记得一百年前的始祖泰勒，早已忘了二百年前的真正始祖惠特尼）。与大泰勒主义相对，管理学还有一派关注人际关系，以及人的心理对生产力的影响，这一派从梅奥博士主持的霍桑实验为起点，因此也被称为"大梅奥主义"。

大泰勒主义的代表又被称为定位学派，信奉"经营战略的制定可经由定量分析和定型计划流程解决"。我们知道的安索夫矩阵、SWOT分析、经验曲线、五力分析等一系列耳熟能详的分析工具，都是这个派别创造的。他们以此来制定战略、改变产品的生产流通环节及组织结构。

大梅奥主义又被称为能力学派，他们坚定地认为"企业活动应侧重于人际关系方面"，优秀的领导能力无法打分，组织的柔性无法量化。无法量化，就变成了一种说不清道不明，只可意会不可言传的玄学，只能作为前者的辅助。

这两派如同华山派的剑宗和气宗，彼此争论不休，互不相让。定位学派认为不管能力怎么提升，很快会被模仿，能力的作用在于支撑企业的独特定位。能力学派则认为，定位战略才是比较容易模仿的东西。双方都认为对方的理论会拖垮企业，直到现在也没有争论出统一的结果。

战略领域的超级通才亨利·明茨伯格最后出来和稀泥："一切依照实际情况。当外部环境较重要时就使用定位学派理论，当内部环境较重要时就使用能力学派理论。"

然而无论是定位学派还是能力学派，他们的理论框架都没有逃出祖师爷惠特尼画下的五指山：在给定需求的前提下，求解供给效率问题。

生产力发展到今天，恰恰是要推翻这座五指山。

我们身处VUCA［volatility（易变性）、uncertainty（不确定性）、complexity（复杂性）、ambiguity（模糊性）］时代，需求也是VUCA的，你

怎么解题?

这就好比华山剑派的所有武功招式,都是以敌人是人类为前提设计出来的,因此招式都是冲着人体结构的要害去的,你把招式练到足够熟练,就可以克敌制胜。但是现在,你要打的是天上飞的鸟,把这些招式练得再熟练也没用。

要想让经济进一步发展,还是得以力破巧,沿着数据化的道路继续走下去,实现更细颗粒度的供需匹配,这就要打破原先限定的供给侧边界,形成"供给—连接—需求"构成的复杂系统。在需求动力的驱动之下,这个更大范围的复杂系统的各个要素在复杂互动中,不断涌现新秩序,让整个系统如同智能生命体一样不断演化,从而引爆服务力革命。

然而,现有价值分工体系之下,供给侧已经形成的高度精密复杂的供应链网络,既是大规模工业生产的有力保证,也是供给侧进一步变革需要挣脱的价值网,起到了类似当年匠人行会的作用。

2.4 从数据"裂变"到"聚变"

两百年的工业化历程已经证明,对于供给侧来说,只要需求给定,无论这个需求多复杂、多困难,比如说你很难找到比"把人类送到月球"更复杂、更困难的需求,人类都可以通过数据化分解的方式把它搞定,并且可以通过数据化管理的方式将其成本降到合理范围。

比如,埃隆·马斯克正在努力用这种数据化分解和管理的方法,将"把人类送到火星"的成本降到合理范围。但人类遇到的新问题是,如何捕捉这些快速变化、高度分化且层出不穷的用户需求。

在工业时代,用户是孤立的、弱小的,难以发声,公共媒体、销售渠道都是极为昂贵且稀缺的资源,都被宝洁、可口可乐这样的大公司、大品牌所控制。因此,我们在看电视时,只能接受这些品牌广告的心智轰炸,在消费场所被这些品牌的商品包围，我们基本没有什么其他选择。

如今情况已经发生了巨大变化。一方面，由于供过于求，捕捉用户需求已经取代了供给能力，成为市场竞争的关键要素；买方市场的用户自然就拥有越来越大的话语权。另一方面，由于信息技术的发展，原先分散孤立的用户个体已经相互连接为复杂的用户网络，拥有越来越强大的力量，甚至可以在顷刻间左右企业的生死！

举个极端一点的例子，2018年滴滴顺风车事件，让这家估值几百亿美元的公司受到极大的影响，这种事情在前互联网时代是不可能出现的。这虽然不是直接与用户需求相关，但是反映了如今用户群体和企业的强弱地位已经对调。

大众点评、淘宝、微博等各类平台的用户评价成为商家的生死符，在更广泛的领域验证着用户权力的崛起。

每一代人的消费意愿和消费倾向也存在根本的不同。随着生活水平的提高，出生于1995年以后的中国人比父辈们更加自信，个性更强，更注重情感表达，更关注兴趣同好、圈子社交。这些被称作"Z世代"的年轻一代，通过信息技术结成用户网络，力量强大，同频共振，相互聚类，喜好多元。

为什么新一代年轻人喜欢玩盲盒，喜欢炒鞋？本质上都是源于他们心理上要追求独特性，由于没有合适的渠道把这种心理能量排遣出来，只能用一些看起来很怪异的方式表现出来。

接下来的关键问题是：需求侧如何数据化？

供给侧的数据化，本质上是将复杂系统层层拆解为简单组件，然后再精细化组装的过程，因此可以形象地称作"裂变"。

需求侧的数据化正好与之相反，将分散的、孤立的用户数据彼此聚合，同类化合并，形成相对规模化的订单；然后再基于需求，聚合细颗粒度的供给侧要素进行柔性生产，敏捷供给。因此可以称作"聚变"。

可以把供给侧要素想象成国家的部队，大数据和人工智能赋能的服务节点就像某个战场上的特种部队，不断侦测敌情（用户需求），当用户需求被侦测出来，立即呼叫后方支援，国家的部队则迅速形成打击组合消灭敌人。

这就类似华为公司现有的运作方式在进一步智能化升维后，扩展到整个经济系统。

这也是为什么要等消费互联网发展成熟后，才能发展产业互联网。因为只有消费端的连接和聚类足够成熟，数量足够大，才能让效率足够高的定制化生产落地。

这种听起来十分玄幻的跨公司、跨平台的社会化复杂协作，到底如何实现呢？其实现在已经能够观察到一些萌芽。

拼多多被许多人看作覆盖五环外下沉市场的低端货聚集地，但是创始人黄峥真正想干的事，就是通过需求侧的订单聚合，反向倒逼供应链改造，这是代表了生产力发展方向的最"高大上"的玩法之一。

拼多多的许多商品之所以便宜，是因为省去了供应链风险、库存风险、积压风险，也省去了品牌建设、营销和渠道费用。这些风险和费用加起来，往往使得用户到手价是出厂价的几倍。

拼多多平台许多商品的价格，看上去便宜得像在开玩笑，实际上它是因为高效而压缩了不必要的成本，虽然便宜但仍然有的赚，而且由于量大，持续满产开工，厂家比原有模式可能挣得还多。换句话说，拼多多的价格才是"正常"的商品价格，而我们通常看到的商品价格，是被渠道层层加价以及品牌溢价的结果。

拼多多虽然在用户需求聚类上玩得炉火纯青，但它仍是在惠特尼范式下做文章，只是对已有供给进行对应的需求聚类，无法发掘新的用户需求。

快手，曾经被许多人看作比拼多多更低端，低端到地平线之下的短视频平台，它可能正在充当"用户需求发掘平台"的角色，至少也是一种萌芽形态。

快手CEO宿华相信，每一种生活都值得关注，注意力可以创造价值。任何一个普通人都可以在快手上分享生活场景，当他的生活场景被许多人关注并与他互动后，就有可能萌生新的用户需求。比如手工耿，如果没有快手，他可能就是河北乡下一个不务正业的青年。但是他的手工制品被许多人关注后，在这些互动中就可能出现用户共创。如果后面对接柔性供应链，就是基于用户需求的定制化生产。

其实，还有一个更加典型的用户聚类和定制化生产的案例，就是早期的小米。

初代小米手机是怎么来的？一群手机发烧友泡论坛，发表对手机和操作系统的修改意见，在复杂共创的过程中，不仅逐渐迭代完善了设计方案，而且早在投产之前，就形成了确定性订单。小米在创立之初，就走上了围绕用户体验进行用户共创和定制化生产的道路，出现了"服务力革命"的萌芽。但是当它发展壮大之后，却退回到传统的"惠特尼范式"。

看到这些，就如同看到宋明时期中国出现的资本主义萌芽，却总是迈不过去那关键一步。这一步看似简单，但就是极难迈过，因为其中有各种错综复杂的利益牵绊，让你就是无法挣脱那张无形的束缚之网。

那么，我们怎么才能挣脱现有的价值网束缚，拥抱服务力革命呢？

第三章　需求与想象力经济

3.1　人类发展的"第一性原理"

七万年前，位于东非埃塞俄比亚高原的一个约一百人的智人群体，因为食物匮乏，不得不离开熟悉的家园，迈上寻找生存空间的艰辛旅程。面对未知的世界，他们那简单的内心世界肯定充满恐惧。他们绝对不会想到，他们的后代将会遍布地球上的七大洲，他们也不知道，他们的后代将会把这个世界改造成今天这个样子。

这微不足道的一小撮智人族裔所取得的惊人成就，为什么会迥异于整个生物界，也与其他人族产生了天壤之别？

他们的后代，是如何书写出这七万年的壮丽史诗的？他们是如何在世界的画布上挥毫泼墨，描绘出包含宗教、哲学、科学、政治、经济、城市、军队、弓箭、枪炮、马车、火箭、超级计算机等事物的波澜壮阔的历史画卷？

这个问题，让无数思想家和科学家目眩神迷，孜孜以求问题的答案。

刘慈欣在《三体3：死神永生》中，借着角色维德之口，点出了这个问题的答案："失去人性，失去很多；失去兽性，失去一切。"

人类之所以如此独特，是因为人是人性和兽性的复合体。

所谓兽性，可以理解为关于生存的欲望，这是所有生命体共同拥有的本能；所谓人性，则可以理解为智人想象不存在事物的能力，这是智人与其他动物最根本的区别。

只有欲望没有想象，人就成为被本能驱使的动物，与其他万千物种没有区别；只有想象失去欲望，人就会沉浸在虚幻世界中迷失方向，丧失前进的动力。无论是沉浸在天国幻想中的中世纪欧洲，或者被千万神明统治的古印度，还是宣扬"存天理，灭人欲"的宋明理学，都是因为脱离人欲，沉浸在虚幻的想象中，迷失自我，陷入了可怕的停滞。

只有欲望和想象有机结合，才能驱使人类不断创造出不存在的新事物，来更好地满足自己的欲望，从而推动人类自身不断向前发展，人类社会才能从七万年前的智人部落变成今天这个样子。

欲望与想象，相互激发，相互交织，又相互融合，使得两者都变得更加丰富多维，变成如今我们所说的需求动力和想象力。

人类的历史，就是以需求动力为经、想象力为纬所展开的多彩画卷，这就是人类发展的"第一性原理"。

3.2　想象力经济

今天的人类，想象力的翅膀已经开始与数据化风潮相结合。当两者真正有机融合，经济活动将会如同神话传说中的大鹏鸟，扶摇直上九万里，发展到今天的我们难以想象的境地。

这就是所谓的"想象力经济"时代！

马云在2017年的第四届互联网大会上，发表了关于想象力经济的观点："什么叫作新经济，其实是创造力经济、想象力经济，我们去创造，我们去想象……想象力经济和创造力经济就是今天所谓的'新'字。未来世界的很多方面我们今天是很难想象的，真是很难想象的，三十年以后过去人家想象不了……很多人因为看见而相信，但是我们这些人因为相信而看见。我们相信它是未来，我们看见它是未来，我们把它变成未来，这个才是转型中我们每个人都要有的东西。"

我无法向大家具体描述想象力经济的世界将是什么样子，正如30年前的人类，无论如何也无法想象今天的世界。但我可以阐述想象力经济的底层逻辑，这一底层逻辑可以像一盏明灯，为许许多多新世界的探索者指明前进的方向。

我们当前处在生产力革命向服务力革命转折的关口，这场范式革命是由两百年前美国的工业家惠特尼开创的，基于已知需求通过数据化手段提升效率的范式，转换到围绕人不断变化发展的需求，提供快速演进的个性化服务的新范式。

这并不是创造出一种全新的发展范式，而是回到人类发展的"第一性原理"，回到以人的"真需求"为主轴，以想象力翅膀为推动，需求形式不断跃迁的发展历程。

想象力经济的基本法则是：

以真需求为导向，将人的想象力与现实相结合，成为改变现实的创造力；

创造落地之后，真需求又会向前发展，形成新的需求形态，驱使新的想象力和新的创造物；

如此循环反复，就可以在充满不确定性、满是迷雾的未来之海中航行时，始终把握前进的方向，终究能够驶向想象力经济的新大陆。

在VUCA时代，用户需求形态快速变化，供给侧的想象力既要天马行空，无限自由，不被现有的供给形态所束缚，又要被真需求所牵引，形成服务战略和企业战略的二元战略体系。

对于企业而言，要锚定特定的真需求组合，制定适合自身长期发展的战略，在这一需求方向上重度投入资源，形成压倒性的战略优势，围绕这一战略优势持续发挥自身的想象力和创造力，才能驱动企业的长期发展。

任何具体的服务，都要针对真需求在当下环境中的具体需求形态，发挥想象力和创造力将服务落地，只有这样才能具备用户价值，在达成用户体验的同时，实现企业自身增长。

服务战略是企业战略指导下的关键战役，企业战略则是服务战略的宏观体现。如果将企业战略比作沿着真需求方向川流不息的大河，服务则是构成这条大河的朵朵浪花。

3.3　命运共同体引领的新时代

在数字化技术的加持下，未来世界的想象力翅膀，如同装上了动力澎湃的喷气发动机，日新月异，一日千里。

如果没有正确的方向引领，创造力成为直接满足真需求的工具，那么就有可能出现著名反乌托邦小说《美丽新世界》中的恐怖景象：人们陷入各种各样的快感满足当中，沉溺于虚幻的幸福。美国媒体文化研究者、批判家尼尔·波兹曼于1985年出版的《娱乐至死》中也提出告诫，如果一切都以娱乐的方式呈现，人类心甘情愿成为娱乐的附庸，最终会成为娱乐至死的物种。

未来既有悲观的一面，也有乐观的一面。

提出了"想象力时代"概念的丽塔·J.金（Rita J. King）曾说："在想象力时代，我们可以共同设想和创造我们想要的未来。这不是编织出来的乌托邦，让我们在直面挑战时好受一些，而是让我们能够快速迭代原型、测试想法，改变我们的体制和生活。"

如何才能到达乐观的未来，而避免走向悲观的前景？

姜子牙在《六韬》中早有告诫："同天下之利者则得天下，擅天下之利者则失天下。"老子在《道德经》中也说："因其无私而成其私。"未来的想象力经济连接所有人，影响所有人，那么就必须走出小我，拥抱大我，以所有人的利益为根基，打造互利共赢、持续繁荣的命运共同体。

具体地说，以想象力为载体的服务力革命，首先需要进行三方面的虚实转换。

第一，以供给结构为虚，以满足需求为实。

为什么会存在组织心智和价值网的束缚？就是我们太在意已有的供给结构，而忘记了这个供给结构本身是为了满足用户的需求，这个供给结构应该随着需求形态满足而不断地发生变化，所以供给结构应该为虚、需求应该为实，要回到创业的初心。要根据用户当下的需求形态与核心痛点，重新定义供给结构。

第二，以获利为虚，以创造价值为实。

美国第35任总统肯尼迪在就职演说中有句名言：不要问国家能为你做什么，而要问你能为国家做什么。

虽然每个企业都是靠获利来谋生，但商业的根本逻辑是，因为企业解决了问题，创造了价值，所以企业获得了回报。这个回报使得企业增强了能力，能够创造更多价值，解决更多问题。所以企业生存的根基一定是以创造价值、解决问题为实。

第三，以局部利益为虚，以系统生态繁荣为实。

不论是个人，还是企业，其实都应该拥抱更大的生态系统，为更大的生态系统谋福利。只有大生态系统繁荣，才能造就自身的繁荣。

而这所有的一切，都要以人为核心。首先是以用户为中心，其次是把所有的价值贡献者作为用户。华为公司所说的"以用户为中心，以奋斗者为本"，就是这个意思。

公司要想成就伟大，必须懂得克制，建立正确的使命、愿景、价值观。

腾讯的许多服务直接以心理需求为根基。微信在发展早期，也没少纵容人的负面情绪背后的心理需求，但是一旦成长起来就会立即改变自己，更加关注社会需求。腾讯公司曾经没有明确的价值观，但是经过痛苦反思，腾讯将使命定为"做最受人尊敬的公司"，最近又把使命变更为"科技向善"。

树立正确的使命、愿景、价值观，也是腾讯能够脱颖而出，发展为一家超级公司的根基。

工业革命的世界观来自机械论和还原论，并且获得了巨大成功。那是因为，那时的需求已知，主要矛盾在于优化供给系统，提升效率，扩大供给。而提升效率最好的方法就是惠特尼范式，通过数据化手段将复杂的系统拆解为简单的零件，逐级优化。

信息革命之后，数据化不断向纵深发展，信息量呈指数增长，而信息就是相互作用，打破了机械论、还原论成立的前提：弱相互作用近似。信息流使得相互作用的各方不断变化，创新涌现速度不断加快，分散孤立的用户连接成为用户网络，一个个独立存在的企业成为生态系统中的生命体，简单孤立的价值链变为复杂互动的价值网络。不仅价值创造的各环节利益相关，命运相连，连用户也成为价值创造的一部分。

因此，我们需要进行一轮彻底的革故鼎新的大变革。不仅是业务范式的变革、思维方式的变革，也是价值观和世界观的变革。

3.4 服务力革命的"珍妮纺纱机"

引爆服务力革命，生产资料在线化只是最起码的要求，最关键的是形成包含用户网络、生产资料网络、研发设计网络、物流网络在内的复杂共创网络，以及支撑这一切的大数据、云计算、人工智能及区块链技术平台，使得用户需求能够被精准地捕捉，根据用户需求定义价值焦点，围绕价值焦点设计出服务方案及相应的承载物，以及根据各方贡献度进行价值分配。根据上述设计方案，在社会化的生产资料网络中调集相应资源完成生产，然后再由物流网络汇聚到用户场景中提供服务。

其中涉及几项根本的范式转换：

一是数据化从分解转向聚合。两百年的工业化，本质上都是建立在分解基础上的"数据化";而服务化,则要求各种要素数据化分解之后进行有机聚合。

二是三大虚实转换。以供给结构为虚,以满足需求为实;以获利为虚,以创造价值为实;以局部利益为虚,以系统生态繁荣为实。

三是真正做到以人为本。首先是以用户为中心,其次是把所有的价值贡献者作为用户。

只有进行了这三大范式转换,我们才能回到人类发展的"第一性原理":以快速变化、高度分化的需求动力为方向,以数据智能相关技术加持的想象力为翅膀,织就丰富多彩的未来世界。

服务力革命席卷一切,影响深远,不可能一蹴而就,也不可能在各行业全面铺开,必然是先在局部形成原型胚胎,再逐渐发展壮大,最终将全社会逐渐卷入,汇成汹涌澎湃的服务力革命大潮。

生产力革命进程中,关键引爆点是在纺纱环节诞生了"珍妮纺纱机"。其背后的逻辑是在某些特定环节取得突破,导致该环节与其他环节之间产生供需失衡的压力。通过压力的逐级传导,引发更多环节的变革,这些变革相互激励,震荡增强,最终导致整个供给系统的大变革,引爆了生产力革命。

生产力革命的基本逻辑是"分解",但是服务力革命的基本逻辑则是"聚合",因此不可能是单点引爆,从一开始就必须是系统工程。

具体地说,必须要在某个行业局部形成完整的C2M(用户到工厂)系统,在这个闭环系统内不断迭代打磨,形成相对成熟的模式,然后再将这种模式移植到更多行业的同时,打破这些行业的界限,形成跨界融合的C2M范式,最终引爆服务力革命。

现在C2M这个概念很热,很多电商都声称自己是搞C2M的,但各自存在本质差别。

现在绝大部分号称C2M的企业,本质上只是团购,将C端订单聚合,直接从工厂订货,其中并没有实现基于用户需求数据的定制,更谈不上基于用户需求的定制或创新。

因此，我们将本质上是团购的模式称为C2M 1.0；在1.0的基础上，叠加基于用户需求定制的模式称为C2M 2.0；在2.0的基础上，再叠加基于用户共创的个性化创新设计的模式称为C2M 3.0。

只有到了C2M 2.0才算是迈入了服务力革命的门槛，而C2M 3.0才是服务力革命的真正形态。服务力革命的"珍妮纺纱机"，不是具体的某种机器，而是一个"麻雀虽小五脏俱全"的C2M系统。

生产力革命首先在纺织服装业萌芽，服务力革命的萌芽也首先出现在服装业，这一巧合的背后存在深刻的产业逻辑：

服装一方面是大众高频刚需的消费品，具有巨大的发展势能；另一方面是价值环节较少，取得突破的难度相对较小。这是生产力革命和服务力革命共通的逻辑。

对于服务力革命至关重要的是，服装（主要指女装）相对于其他产品，个性化需求的天然属性更加强烈，除了每个人喜欢的款式千差万别，人们的体型、体态也存在许多差异，因此服装业会成为服务力革命首先的突破口。

中国服装业的许多玩家，都在尝试C2M的不同玩法。服装业发达的山东青岛，就有两家服装公司分别瞄准了两个主要方向：其中韩都衣舍针对的是个性化款式，酷特智能主要做针对用户形体数据的个性化定制。

韩都衣舍的打法十分类似华为"大中台+小前台"的组织架构（韩都衣舍称之为：小组制）。大中台提供以营销、企划、生产、物流几个核心业务部门为主的赋能体系，从市场中收集、分析涉及商品全生命周期的数据，通过数据赋能、业务能力赋能的方式，让小前台不断提升决策的准确率和执行力；小前台通常是类似"华为铁三角"的三人团队，紧密对接客户，通过共创的形式形成创新设计，并紧跟销售数据组织补货，催生爆款。

酷特智能的业务方向则在于基于数据技术的四化建设：

标准化：量体过程的标准化；

数据化：建立体型数据的精细化数据库；

模板化：基于数据库建立上百万套服装版型；

自动化：基于体型数据和服装版型的自动化柔性生产。

在四化建设的基础上，能够实现大规模、低成本、高效率、个性化的柔性供应。

酷特与韩都衣舍的成功案例证明，至少在服装业，基于用户个性化需求的敏捷设计与供给是完全可能的。其中的关键在于设计和生产过程的标准化和数据化，通过数据化的用户需求，将已被拆解到极细颗粒度的产品要素重新进行组合，形成个性化的新产品。

接下来的问题是，如何将服装业这单一行业已经验证的C2M模型扩展到大部分工业行业。

第四章　服务力革命的践行者

4.1　疫情中的百倍增长

从服装设计迁移到工业设计，需要跨越巨大的鸿沟。服装设计的产品都是衣服，共性远大于个性，设计环节相对简单，比较容易做到标准化、数据化；但是工业设计覆盖的产品以千万计，设计一个鼠标和设计一辆汽车，差别太大了，如何才能做到工业设计全域的标准化和数据化？

其过程无比艰辛、漫长，如同通向珠穆朗玛峰的勇者之路。尽管道阻且长，但已经有探索者在这条路上上下求索，那就是中国的洛可可创新设计集团（以下简称为"洛可可"）及其孵化的洛客设计平台（以下简称"洛客"）。

洛可可是一家有上千名设计师的设计公司，相比于动辄上万人的互联网巨头，洛可可只是个小不点。但设计公司能达到如此巨大规模的，在全世界都极为少见，因为这个行业本质上还是手工业，大部分设计公司都是几十人甚至几个人的手工作坊。再加上入驻洛客的数万名设计师，洛可可的规模可以说已经相当庞大了。

在洛客上，社会化协作、社会化创造及社会化分配收益已经成为现实。这里仿佛正在孕育即将点燃中国全面服务力革命的火种。

在新冠疫情之下，大部分设计公司的业务陷于停滞状态，洛客的设计业务却迎来爆发式增长。平台上一天的新增业务量，超过洛可可过去一年业务量的总和。仅仅是线上业务量的增长不能说明什么问题，谁都知道，设计工作是慢功出细活，很难用效率来衡量。只有出现设计效率革命，才是实质性的变更。

2020年2月2日，洛客云智能设计（以下简称"洛客云"）正式发布。这一人工智能辅助设计平台目前还很稚嫩，但是已经可以实现10秒钟设计100款专属LOGO，且价格仅需9.9元，平均每个LOGO的设计费只需要1分钱。

传统设计公司进行LOGO设计所需的时间通常是3~15天，费用则在1000~10000元之间，因此，洛客云实现了百倍以上的效率提升。这一新物种的出现，在网络上引发人们强烈的关注，仅"设计师用100个LOGO助威火神山"这一微博话题，在几天内就引来上千万的浏览量。

未来，随着AI辅助设计的一步步迭代成熟，各种工业产品的设计过程将变得极为高效，连用户也可以使用这一云平台设计自己想要的产品。到那个时候，想象力经济就真正来到我们身边。

上述成绩的取得，在于过去十几年间，有一部分人为了服务力革命的伟大愿景，一步步做好了标准化、在线化、数据化、智能化的准备。新冠疫情这一黑天鹅事件，只不过是助推业务发展的催化剂而已。

4.2　艰难前行的中国探索者们

在二百年前工业革命的时代，制造环节与设计环节从手工艺的母体中被切分开，从此走上不同的发展道路。相对于早已实现工业化的制造，工业设计还处在手工业时代，除了用上了现代化的工具，大多数工业设计师的工作方式与两百年前没有太多分别。

要想实现个性化服务，需要完成如下三部曲：

1. 补课：实现工业设计的工业化，也就是工业设计也要像制造业那样实现标准化和数据化。

2. 赋能：激活全社会设计师资源，用人工智能、大数据、云计算的能力对他们进行赋能，实现高效、便捷、相对廉价的高质量设计。

3. 在前两步的基础上，激活用户，实现CBD[①]共创，最终实现大规模个性化服务。

洛可可于2004年创立，到目前为止，经历了五个主要发展阶段：

1. 2004—2014年，专业化，这是补工业化的课；

2. 2014—2016年，结构化和标准化；

3. 2016—2018年，标准业务在线化；

4. 2018—2019年，在线业务数字化；

5. 2020年，数字业务智能化。

这里面有几个关键点，值得特别关注：

一、补课过程相对漫长。这其中不仅是工业设计行业本身在补课，中国制造也经历了从备受抨击的山寨、仿冒，到自主设计、创新设计的过程，可以说整个中国的工业都在补课。

二、工业化补课之后，接下来几个阶段发展速度相对较快，而且是越来越快。

这里面体现了阿里巴巴曾鸣教授的观点：中国正处于三浪叠加的发展机遇期，在这个过程中可以实现跨越式发展。这三浪分别是工业标准化、信息数据化和智能决策化。服务力革命本质上是数据驱动的要素聚合的过程，一旦补上了工业标准化的课，就可以快速对接信息革命和智能革命的新技术，实现高效的要素聚合。

---

① C 代表用户（Customer），B 代表商家（Business），D 代表设计师（Designer）。

三、洛客并不是洛可可单打独斗的结果，而是在阿里云和钉钉的生态之下发展。而洛客诞生后又反过来赋能众多中小企业，这也体现了服务力革命的特点：互利共荣，以生态系统的形态进行集群式发展。

在此，可能很多人会有疑问：美国是信息革命和智能革命的发源地，应当具备比中国更好的服务力革命的发展前景。

信息流使得相互作用的各方不断变化，创新速度不断加快，分散孤立的用户连接成为用户网络，一个个独立存在的企业成为生态系统中的生命体，简单孤立的价值链变为复杂互动的价值网络。不仅价值创造的各环节利益相关，命运相连，连用户也成为价值创造的一部分。可谓一荣俱荣，一损俱损。

服务力革命是复杂系统世界观下的产物，而工业革命是牛顿机械世界观的产物，世界观的不同也会带来不同的价值观和方法论。生产力革命，本质上是分解基础上的数据化，符合牛顿机械论世界观，在西方世界得以蓬勃发展。但也正是这种世界观，成为美国迈入服务力革命门槛的最大障碍。

举个当下的例子，在发达的通信和交通水平之下，世界已经相互连接为一个复杂网络系统。流行病传播具有复杂网络的特点，应对方式也必须顺应复杂网络的规律。

新冠疫情来临时，中国上下一心，相互配合，全民抗疫，掐断传播的途径。但是奉行自由主义的美国等国家，既无意愿也无能力采用相同的应对方式，因为与他们的价值观和方法论不匹配。

从产业发展的视角看，20世纪90年代，六西格玛管理体系成熟，意味着牛顿世界观下的管理学发展到登峰造极的程度。执行六西格玛质量标准，意味着出错率不能超过百万分之三点四，再进一步提升控制精度，不仅难度极高，而且也失去了现实意义。

也就是从这个时期开始，美国的工业开始大规模向中国转移，因为这些传统工业门类已经发展到尽头，无法通过技术和管理改进提高效率。美国金融资本对传统产业失去了兴趣，转而通过产业资本全球化配置来榨取利润，并将主要兴趣投入新兴的信息技术产业，也就是如今所说的ICT行业，只有这里才有足够的利润回报。

工业化的本质就是数据化，ICT行业被美国精英看作工业体系的王冠，控制了ICT行业就等于控制了所有行业，不仅控制了所有工业门类，也包括军事、政治、金融。因此美国放心地去工业化，只要把ICT行业牢牢控制在手里就好。其他国家只是空有躯壳，大脑都被人家控制了，努力工作也不过是替美国打工而已。这就是美国主导的全球产业分工体系的实质。

然而，这项与美国霸权密切相关的重大事务，出了一个天大的纰漏（参见本人所写的《华为崛起》）。

在美国的百般围堵与软硬兼施之下，中国不仅形成了自主且相对完整的工业体系，而且还诞生了极为顽强、使命极为远大的华为公司。

这家公司苦苦奋斗30年之后，已经渗透到ICT行业的几乎每一个子类，不仅在5G领域独领风骚，而且与那些如雷贯耳的美国ICT巨头，如思科、微软、谷歌、苹果、高通、英特尔、甲骨文、IBM……都存在业务上的竞争关系。而且这家公司被美国动用国家力量打击，非但没有被打垮，反而越挫越勇。除了华为之外，还有阿里巴巴、腾讯、美团、今日头条、快手等中国公司，形成全世界唯一能够与美国分庭抗礼的ICT产业生态。

虽然在5G上不及中国，但美国的ICT行业整体仍然强大。由于缺失广泛的工业基础，空有强大的ICT行业也是孤掌难鸣，美国已经在实质上丧失了"服务力革命"的入场券。

服务力革命不再像生产力革命那样，通过裂变实现单点突破，必须通过系统化整合才有机会。昔日美国的工业明珠通用电气和波音，如今麻烦不断。明珠蒙尘，都是美国工业基础塌陷的表象。

中国的ICT行业，却呈现出大企业作为营建生态环境的航母，中小企业在生态上繁荣发展的"超级航母舰队"格局。由于中国的产业基础完整，

ICT技术向其他行业渗透存在广阔的发展前景，不像美国空有强大的ICT公司，却没有太多的用武之地。洛客就是在阿里云和钉钉的生态之下，正在崛起的中小企业代表，也是ICT行业与传统行业相互交织，催生面向未来的想象力经济的一个关键平台。

4.3 从工业化到生物化

洛可可创始人贾伟基本是白手起家，由于为人随和，熟悉他的人都叫他老贾。他原本是一家大公司的设计师，离职之后从500块钱一个月租别人一个工位开始了创业之路。

三年时间，贾伟的公司从一个工位发展为30多人，由于工业设计的手工作坊性质，基本上已经到了设计公司的自然极限。贾伟每天忙得脚打后脑勺，想让公司规模进一步扩大，却难以寸进。

有一天，他偶然看了一份名叫《前程无忧》的报纸，上面有一篇文章叫作《什么是作坊？》，其中列举了六条标准，贾伟一条一条对照自己的公司，发现一模一样。

闹了半天，自己就是一个作坊主？

贾伟坐不住了。他不满足止步于此，因为他及其合伙人团队，心中藏着一个炽热的梦想——"挺起中国民族设计的脊梁"。凭什么中国只能是一个山寨大国，而不能拥有属于自己的优秀原创设计？他们心中总是憋着一股劲儿。

虽然洛可可已经成为中国首个获得国际设计大奖的公司，并且成为首家为世界五百强提供设计方案的中国本土公司，但是只靠这点人马，如何改变整个中国设计水平落后的面貌？

贾伟虽然不甘心，但是全世界的设计行业基本都是这样，他也没有可以学习借鉴的地方。他四处请教专家学者，别人也告诉他，设计公司不可能做大规模。

以下是一位专家跟贾伟的对话："养一千头猪难不难？""不难。""那养一千个孙悟空呢？""不可能。""设计公司做大违背客观规律。"

虽然四处碰壁，但是贾伟有中国西部人特有的执拗性格，不到黄河心不死——既然没人告诉我该怎么扩大规模，那我就自己摸索！

贾伟的想法是：制造环节已经工业化，而设计环节仍然处于手工业阶段，那么显而易见，让设计环节向制造业学习工业化，就可以解决问题。

贾伟为这个想法感到欣喜不已，那段时间他疯狂地看制造业的书。其中，大野耐一的《丰田生产方式》等经典著作，给了他很大启发。他决定按照书中所说，将设计过程转换成标准化流程，然后让设计师们进行工业化流水线作业。

贾伟潜心研究了一段时间，将设计工作分成43个不同标准环节，然后指挥全公司的人，投入轰轰烈烈的工业化改造中。

一下子运用新的分工协作方式，惯于单打独斗的设计师们都很不习惯，贾伟在公司各处转悠，到处打气鼓劲："××，你草图画得真好，有可能成为草图大师/建模大师/创意大师/提案大师，我看好你啊！"至于表扬的具体内容，则根据对象和工种而异。

按照这种方式，公司规模扩大了，而且工作效率大幅提升。公司逐渐打造了统一的渲染库、素材库、模型库，为以后的工作效率提升提供助力。贾伟得意地称自己的公司为"中国的创意流水线"。

但贾伟也渐渐察觉到，公司的气氛变得诡异了，戾气和压抑的情绪在公司四处蔓延。原来很少有人离职，如今离职申请渐渐多起来，甚至出现整个部门提交辞职申请的现象。贾伟到处灭火，安抚情绪，他感到出了问题，却不知道问题出在哪里。直到有一天，他看到建模负责人拿了一把匕首扎在办公桌上。隔一段时间，建模负责人就把刀拿起来挥舞几下，然后再恶狠狠地扎下去。

贾伟被吓了一跳：这样下去，是要出大事啊！

他赶紧召集全公司开总结会，结果成了公司的吐槽大会。大家纷纷抱怨，公司内产生了阶级歧视，负责创意提案的自觉高人一等，负责建模渲染的如同苦力，怨气很大，再也回不到过去平等的工作环境了。

过去，设计师每完成一件作品，会有很大的成就感，让他有饱满的激情投入下一轮工作，形成正反馈循环。如今不断重复同一个环节，看不到成果也得不到激励，时间长了就会对工作失去兴趣，而且设计师也担心自己其他技能生疏了，于是纷纷提出离职。

贾伟这才明白，怪不得同行都不搞工业化改造，原来工业化除了降本增效这一好处，还有一大堆副作用。这些弊病在制造工业化的过程中都发生过，只不过蓝领工人没有独立谋生的技能，不得不依附工业化体系。优秀的设计师在同行业有很多机会，何必在洛可可遭这份罪呢！这样下去，公司非散架不可！

认识到问题的严重性，贾伟在公司全体员工面前承认错误：我看错书了，受到误导，我们再改回去，大家别走了好不好？

虽然经历这一番折腾，公司员工流失了不少，但也不都是坏处。洛可可的设计师们也吸收了工业化改造中的一些优点，比如工作流程，文件文档的统一化、专业化，而不再像一般的设计师各行其是，井水不犯河水。洛可可专业严谨的口碑，也在业内传开了。

这种转变，为洛可可后续一系列的蜕变埋下了种子。

2008年北京奥运会，洛可可做出了突出的设计成果，伦敦奥组委邀请洛可可去伦敦开分公司，租金极为优惠，所有伦敦奥运项目均向洛可可开放，而且承诺在所有出现CCTV和阿里巴巴LOGO的地方，都会出现洛可可的LOGO。新办公室就在伦敦最核心的金融城，办公室的落地窗可以俯瞰壮观的泰晤士河夜景。

贾伟很兴奋，这说明洛可可已经跻身为国际一流的设计公司行列了！挺起中国设计脊梁的梦想，在某种程度上已经实现了！

但是接下来的一幕让他备受打击。

一天，他的伦敦办公室来了几位金发碧眼的不速之客。一问，原来是来自伦敦知名设计公司的同行。贾伟还很高兴，以为是同行热心地过来交流经验，结果对方把鄙夷写在脸上，很不客气地提出三个问题：

1. 为什么来？

2. 来干啥？

3. 你们真的能做设计吗？

最后，他们冷冰冰地撂下一句"Chinese can only copy（你们中国人只会拷贝）"，然后扬长而去，留下贾伟瞠目结舌地坐在那里。

贾伟后来告诉我，那一天他都不知道自己是怎么离开办公室的。当他从恍惚中回过神来的时候，一辆汽车从他身边呼啸而过，将他惊醒。原来他已经不知不觉来到马路上，差点在伦敦大街上丧命。他捏紧拳头指天发誓，总有一天，要让这帮人正眼看我们的设计！

在2009年第二季度的公司总结大会上，贾伟明确提出，洛可可要成为中国规模最大的设计公司！

简单粗暴的工业化改造的道路已经证明走不通，接下来到底怎么干？贾伟四处学习、请教，搬来了德鲁克的"生物型组织"的大旗。

他将公司改造成一系列"阿米巴式"的小组，每一个小组由一个全能设计师带领六名副手，进行团队协作。当副手经过一段时间的锻炼，考核通过后便升级为新的核心，带领一个新的小组。公司就这样不断裂变，分裂成250多个小组，而且在全国各大城市都成立了分公司。

除了区域拓展之外，洛可可还延伸到各个垂直领域，比如分成工业设计小组、品牌设计小组、交互设计小组；有针对特定行业的事业部，比如医疗事业部，以及相应的支持部门社群管理部、众筹事业部，等等，为这些小组进行赋能。

到了这个阶段，洛可可俨然已经形成了"大中台+小前台"的雏形。但此时的洛可可也只是徒有其形，尚未实现有意识的高效赋能协作。

4.4　"全心全意为用户服务"

2013年，洛可可成为首批入选工信部认证的国家级设计中心，成为业内首屈一指的知名企业。

也正是在这一年，互联网设计平台"猪八戒"主动找到洛可可，希望双方进行合作。猪八戒网实现了C2C的设计师与用户撮合，像淘宝一样积累了巨大的流量，但是设计品质普遍不高。洛可可进驻猪八戒后，就会成为设计界的"天猫"。

贾伟召集高管团队经过仔细讨论后，否定了这一合作计划。

为什么呢？除去商业利益不谈，根本原因在于，设计交付比买卖撮合要复杂得多，但猪八戒网只是像淘宝一样，实现供需信息匹配。淘宝进行信用管理就可以有效管理商家，但是同样的方法很难管理设计师。要想控制设计质量，需要对设计流程进行管理和赋能，这是从信息匹配起家的猪八戒无法做到的，却是洛可可的强项。

由于设计的复杂性和专业性，设计的互联网交易平台的发展路径不太可能通过一个纯粹的交易平台的专业化来实现，而应当通过一个专业的设计服务公司的平台来实现。

相似的例子如房产交易，也具有复杂性的特点，因此也不太可能从58同城这样的信息撮合交易平台来实现，应当是链家这样的专业中介服务公司的平台（即贝壳网）来实现。

当时，设计驱动的苹果公司已经是如日中天，模仿苹果模式起家的小米也声名鹊起，产业互联网的声音也开始见诸媒体舆论。

贾伟心里渐渐地产生了一个模糊的愿景：

洛可可身处猪八戒网和小米中间，应当吸收两者的优点，发展成面向产业互联网的新形态，成为面向广大中小企业的设计赋能平台。

猪八戒网好比是草原，它很广阔，但是其服务只有薄薄的一层，难以深入；那个时候小米还没有做生态链企业，好似私有庄园，内部设施完善，但设计、生产、销售自成体系，肥水不流外人田；洛可可就像是公园，设施比较完善，比草原要小，比庄园更开放，可以为广大B端提供相对廉价、高效的设计服务，赋能更广泛的企业。

贾伟认为这条中间道路还是很有前景的，又可以撸开袖子大干一场了。

产业互联网的前景固然美妙，但是直到2014年，洛可可距离这一目标还差得很远。

洛可可只是一家提供B2B服务的设计公司。其工作模式是：生产制造方提出产品的设计要求，洛可可根据客户的委托设计出满足设计要求的设计方案，洛可可赚取的是设计服务费。

至于这个产品最终卖得怎么样，到底是成为市场爆款还是无人问津，跟洛可可没有关系。

看出这里的问题了吗？

在已有的产业分工模式下，设计与生产、营销是脱节的，设计师不关心市场，也不懂市场。设计公司只要伺候好金主就可以，无须洞察真正的用户需求到底是什么。由于无法从市场上获得反馈，设计公司也就很难持续迭代改进，设计出真正在市场上大卖的爆款。

不止洛可可如此，这是长期通行的行业惯例，设计与市场反馈相互隔绝，大家却对此现状熟视无睹。一方面，设计师们忍受着甲方各种主观臆断的无厘头要求，比如"五彩斑斓的黑"，一改再改，被折磨得死去活来；另一方面，消费者对市场上各种匪夷所思的设计各种花式吐槽，厂家却无动于衷。

小米的贡献在于，将互联网行业早已通行的根据用户反馈"快速迭代，小步快跑"的模式，引入实体产品的设计过程，设计出戳中用户痛点的产品。

甲方提出的那些主观臆断的需求可以完全无视，用户在产品使用场景中遭遇的那些痛点才是设计师需要关注的焦点。

小米生态链的产品从用户痛点出发，"全心全意为用户服务"，因此可以大杀四方，在很多行业都掀起了腥风血雨，甚至在很短的时间内成为行业领头羊。

从小米的成功中，贾伟领悟到："设计的本质是什么？是解决问题，解决用户在产品使用场景中遭遇的功能和心理的问题。"

如果把提供产品功能的技术作为产品的内核，产品设计就是产品与用户进行交互的界面语言，必须完全站在用户侧视角，才能设计出用户易用、好用、爱用的产品。

什么叫用户侧视角？什么叫供给侧视角？举个例子。

在iPhone出现之前，手机通常配套一本厚厚的说明书，用户要想搞明白手机怎么用，不把说明书研究一番是做不到的，因为手机是站在专业工程师的角度设计出来的。但是iPhone的设计，让小孩也能在使用过程中轻松掌握其用法，这就是微信之父张小龙所说的"产品经理的基本功"，是让自己站在小白用户的角度上思考。

由于之后同行们纷纷模仿，因此我们现在买到的智能手机再也不需要钻研说明书了。

iPhone的设计原则就是用户侧视角，之前的手机设计原则就是供给侧视角。

苹果虽然实现了用户侧视角，但是乔布斯这样的天才难以模仿，小米则提供了一条更简便易行、更接地气的用户侧视角解决之道，就是深入用户，与用户打成一片。

为了真正实现用户侧视角的设计，洛可可必须打破与市场的隔离，跳出行业惯例对设计公司的束缚，直接接触用户！这是通向产业互联网的万里长征的第一步！

于是，洛可可开始打破设计公司的边界，走上了设计+营销之路，也就是配合企业客户做营销推广/整合营销（不负责营销业绩），直接从用户那里收集需求和反馈信息，通过需求信息的闭环实现设计思维的快速迭代。

洛可可在这一模式上做出的典型产品是"55°杯"，面向父母对孩子的关爱、爱人之间的体贴等需求，设计出永不烫嘴的杯子，并且围绕产品的核心特点进行整合营销，比如"送你一杯子，爱你一辈子"之类的广告文案，迅速火爆市场。

第一轮破界成功之后，贾伟又开始琢磨，设计师（D）居于C端和B端之间，面向C端破界成功后，是否可以反过来再向B端破界？

设计师除了理解用户，理解生产工艺和研发过程也是十分必要的，如果设计方案脱离研发和生产环节，会使得设计方案不够合理，不仅增加了不必要的成本，也接触不到最新的技术，使得设计方案落后于时代。

洛可可B2B扩展的典型代表，是与科大讯飞合作生产的翻译机。科大讯飞是国内领先的聚焦于语音识别的人工智能公司，具有强大的AI算法，但是对如何将AI算法转换为用户易于使用的产品并不擅长。

洛可可干脆提供从产品定义、硬件选型、外观设计、结构设计、模具开发、小批量及大批量，直到渠道营销的一条龙服务。当然，具体生产环节还是委托代工厂完成的。

由于前期积累了丰富的洞察用户需求的经验，这款产品也一炮而红，在市场上大获成功，洛可可与科大讯飞实现了双赢。

经过两轮破界，洛可可已经不再是一家纯粹的设计公司，而是积累了设计、研发生产到市场营销的全套经验的公司。换句话说，小米公司具备的能力，洛可可也全都具备了，下一步该怎么办？生产一系列打着洛可可设计烙印的创新产品，成为另一个小米？

一些与洛可可长期合作的客户，看到洛可可已经打出设计的圈子，开始心存疑虑：贾伟这是要闹哪样？洛可可也搞生产和营销，还打出自己的品牌，以后该怎么愉快地合作？洛可可如果要设计跟我们同类的产品，我们还怎么跟它竞争？

当这些疑虑传入贾伟耳中，他也终于明白，为什么设计与生产、营销分割看似不合理，却成为行业的默认惯例。如果从利益分配的角度思考，这才是最理性的选择。只有大家各管一摊，井水不犯河水，才能相互合作，不用担心对方侵犯了自己的利益。

已经跨界的洛可可，面临下面两个选择：

一是一不做二不休，成为小米一样的行业搅局者，聚焦若干品类，形成研发、设计、生产、营销一条龙产业，促成品类大洗牌；

二是退一步海阔天空，成为一个赋能型平台，连接更多的用户、厂家和设计师，实现大家的共赢。

"其中第一条路相对来说路径更加清晰，洛可可深耕设计行业十余年，早已实现国际设计大奖的大满贯，甚至几乎每年都能再来一次大满贯。在供过于求的后工业时代，产品设计越来越成为左右用户选择的关键因素，拥有强大设计实力的洛可可，走上这条路更是顺理成章。但如果只是深耕设计制造一体化，公司的资源是有限的，必然会深陷几个领域，无法实现助推中国产业升级的梦想。

"设计这个行当本就是 S to B to C（赋能B端，服务C端的服务），本就蕴含着赋能他人的基因。但是如果选择第二条路，单纯做一个赋能平台，远离产品一线，就无法持续将从制造过程中获得的创新能力沉淀到平台上，长此以往又会丧失活力源泉。"贾伟如此分析道。

"上善若水，水善利万物而不争"，这是《道德经》中的古老智慧。贾伟近乎悟到了。

贾伟能够领悟到这一层，也与他时刻关注市场动向，并不断琢磨有关。

贾伟一直有个念头："我60岁之后再评价自己，会不会后悔？在互联网时代，没有做跟互联网相关的事情，将来一定会后悔。"

2014年的中国互联网上，最吸引人眼球的就是滴滴和快的打车两家共享出行公司的崛起与火拼。两家公司分别由腾讯和阿里巴巴支持，气势汹汹地掀起了一场红包补贴大战。于是，"共享经济"走进公众视野，成为一个炙手可热的词。再加上国外早已低调发展好几年的共享住宿爱彼迎和优步以及随后出现的共享单车、共享充电宝等业态，共享经济似乎已经成为一种潮流。

贾伟始终关注互联网的发展，但是之前他一直没有想明白如何把互联网与设计结合起来。共享经济出现后，他感觉到这就是可能的方向。

外行看热闹，内行看门道。

共享经济为什么会热起来？

共享经济的本质，是互联网成为一种无所不在的连接方式，使得"供给—连接—需求"这一经济模型中的连接变得更加广泛和自由。原本劳动者需要依附于某个商业组织（通常为公司），才能将他们的劳动技能变现，如今则无须这种依附关系，可以直接通过互联网的共享经济平台，向最终用户提供服务或产品。

人的天性向往自由，经济则追求高效率。因此，更加自由、效率更高的共享经济平台必然是未来的发展方向，无非是时机到没到的问题。

贾伟当时虽然并没有想得那么深刻，但是他对这种新的业态十分着迷。优步没有一辆真正属于自己的车和自己的司机，却成为全球最大的出租车公司；爱彼迎没有一间自己的房，却成为全球最大的民宿线上平台。

贾伟突然意识到，为什么要养设计师呢？设计师其实不喜欢被人"包养"，不喜欢朝九晚五地坐班，他们更喜欢自由的工作方式。

4.5　从生物化到平台化

2014年年底，洛可可召开了合伙人会议。这一年正好是公司创立十周年，大家总结过去，纷纷认同第一个十年是靠"专业能力+组织能力"获得的成功。第二个十年还靠这个能力继续发展吗？贾伟在会上适时提出设计平台化的想法，引发激烈讨论。最后大家达成共识，这可能就是未来的发展方向。

为了达成设计平台化的目标，首先必须把洛可可前十年的工作结构化和标准化，将原本黑箱子中复杂无序的设计创意过程变成具有确定结构和标准的过程。实际上就是把过去曾经做过又半途而废的设计工业化的尝试再捡起来，把它变成一套可学习、可管理、可对外赋能的方法论。

虽然同样是流程标准化，但由于这次看清了战略方向，也让大家认识到了意义之所在，所以并没有像上次那样遭到过多反对，但是过程依然充满艰辛。

2014年年底到2016年年底整整两年时间，洛可可都在摸索这件事情。最终成果是做了13个大的节点，45个标准化工序，以及6个月的交付承诺。这套方法论与上一次设计工业化尝试最大的区别，就是从用户侧视角重新梳理了整个流程，打破了过去从设计研发到市场销售的顺序链式流程，变成了用户一开始就参与的交互式设计流程。

方法论完成后第一次重要练兵，就赶上洛可可与北汽联合开发A00级新能源车LITE。这可能也是第一台用户参与共创的量产车。

从1886年世界上第一辆汽车诞生至今，众多车企由于内部极其严苛的生产要求，一直处于传统的"闭门造车"的生产模式。洛可可第一次打破了链式开发惯例，让用户、创客、工程师、设计师共同参与其中，不得不说是一次创举。

北汽LITE在其定位的城市，大受细分市场里时尚的年轻潮人欢迎，也极大增强了贾伟对新方法论的信心。

用户侧视角的结构化和标准化设计流程，足以让洛可可成为世界第一流的工业设计公司。但对于贾伟来说，这只是迈向心中那个更远大目标的准备工作。方向大致看清了，但接下来路到底该怎么走，贾伟心里也没谱。

为了找到出路，贾伟在这一年加入了混沌学园（当时还叫混沌研习社）。一次，他在李善友讲完大课之后，走到讲台前对李善友说："你不是教颠覆式创新吗？我要颠覆洛可可，你告诉我怎么做。"

通过学习和摸索，贾伟终于明白，创新的本质就是旧要素的新组合。"供需连模型"（供给—连接—需求）的关键，不在于传统经济学者所看重的需求或者供给，而是在于连接。因为能够实现新组合的前提，就是在于在连接中发现用户的需求，根据用户需求去连接各种供给要素，将其组合为一个产品，然后再建立产品与用户之间的连接。

连接中发现需求，连接中创造产品，连接中实现供需匹配。

互联网之所以能激发创新不断地涌现，关键在于连接的效率被十倍百倍地提升，使得上述过程被极大加速，激发了创新"涌现"的过程。

贾伟所设想的连接无数设计师赋能成千上万中小企业的平台模式，关键也在于利用互联网实现连接效率的提升。洛可可在过去两年，实现了业务的结构化和标准化，接下来就是将所有业务过程在线化。首先将各个环节在线化，接下来才能利用互联网，实现更加丰富且有创造性的新连接。

当时的贾伟心中还没有商业生态的概念，既然要利用互联网平台，那就要从头做起。当然，另一方面，2016年的中国，也确实没有可以借助的平台生态服务。那时的钉钉只是一个服务企业的即时通信工具，阿里云也才刚刚开放第三方服务，功能还很不完善。

贾伟招兵买马，建立技术部、研发部，开发互联网平台和互联网产品。为了遵循颠覆式创新的"独立小机构"的概念，避免创新业务在新旧价值网的冲突中夭折，贾伟辞掉了洛可可设计集团总裁的职位，专门跑到洛可可总部对面的写字楼上租了间办公室办公，新公司的名字叫作"洛客"（LKKER）。

2016年2月2日，贾伟40岁生日那天，"洛客"正式开张。

于是，一夜之间各种传言笼罩公司。洛可可的员工听说公司创始人贾伟辞职了，跑到对面开了家"洛客"，号称要颠覆洛可可。

一些老员工则暗地里嘀咕：贾伟跑到混沌学园都学了点啥？这次又要折腾什么呢？不会被忽悠了吧？

贾伟把自己的计划跟一些投资人讲，希望能拉来投资。他把洛客平台称为CBD模式，C是用户，B是品牌方企业客户，D是设计师。这是一个类似美团外卖的三边平台，D相当于外卖骑手作为连接B和C的角色。只不过外卖骑手的工作很简单，只要根据LBS（基于位置服务）数据，将外卖订单从B送到C手里即可；D则是根据C的需求创造出一种新产品的方案，由B生产出来后再交给C。

贾伟描述自己的方案时，觉得很好很强大，但是投资人耐着性子听完，只问了一句：三边平台看起来很美，但是你打算从哪里开始？

贾伟当时对这个计划所遇到的困难并没有太多估计，他认为自己在设计圈里混了这么多年，开一家互联网设计平台，设计师和客户还不是望风而来？有了B和D，还担心C不来吗？

事实证明，他想得太简单了。

这样一种全新的连接方式，完全打破了行业惯例，现有的设计师和厂家处于原有的价值网中，对于新的模式心存疑虑，实属正常。洛客平台搭建起来后，过了两个月，一单都没有成交！

贾伟又是一阵猛翻书，看看人家的平台都是怎么干的。亚马逊的电商平台最初也没有什么成交量，是亚马逊员工在平台上下单，然后跑到书店里买了书，再发货到自己手里，形成了最初的流量，然后再猛打广告，才渐渐做起流量；滴滴刚成立那会儿，也没人打车，是创始人程维带着滴滴员工跑到大街上，指定用滴滴APP打车，形成了最初的流量，推动司机和乘客安装，才渐渐滚动起来。

贾伟一拍大腿，原来大家都是"玩套路"的人！

贾伟先跟洛可可的客户说，洛可可的流程稍微变了一下，需要在一个网站上注册个用户走个流程，不过你放心，服务还是跟原来一模一样，都是洛可可的设计师。通过把洛可可的业务流水搬到洛客上，造成网站有交易数据的表象。

然后，他以洛可可的名义召开了一个设计师交流大会，广发请帖。设计师们一看是国内一流公司的请帖，倍儿有面子，不能不去，一下子来了三千多名设计师。

贾伟在大会现场一通激情澎湃的演讲，说这个洛客平台怎么怎么好，可以让你轻松实现"钱多活少家里蹲"的人生梦想。现场限时免费开放注册，机不可失失不再来！

在场的设计师们听得心潮澎湃，再一看网站数据，业务流水数据货真价实地摆在那里，于是争先恐后地注册，洛客平台一下子有了三千名货真价实的注册设计师！

这一通组合拳，用到了从混沌学园学到的人类认知谬误中的"眼见为实"与"从众效应"，还真是活学活用。

有了业务数据也有了设计师，贾伟心想，接下来该简单了吧？洛客上的报价要比洛可可低得多，客户还不望风而来？

而洛可可的设计师们看到这些，心里嘀咕：洛客报价这么低，我们还怎么干？洛可可公司内部，到处私下在开贾伟挖空公司的批斗大会。

洛可可原有的客户都是一些财大气粗的大客户，节省这点设计费对他们来说不算什么，关键还是保证设计品质。因此他们虽然接受可以在洛客平台上委托，但指明一定要洛可可设计师来干。

第三方设计师看到洛客平台上不断有委托，一开始还挺兴奋，但是时间一长就发现不对劲了，怎么我自己一单也抢不到？大家纷纷私下加了微信群，相互交流情况。后来发现，哦，原来接单的全部都是洛可可的设计师，外面的设计师一单也接不到！

于是，各种揭露帖见诸网络，第三方设计师群情激愤，纷纷威胁退出洛客。

贾伟就尴尬了。费了半天牛劲，连这么多年积累的忠厚形象都豁出去了，洛客还是没有实质性起色，还弄得自己里外不是人，这可怎么办？

贾伟一家家地去客户那里上门拜访，说服对方将单子委托给第三方设计师。但是对方怎么也不答应，最后贾伟只好立下保证：设计方案一定达到洛可可同等品质，否则洛可可免费提供设计方案！客户这才答应了。第三方设计师开始接到订单，大家的情绪才稳定下来。

洛可可前期积累的业务结构化、标准化的方法论此时也派上了大用，成为对第三方设计师管理和赋能的抓手。说是洛可可兜底，但只要能够按照这套方法论做设计，客户基本上都是满意的，真需要兜底的情况很少。洛客也逐渐积累起远程在线协作办公的经验，为下一步的在线业务数据化打下基础。

洛客是渐渐有了起色，但是洛可可的合伙人们都不干了，这是贾伟挖公司墙脚实锤了，洛可可以后要关门大吉啊！

此外，由于洛客是平台模式，最终目标是要造福广大中小企业，原先"挺起中国设计脊梁"的使命就不合适了，因此贾伟宣布要把集团使命改为"设计美好世界"。

在宣布大会上，一个在洛可可工作了十几年的女设计师"哇"的一声就哭了出来。贾伟慌得不行，连忙问她这是咋了？女设计师带着哭腔说她当初就是被"挺起中国设计脊梁"的使命所打动，才来到洛可可并工作这么多年。现在使命改了，感觉心里伟大的梦想也没了，再加上公司最近这么多变故，感到心灰意冷，不如辞职算了。

这一声声带着哭腔的描述，让在场许多人都湿了眼眶，人群骚动起来，看样子都要跟着提辞职。

贾伟这下更慌了，连忙说："兄弟姐妹们，稳住！咱们改使命，是为了实现更大的梦想，造福更多的人！"

这段时间贾伟心里也积攒了巨大的压力，说着说着，他也哭了出来。这下场面更不受控制了，大家抱在一起哭，会场成了哭声的海洋，使命大会开成了忆苦思甜大会。

在相互的哭诉中，大家也渐渐搞明白贾伟到底要折腾什么。那是一种开放协作、互利共生的CBD生态，是最大限度地释放设计师的才智，连接所有人，造福所有人，充满了想象力与创造力的未来。

这场大会，意外地让公司从上到下统一了思想，达成了共识，理解了洛客不仅代表着洛可可的未来，也代表着信息革命的发展潮流；尽管艰难，但是非走不可。

4.6　涅槃重生

洛可可作为集团的第一曲线，还得继续运转，从洛可可挖业务确实也不是长久之计。此后，贾伟为了给洛客拉项目，不停出席各种展会、论坛，组织各种活动，就是为了给洛客平台拉到更多的业务。

洛客平台的报价比洛可可低，还能达到不低于洛可可的设计品质，口碑渐渐建立起来了。中国各地的中小制造业都有转型升级的需求，对于性价比高的品质设计有很大需求，洛客的出现正当其时。洛客与南昌、景德镇、佛山、柳州、银川等地的地方政府合作，建立洛客城市设计中心。

在洛客的发展过程中，线上复杂协同的流程也慢慢被摸索出来。比如设计一款音箱，需要至少8种角色协同配合，有人负责市场调研，有人负责用户策略，还要有产品经理、工业设计师、结构设计师、模具设计师、工艺设计师，甚至包装设计师。

这些人分布在天南海北，如何管理？因此需要多角色协同，服务过程透明化，要建项目经理的工作台、设计师的工作台、财务的工作台、CRM的工作台；要建管理台，甚至要建客户的工作台。除了中小企业外，洛客也收到了包括华为、九阳、复星这样的大公司的订单，让大公司改变传统做法进行线上协同，也是一种挑战。

在摸索过程中，洛客实现了全业务流程的在线化、远程业务协同，比2020年新冠疫情手忙脚乱地进行业务在线化的公司来说，早了整整4年。

在线上协同的过程中，洛客平台积累了大量管理数据和消费数据，接下来就该考虑进一步将所有环节数据化，利用数据去更快速、更高效地完成服务。

2018年，洛客平台接到了1600件委托，数目已经超过了洛可可的全年业务量。

眼看一切都逐渐走上正轨，但是一场意外发生了。2018年8月的一天深夜，洛可可总部被一场大火吞没。贾伟在梦中接到物业打来的电话，赶紧开车来到现场，映入他眼帘的是冲天大火，已经没有任何抢救的可能。

其他洛可可的高管也纷纷赶到现场，看到贾伟坐在着火的办公楼旁边哈哈大笑。

大家心里不由得转过一个念头：贾伟不会是受到太大刺激，一下子疯了吧？

站在火场前的贾伟，在经历了最初的震惊到头脑一片空白之后，心里转过无数念头。公司创立14年来的一幕幕，如同过电影一般从脑海中闪过，随后就是各种恐慌和担心。他既痛惜公司电脑上大量珍贵的数据资料的丢失，又担心承诺的用户订单如何交付，还担忧公司的士气受到打击，公司未来如何继续运转。

最后，他心里转过一个念头：颠覆式创新，不破不立！这一场火，是不是也预示着，对旧的洛可可告别，全力转向新时代呢？

当他整理思绪回过神来，发现身边已经围了一圈洛可可的人，都在等着他发话。

贾伟强打精神，站在花坛的高处，进行了一番现场即兴演说，最后说到动情处，举起右臂大声呼喊道：让我们共同努力，再造一个全新的洛可可！台下众人纷纷举起右臂呼应。

火灾后的第36小时，洛可可找到了新的办公地点，并第一时间组织召开了员工大会。

在会上，贾伟进行了检讨，直指洛可可出现的问题。"我们做了很多成功项目，但是也变得傲慢了，视野狭窄，只知道设计，不懂互联网等新技术。""最大的灾难是我们的傲慢。"

随后三个月，洛可可人攻占了望京的每一个咖啡馆。由于没有固定的办公地点，为了方便大家协同，贾伟决定，将公司所有的工作沟通都放在钉钉上进行。此前大家已经习惯了线上协同办公，倒没有感到太多的不便，大家心里都是一个念头，大火让很多工作成果付之一炬，必须与时间赛跑，千万不能耽搁了工期！

这场大火也凸显出业务在线化工作的巨大优势。由于在火灾之前，业务已经在线化，因此大家无缝切换为无固定场所的流动办公。这次教训后，也进一步提升了全体洛可可人的在线工作意识，规范了在线工作的各项操作。

这场大火极大加速了洛可可全面上云的进度。

过去洛可可的在线化，是通过在办公大楼里设置服务器，运行一套运营管理系统（OMS）完成的，很多进行中的设计项目也存在本地服务器里。

在这场大火发生之前，有人曾建议贾伟把洛可可迁移到云上。贾伟听进去了这话，但是执行进度拖拖拉拉，没有付诸实质行动。因为当时洛可可内部的运营管理系统一直都很顺畅，此时上云，意味着前两年的投入都打了水漂，还要付出一笔额外的成本。

这场大火的直接经济损失达到数千万元。更令人遗憾的是，一些正在进行的项目和提案、方案，因为服务器的损坏而永远丢失了数据。所幸在远程的备份服务器里保留住了多年以来积累的大量的优秀设计项目和作品。

大火之后的第一时间，贾伟要求全部的业务团队用最短的时间全力恢复文件和项目内容，以保障客户的项目进程和产品开发不被耽误。

贾伟做出了一个重大决定：洛可可放弃原有的线下服务器，全面上阿里云，积极拥抱云计算和人工智能等新技术。贾伟判断，上云已经是大势所趋。洛可可作为行业龙头企业，必须率先上云。

没上云之前，洛可可使用自建的运营管理系统，只是对业务关键节点进行了数字化，比如项目立项、交付、结项等，但是整体上系统的功能偏向内部管控。

上云之后，洛可可对设计工作的200多个步骤进行了全面的数据化，并将数据留存在云端，保证了数据的安全性。更为重要的是，通过数据驱动设计效率的提升和创新。

全面上云的同时，贾伟趁机在洛可可和洛客同步推进了在线业务数据化。由于各项业务在线，在线上积累了大量业务数据和消费数据，那么就可以把这些数据再利用起来，驱动下一轮的产品设计与营销。

大火之后，洛可可消除了内部反对的声音，快速推进上云和数据化，一切都按照贾伟之前的构想快速推进。后来公司里不知从哪里传出了一种"阴谋论"：那场大火不会是贾伟故意放的吧？

当然，这种阴谋论只是一种善意的玩笑，因为大家都亲身体会到了全面拥抱数字化带来的好处，对于贾伟的事先判断心悦诚服。

阿里巴巴旗下的钉钉，是在来往[①]团队求生的欲望中诞生的。钉钉前CEO陈航曾被阿里巴巴内部人称为"阿里巴巴最著名loser（失败者）"，他

---

① 来往：阿里巴巴于2013年推出的一款即时通信软件，于2015年更名为"点点虫"。

的团队也被外界称为"疯人院"。

"当时没有什么高大上的想法，就是想要活下去。"为了活下去，钉钉选择了难啃的B2B赛道，并不断打磨产品。陈航说，钉钉的每一个人都是疯狂而执着的产品主义者。

随着执着而疯狂的死磕，钉钉在企业服务方面渐入佳境。钉钉的做法就是深入了解客户到底需要什么，并且站在客户的角度上对产品进行改进。2018年下半年，钉钉正在酝酿一次大的改版，推出基于办公场景的"人、财、物、事"全链路数字化解决方案，并且支持企业的深度定制。

洛可可在钉钉上的活跃，也让陈航注意到这家积极推动在线化办公的设计公司。钉钉与洛可可两家公司都在望京，更方便互动。

钉钉需要洛可可这样的活跃用户的积极反馈，来助推产品进化，而洛可可也希望钉钉更加强大，助推其自身业务增长。于是双方一拍即合，成了战略合作伙伴。双方通力合作推出了深度定制化的版本：洛钉钉。

贾伟说：别人把钉钉当作工具，我们把钉钉当作自己的一个器官。

洛可可与钉钉通力合作，共同定义了五个数字化：

第一，组织的数字化。将公司的内部组织和外部组织，以及相关的社会组织，全部都构建成数字化的组织。

第二，沟通数字化。组织内外部、组织之间，人与人之间所有的沟通行为全部数字化。

第三，协同数字化。将整个项目的业务流程，数字化集成在洛钉钉上。大家在洛钉钉上实现沟通后，通过一键下单，几秒钟就可以建一个完整的项目空间，然后在项目空间上实现工作协同。

第四，业务数字化。在前三者数字化的基础上，公司的所有业务都可以实现在线数字化管理，包括人、财、物管理，以及商务合同、法务协议，等等。

第五，生态数字化。当一个个公司都可以实现数字化之后，这些公司就可以进行高效的外部沟通协同，业务合作，形成利益共同体，建立互利共生的数字商业生态。

设计师的全面数字标签化，就是一次成功的数字化实践。

洛可可线下有近千名设计师，分布在北京、上海、深圳、成都、杭州、苏州等不同区域。虽然这些设计师同属于洛可可，但是在公司内部，没有人能够认识所有设计师，准确知道每一个人的专长。

以往，洛可可的项目是按照地域来分配。北京的项目，只能是北京的设计师做，但这样简单机械地划分，很有可能不是最佳的匹配方案。

全面上云之后，洛可可及洛客的任何一位设计师都可能有上百个数字化标签，这些标签非常细致化地标记了每位设计师的专长和经验。设计师的标签可以是过去做过的成功项目，也可能是在设计上的丰富经验。通过数字化标签可以更加合理地调配设计师资源。

比如，一个成都的无人飞机的设计项目，位于深圳的5名设计师可能是最佳的选择，而成都的设计师甚至可能没有做过类似项目。但是过去没人掌握这些信息，只能让成都的设计师从头再设计一遍，重踩一次坑，如今则可以迅速找到最合适的设计师进入项目。当接到一个项目需求之后，项目标签和设计师标签通过数据智能技术进行自动化匹配，由系统列出最合适并且有空当的设计师人选。在洛可可进行数字化改造的过程中，对于业务的推进也产生了显著的效果。

"猫王·音乐尾巴"是猫王联合洛客共同开启的一次全新的尝试。

自2014年被誉为"中国胆机之父"的曾德钧创立了猫王收音机以来，其用匠心与情怀锻造了一个属于消费升级时代的收音机品牌。随着消费升级的大环境来临，如何"玩"出不一样成为猫王面临的难题。为打造出一个专属的猫王品牌，颠覆复古音乐文化，曾老带着他的情怀和坚守，找到了洛客，双方一拍即合。用户协同研究、协同设计，通过与洛客的设计师们一同众创，共同创造了猫王收音机的全新产品。

曾德钧在之前的采访中说道："在共享经济潮流下，洛客是一家走在创新前列的公司。消费升级的今天，每一位用户都渴望得到高品质有文化属性的好产品，而产品也不再只是功能性的产品，更多地承载着文化标签，让用户找到文化的归属感。而猫王与洛客设计一起秉持着共享文化的概念，将与洛客设计共同打造新时代下的文化产品。"

2017年8月6日，洛可可旗下的洛客设计平台与猫王收音机携手发布最新系列产品，并在活动中公布了"洛客、猫王收音机全球设计合伙人"计划，宣布2017年双方将通过"共享设计"的模式，开启一个新的篇章。

这些产品采用社会化共创的方式打造，基于洛客这个平台，调集社会化的用户资源、社会化的设计师资源、社会化的工程师资源及社会化的工厂，最终将其打造成产品运送到千家万户。以洛客与喜马拉雅FM合作的第一款智能音箱小雅为例，从过去设计师闭门造物变成了与用户共创，设计周期花了170天，37.5万人的覆盖量，2.5万人参与。等到推出小雅Nano时，洛可可已经完成了数字化改造，基于之前积累的业务数据，只花了11天就完成了。

总体而言，完成数字化改造后，洛客平台的人效提升了2.5倍，项目平均交付周期缩短至一个多月，提升了300%。除此之外，洛客还构建了一系列面向企业的专属数字化企业设计中心，如谭木匠创新设计中心、景德镇文创设计中心、凯叔讲故事设计中心等等。

就在洛可可通过数字化改造取得一系列丰硕成果时，贾伟读到了曾鸣教授的新书《智能商业》。书中提到，未来30年商业形态将向智能商业演进，在线化、网络化、智能化是智能商业的三个创新方向，纵观当下异军突起的企业，无不是在这三个领域有极大突破。"网络协同"和"数据智能"是新商业生态系统的DNA，在万物互联的时代，只有智能商业的新物种才能生存和发展。

看完这本书再对照自己的企业，洛可可已经做到了在线化和数据化，那么下一步是不是智能化？想到这里贾伟也有点犹豫，人工智能设计是不是离现实有点远，太超前了？

4.7　复杂性创造

贾伟在2019年报名参加了混沌学园，在开学日，他就被人工智能深深震撼了一把。有几个创新院的同学来自英语流利说，他们公司的业务是用AI作为老师教人说英语，已经成功在纳斯达克上市。

贾伟回去就琢磨，人工智能的时代已经来了，如果不抓紧行动可能就赶不上趟了。

正巧，贾伟这次在混沌上课，晚上做作业的时候找我来辅导。我看了一眼他的标题，洛可可的使命：设计美好世界。

于是问了他一句："你是设计师，自然知道什么是设计，也理解什么是美好，但你知道'世界'这个词，到底意味着什么吗？如果你不理解未来的世界将会是什么样子，设计美好世界又从何说起呢？"

听到这个问题，贾伟眼睛一下子亮了起来，说什么也不让我回屋休息，一定要把什么是美好世界聊透聊清楚。

于是那天晚上，他带着和他一起上课的合伙人，拉着我一直聊到后半夜。贾伟一边听一边发问，他的问题也激发了我更加深入的思考，我们几个兴致勃勃地讨论什么是复杂网络，由于信息技术的发展，为什么我们要从牛顿机械论世界观转向复杂系统世界观。人类走向复杂系统世界观，不仅是信息时代的迫切需要，也是东方新文艺复兴的载体。

复杂系统世界观既十分古老又十分年轻，说它古老，东方道家哲学本质上就是相对粗糙的复杂系统世界观；说它年轻，它来自科学前沿的最新研究成果。复杂系统世界观既新颖又关系到方方面面，人类三大基本问题：宇宙从哪里来，生命从哪里来，智能从哪里来，归根结底都是来自复杂系统的问题。

在复杂系统中，万物相互联系、相互影响，一切物理系统本质上又是信息系统，创新可以看作复杂系统的秩序涌现。洛客要做的事情，可以看作是在复杂网络的交互中涌现新秩序的过程，关键在于，营造出耗散结构产生的场域，让创新自然涌现。

那天晚上，贾伟一边听我讲，一边不停地在他的iPad上写写画画。我不知道他听懂了多少，反正我最后已经困得不行了，他还毫无倦意。后来他创造出一个"复杂性创造"的概念，把我讲的耗散结构的生成场域用在了里面，大意是说：建立数字化孪生的虚拟世界，通过用户智能自治，群体创造，不断打破原有边界，将想象力和创造力相互结合，创造出符合用户需求的新产品。

这次上完课回去后，贾伟召集他的合伙人们开会，会上宣布他要第三次创业了。

大家说："拉倒吧，你第二次创业的洛客还没有成功呢，怎么又来第三次了？"

贾伟说："时不我待，时不我待。曾鸣教授说中国赶上三浪叠加，我们洛可可也是三浪叠加。第一浪洛可可是专业化，第二浪洛客是平台化，第三浪是智能化，我把它叫作'洛'。以后我不叫贾伟了，大家就叫我'三浪'吧！"

接着贾伟一通口若悬河的讲解，跟大家讲了一通智能化设计如何好，把最近学到的新词都用上了，大家听了也是将信将疑。

会后，贾伟拉着一个合伙人去杭州，拜访阿里巴巴的达摩院，和达摩院的高人们一起研究，设计这个行业怎样以智能逻辑驱动未来。

当时，达摩院恰好在与阿里云人工智能中心探讨智能设计产品"鹿班"，这一"AI设计师"在2018年"双11"期间，为20万天猫、淘宝商家设计近600万张图片。因此，达摩院对于洛可可提出的智能设计命题也非常感兴趣。

陈航正好也在，陈航说："钉钉和洛可可合作搭建的数字化平台运转得非常顺利，客户增长很快，但是我有一个问题，做出一个LOGO需要多长时间？"

贾伟心想，我在这里问智能化，你怎么突然提这么个问题？他有点不解地回答道："两周左右。"陈航继续追问道："你需要几个人？"贾伟回答："两个人。"陈航接着问："可以设计出几个方案？"贾伟接着回答："五个。"陈航又问："需要多少设计费？"贾伟回答："至少上万块钱。"陈航说："这可不行，这没办法服务那么多的中小企业，你也服务不了一万单。有没有可能，做到三秒钟出一百个LOGO，一百块钱以内，不需要设计师做，直接就能出，并且是满意再付款，甚至后面还有很多新的业务都可以用，能做到吗？"

贾伟当时第一反应：这肯定不行啊，这怎么可能呢？

陈航笑着说："你不是问智能化吗，这就是智能化！"

贾伟细细一想，这么多年来，洛可可搞了设计流程标准化，积累了大量设计素材库和模板。这么多年积累的设计经验，再加上AI算法工程师，似乎也不是完全不可能。

想通了这一点，贾伟突然感到智能化的大门已经向自己敞开。回去之后，他赶紧召开合伙人会议探讨可行性，然后拉着阿里云的AI工程师，用整整十个月的时间，终于把这个AI辅助设计的原型做出来了，命名为洛客云1.0，并在2019阿里云栖大会上发布。

按照传统的业务流程，设计一个LOGO要做很多准备工作，进行图像检索、查询、比对及效果优化等工作。这个流程非常长，快的话需要一两周，慢的话可能需要耗时三到五个月。

现在，通过使用阿里云平台提供的图像识别等智能技术，AI可以在一秒钟找到200个不同的LOGO素材，供洛可可设计师参考。

此外，设计师在设计完一个LOGO之后，还需要耗费精力制作出最终包装设计或者视频中的效果图。这是一项价值量不高的体力活，但设计师经常要为此加班熬夜，耗时费心。如今可以由机器自动完成，简便快捷。

通过使用阿里巴巴达摩院输出的人工智能技术，洛可可的设计师可以大幅减少类似的重复性工作。

4.8　只是开始的结束

从2004到2020，长达16年的漫长演化过程，从洛可可到洛客再到孕育中的洛，贾伟的工业设计公司经历了专业化、标准化、在线化、数据化和智能化的过程。洛可可从比绝大多数行业都要落后的手工业时代迈入了工业化，又从工业化跨越到智能化，走到了时代浪潮的前列。

正是因为有了这样的积累，这次不期而遇的新冠疫情，对于许多公司是一场劫难，对于洛可可来说却成了重大的机遇。

作为一种全新的事物，洛客云自低调上线以来，并没有迎来太多的订单，潜在客户即使知道了，也处于观望状态。但是疫情使得传统的设计公司纷纷停工，仍然正常营业的洛客云一下子成为客户口中的香饽饽。2019年12月的订单只有33个，到2020年2月份暴增到一千多，已经赶上了洛客设计平台过去一年的业务量。

2003年的非典，导致一部分消费者率先改变了线下消费的习惯，改为线上消费，催生了淘宝的快速崛起。十几年的发展，"双11"成为全民狂欢的消费节，电商已经渗透到千家万户的日常生活中。新冠疫情无论是深度还是广度都比非典疫情的影响大得多，必将对中国的经济结构转型造成更为深远的影响。

当前的世界，正处于生产力革命到服务力革命范式转换的关口，从给定需求的条件下，求解效率和成本的问题，转变为以人的需求为中心，并且随着需求的变化和分化快速演进的问题；从沿着已知的方向不断前进的时代，转变为用想象力和创造力开创未来的时代。洛可可，正是这一转换大潮中的先行者，是未来的探索者。

案例讲到这里已经接近尾声，但是对于洛可可创新设计集团来说，"这不是结束，甚至不是结束的开始，而可能只是开始的结束。（丘吉尔语）"对于即将展开的服务力革命画卷，这只是刚刚显露出一角而已。

贾伟说："我们认为有三种价值是绝对价值：第一，改变生活方式，让生活体验更好；第二，改变工作方式，让工作更有效；第三，改变创造方式，重构创造的能力、流程和方法。"

过去20年是消费互联网的时代，以阿里巴巴、腾讯为代表的互联网公司改变了人们的生活和消费方式；未来20年，将是产业互联网的时代，华为、阿里巴巴、腾讯、美团摩拳擦掌，向着产业互联网的明天不断前进。

想象力经济
创造力的产业网络协同

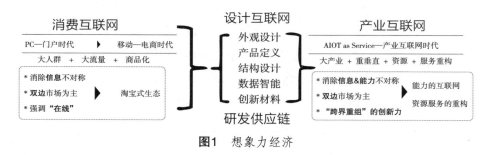

图1　想象力经济

贝索斯说："要思考未来十年不变的东西。"贾伟的眼光，已经看到了更加遥远的未来，那是创造互联网的时代，是想象力经济（图1）的时代，是产业互联网发展到一定阶段才会出现的。

在那个时代，人类通过社会化协作、社会化共享、社会化创造、社会化分配，形成互利共生、共同繁荣的生态系统。人们从枯燥乏味的重复性劳动中被解放出来，从事富有创造性的劳动，每个人既是消费方也是供给方，大数据和AI是人们创造美好生活的有力助手，区块链是人们在共创协作中分享利益的机制。

贾伟说："这是一个长期的事业，也许有生之年未必能看得到，但我相信一定会实现。"

02

第 二 部 分

为什么现有
战略理论
失效

"不谋万世者，不足谋一时；不谋全局者，不足谋一域。"

战略就是为了应对环境的高度不确定性而生，它要求跳出具体事务的局限，从全局和长期的视角，确定所要达到的目标，根据目标倒推当下的行动。

商业战略诞生到现在，已经有近百年历史，其间涌现出许多战略大师及经典战略理论。每一个战略理论都是为了应对当时亟待解决的关键问题而生，也都带有其时代局限性。它们因何而生，又带有怎样的局限性，为何不能解决我们当下遇到的问题？

第五章　诞生于大萧条的企业战略

5.1　史诗级暴跌

2020年3月9日至3月18日的十天，必将是记入史册的10天。

1987年10月19日，纽约股票市场爆发了史上最大的一次崩盘事件（黑色星期一）之后，美国金融管理当局推出熔断机制来限制最大跌幅。熔断机制问世后，一共只发生过5次熔断，其中4次都发生在过去的10天。

在3月9日股市熔断时，年近九旬的股神巴菲特说："我活了89岁，只见过一次美股熔断。"

到了3月18日，每个人都可以自豪地说，巴菲特见过5次熔断，我见过4次熔断，我跟股神的差距只有20%。

与此同时，美股出现了前所未见的过山车行情。在截至18日收盘的8个交易日内，标普500指数的每日涨跌幅均超过4%，已经刷新了1929年11月大萧条期间创造的连续6日涨跌幅超过4%的纪录。

10天4次熔断，到底意味着什么？

巴菲特说他活了89岁也没见过这种暴跌。我好奇地查了一下巴老爷子的生辰，巴菲特生于1930年8月30日。

也就是说，他没见过始于1929年10月24日的那轮史诗级暴跌。正是这轮暴跌，开启了举世闻名的大萧条。

5.2　大萧条与美国的危机

90年前的美国胡佛政府，是古典自由主义经济学的忠实拥趸，相信政府只是守夜人，经济体可以自然修复。因此，当时的美联储采取放任自流的态度，对于金融危机黑天鹅袖手旁观，不采取任何财政或货币措施救市，使得股市几乎直线下跌，并引发了席卷全球的信用紧缩，进一步引发了更大规模的经济危机和银行危机，并为之后的第二次世界大战埋下了伏笔。

今天的美联储虽然嘴上声称是自由主义，却早已抛弃了古典自由主义的教条，采用疯狂放水的方式来救市，在病情危急的关键时刻，简直就是用呼吸机给资本市场"吊命"。因此短期来看，美国股市应该不会像90年前跌得那么惨。但是从长期的基本面来看，就是另一种情形。

疫情对中国的主要影响在于，人员流动限制导致信息流和物流不畅，进而使得经济运行出现困难，但大多数困难都可以通过在线化和数据化实现非接触协作的方式得到克服。而且截至目前，中国国内疫情已经基本控制住，只要能够严防境外输入病例，即将迎来国内经济的全面复苏。

疫情对美国的影响，则是暴露了掩盖在表面浮华之下美国经济的深层结构性弊病，戳破了美国作为全球金融避风港的共识。

90年前，没有暴发瘟疫，美国是世界头号制造大国，也没有欠下天量国债。只是由于泡沫突然刺破后导致的信用紧缩，进而导致了如同心脏骤停一般的经济休克。

罗斯福政府只要发债搞基建，让经济血液重新流动起来，就可以让休克的经济系统重新运转。再加上危机更加深重的欧陆爆发了世界大战，美国成为世界最好的避风港。全球资本、人才、技术等资源向美国流动，战争本身又成为最好的市场需求，拉动美国经济高速发展。战后美国取代英国，成为世界领袖及全球金融中心。

今天的美国与90年前已经大不一样。国债总额超过23万亿美元，已经超过了美国的GDP，疫情让经济强行休止，注入流动性资金也无济于事，反而进一步推高债务。最要命的是美国经济早已长期脱实向虚，连当下本可以救命的口罩产业链都很难搬回本土，遑论其他。

从一个小小的口罩，就可以窥见工业生产的复杂性。这可不是建一条生产线就能搞定的，背后是十几种工业原材料，以及多个上游原材料的加工生产节点组成的供应网络。

美国长期利用金融霸权谋取暴利，把制造业大量外迁，在疫情暴发后"临时抱佛脚"。这就相当于一个人长期吸毒纵欲，掏空了身体，想通过短期恶补后去跟奥运冠军比赛，其难度堪比登天。

从经济结构上看，美国经济的主要成分是服务业，其中大头又是以NBA、好莱坞为代表的文化体育娱乐，合计几乎占到美国GDP的40%。疫情导致电影延期、停拍，NBA停摆，对美国经济的打击远比中国更加严重。

美国经济近十年来另外一个增长引擎页岩油气行业，也因为国际油价暴跌即将遭遇"明斯基时刻"（Minsky Moment）。由于对油气行业的乐观预期，大量页岩油气公司都是依靠短期债融资来扩大产能。据标准普尔公司统计，美国的页岩油气公司在2020年至2022年间将有约1370亿美元债务到期，由于开采成本已经明显高于售价，这些短期债务都是即将引爆的"新疫情"。

之所以说它是"新疫情"，因为金融风险的传导跟病毒传播非常类似，都存在类似雪崩的正反馈效应，2008年的次贷危机大家应该还没忘吧？

疫情期间，美国甚至像中国那样进行业务在线化转移，都力有未逮。

在中国九百六十万平方公里国土上的几乎每一个城镇乡村，网络连接如同自来水一样平常，这背后是不计成本的网络基础设施建设。而且中国国有网络运营商的运维力量24小时待命，哪里出现网络问题，几个小时就能搞定。美国的网络都是利益驱动的私有运营商在运营，无论是光纤入户比例还是人均4G基站拥有数，都大幅落后于中国。至于像中国那样及时维护更是做梦，别说网络基础设施，美国现在连电力基础设施的维护都很难保证，几乎每年都会出现大停电。

如果美国疫情走向长期化（不用太长，比如五年左右），再加上羸弱的网络基础设施不堪重负导致崩溃，不仅其他行业恢复运转困难重重，连过去十年一直引领美国股市增长的高科技公司也将备受打击。过去十年美股大牛市，美国经济基本面没有什么突出亮点，这些高科技公司市值暴涨起到了重大的推动作用。如果这些巨头受到重创，对美国金融的暴击也是十分致命的。

生物意义上的新冠疫情，使得美国这个本来就基础疾病缠身的富有"老年人"的各种经济问题加速暴露和恶化。

从这个意义上来说，美国遭遇的经济打击将比90年前的大萧条更加严重。

5.3 中国企业面临的挑战

从战略角度看，美国长期阴跌对中国是最有利的形势，但跌得太快反而会为中国带来许多问题。

大的方面暂且不提，疫情对衰落中的美国狠踩了一脚油门，使其变成了短期暴跌，使得正处于转型困境中的中国广大企业面临严峻的考验。

不可否认的是，中国是唯一一个控制住疫情的主要大国。武汉保卫战告捷，未来的任务就是严防境外输入，以及协助其他国家抗疫。如果全球疫情长期化，中国也将会如同当年美国那样，吸引全球人才、资金和技术的聚集的同时，向全球输出各种工业物资，广交战略伙伴，这是利好的一面。

正所谓"环球同此凉热"！

由于疫情导致全球经济不确定性大增，欧美正常的消费市场必将极度萎缩。中国作为世界制造中心，全球消费市场萎缩造成产业压力，也必将聚焦于此。整个产业分工体系、产业结构甚至产业逻辑都会发生深层调整，一大批固守原有环境的企业将被淘汰，只有能适应新环境的企业才能渡过危机，迎来未来的增长红利。

这几年，对于国内的众多企业也将是一场生死大考。迈不过去这个坎，未来也就无从谈起。每一个企业都要重新思考企业战略，明确未来企业的发展方向和发展方式才能赢得未来。甚至每一个个体也要思考个人战略，提升个人价值，选择更有前途的赛道，避免成为破产企业、没落行业的"殉葬品"！

下面我们就专门探讨战略的话题。

战略这个词自古有之，在中文中，"战"指战争，"略"指谋略、施诈。春秋时期孙武所著的《孙子兵法》，被认为是中国最早对战略进行全局筹划的著作。在西方，"strategy"一词源于希腊语"strategos"，意为军事将领、地方行政长官，后来演变为军事将领指挥军队作战的谋略。

战略的含义到底是什么？

"不谋万世者，不足谋一时；不谋全局者，不足谋一域。"这句话凝练地概括了战略的奥义。

战略是指跳出具体事务的局限，用大时空尺度思考问题，从全局和长期的视角，确定所要达到的目标，然后根据目标倒推当下的行动。

战略是具体战术的蓝图，是制定具体行动计划的依据；战术则是战略的落脚点，任何宏大的战略都要落实到一系列具体的行动上。

战略如同奔流不息的大河，战术就是这条大河中的浪花。

很多人会有一种疑问，既然战略是面向长期和全局制定的方略，在如今这个不确定的时代，连局部和短期的情况都无法看清，战略还有什么用？很多企业经营者都产生了一种念头，那就是扔掉战略，随机应变。

实际上，这种认知是完全错误的。

情况越是复杂，变化越是剧烈，战略越是必需品。只有通过战略分析，在错综复杂的局面中抓住关键要素，才能克敌制胜。

春秋以前所谓的军事战争，是大家约好时间地点，在平地上布置好左中右三军，然后双方一声令下开始交战。这种确定性的战争就无须战略，作战取胜的关键要素无非是谁的人马更多，装备更好，训练更充分。

从春秋到战国，战争规模越来越大，战场变得越来越复杂，战争延续的时间也越来越长，孙武这样的军事战略家才登上历史舞台，大放异彩。

企业和军队类似，都是为了实现特定目标所构建的人类组织。军事术语"战略"，也完全可以作为企业经营术语。但是企业战略这个词的出现比企业晚得多，直到20世纪30年代的大萧条期间才出现。

大萧条对于企业经营造成了巨大的不确定性，经营状况急剧恶化，原有发展模式变得不可行，导致许多企业破产。正是在这种不确定的环境下，企业战略作为一门独立的管理理论登上历史舞台，成为引领企业发展的重要理论支撑，也使得一批企业抓住战略机遇，迎来爆发式发展。

此后每一种新的战略理论出现，可以说都是"应劫而生"，都是因为当时的新挑战已经超出了原有战略理论的适用范围，不得不对战略理论进行发展。当下许多企业认为战略无用，实质是原有的战略理论不能适应当下的需要，不是你不需要战略，而是需要更适合的战略。

5.4　大萧条中的战略机遇

我们首先通过回顾百年企业战略发展史，弄明白什么是企业战略，才能进一步知道，在当下及未来极度不确定的环境下，如何才能制定一个适合这种环境的企业战略。

1929年开始的大萧条，使得企业经营者迅速认识到外部环境巨变的可怕之处。大批企业破产倒闭，失业工人失去收入来源，他们流落街头无家可归组成"胡佛村"。当时的纽约大街上流行这样一首儿歌："梅隆拉响汽笛，胡佛敲起钟。华尔街发出信号，美国往地狱里冲！"不仅美国国内消费市场低迷，各国纷纷祭起高关税，转向贸易保护政策，出口也极度萎靡。

因为发明T型车（图2）及流水线，福特公司在大萧条前的20世纪20年代曾经风光一时。

福特的产品策略有点类似早期的小米。T型车和小米手机一样，砍掉了华而不实的功能，瞄准广泛用户的需求，流水线则是当时在生产环节压缩成本最有效的方法，因此T型车成为高性价比的代名词。

雷军宣称小米遵循"专注、极致、口碑、快"的七字真言，福特也同样如此，把成本优势发挥到极致，宣称"任何顾客可以将这辆车漆成任何他所愿意的颜色，只要它是黑色的"，因为来自日本的黑色涂料价格低廉，可以迅速干燥，有利于提高生产速率。因此，黑色的T型车广受欢迎，很快成为美国国民车。

图2　福特T型车，100年前的"小米手机"

福特公司的成本优化涉及方方面面，采用工业垂直整合的方法来优化汽车生产，特别指定了零件供应商应如何制造运送部件的柳条箱，使拆卸下来的柳条箱木条可以作为预制部件用于汽车的主体之中。甚至连加工的边角木料与木屑也不放过，将其制成一种名为"Kingsford"的木炭，并同样成为市场的主导品牌。

T型车的起初售价是850美元，而同期与之相竞争的车型售价通常为2000至3000美元，福特T型车具有极大的价格优势。到1924年，每辆T型车的售价已降到240美元，其竞争对手通用汽车被打得丢盔弃甲。到1926年，福特车的产量占美国汽车总产量的1/2，市场占有率更高达60%。到1927年，T型车的累积产量超过1500万辆，在当时堪称是一个工业奇迹。

但是，大萧条改变了一切。

由于消费市场的极度萎缩，福特公司的库存大量积压，从盈利转向亏损。T型车原本就是为了工人阶层的消费需求打造的产品，如今工人连饭都吃不上了，哪还有钱买车？福特公司没有及时调整公司战略，使得亏损一再上升。

大萧条让福特深陷危机，却成为其竞争对手通用汽车的战略机遇。

1923年，通用汽车公司的市场占有率仅为12%，相对于当时的霸主福特来说就是个弟弟。并且由于前期通用汽车缺乏营运及财务控制，没有章法地合并扩张，导致现金无法周转，生产线混乱。阿尔弗雷德·斯隆（图3）临危受命，在1923年担任通用汽车的CEO，进行了大刀阔斧的战略转型。

斯隆敏锐地洞察到，虽然福特在大众市场上攻城略地，但是美国仍然存在相当的高收入阶层，他们的需求并没有得到很好的满足。

于是，斯隆实施著名的"不同的钱包、不同的目标、不同的车型"的多元化战略，引入不同价格、不同定位、不同风格的车型，来迎合不同阶层的顾客，创立高档车以品质而不靠廉价取胜的竞争策略。通用汽车的品牌形象和汽车产品成为消费者自我价值和尊贵身份的代表。

华为终端采用的多品牌多系列的"机海战略"，可以说就是源自斯隆。

图3　通用汽车历史上的传奇CEO阿尔弗雷德·斯隆

斯隆每年还会变更车型、引入彩色车来刺激新需求，成为"科技以换壳为本"的创始者。

供给侧采用多样化战略的同时，如何拉动消费需求呢？

首先，以旧换新，消费信贷。通用汽车创新性地接受旧车作为抵价来购买新款车，成立分期付款购车的融资机构来放大用户的消费能力。

其次，刺激经销商的积极性。斯隆一反将汽车经销商看作利润争夺者的敌对态度，确认双方共生共荣的关系，尽量使其有利可图，并推动经销商优先销售通用的车型。斯隆经常走出总部遍访全国各地的经销代理，实地了解需要，倾听意见。这种深入基层的做法在当年是绝无仅有的。

最后，建立分权赋能式管理。为了适应上述战略变革，斯隆建立了一种中央集权化赋能+分厂分权运营的模式，将公司改组为5个汽车分厂，分别生产不同档次的汽车。分散生产使每个厂都能自由发挥其主动性，而集中管理则需要建立一个强有力的中心办事机构。这个机构拥有大批的专家顾问，并协调整个公司的经营。每次开会，他总是把主导权交给主管会议的专家，只把最终的决定权留给自己。

分权的本质是为了发挥员工的主观能动性和创造力。这种模式可以说是"事业部制"的最初原型。

大萧条期间，通用旗下的凯迪拉克汽车亏损累累，企业高层正开会讨论是否要放弃这个部门时，凯迪拉克的一个中层销售经理德雷斯塔特突然推门闯入，要求给他十分钟时间，让他提出一个用一年半的时间使该部门扭亏为盈的方案。

与会者大多大惊失色，以为德雷斯塔特会因此职位不保。斯隆却对他所表现出来的责任感、主动性、勇气和想象力大为赞赏，当即决定破格提拔其为凯迪拉克公司的主管。果然，在德雷斯塔特的主持下，不出一年凯迪拉克起死回生。斯隆可以说已经具备了"以人为本"的赋能型领导的雏形。

作为对比，亨利·福特不断地对员工发出抱怨："我雇用的不就是你的一双手吗？"意即工人们不必有自己的头脑和感情，只须听命出力就行了。福特的各级经理不敢越雷池一步，一切听老板的指示。

但是，当时通用汽车的分权委任和赋能，不是制度性设计，更多地依赖斯隆作为领袖的人格魅力。这也为后来斯隆卸任之后，通用汽车走上衰落之路埋下了伏笔。

这一系列变革起到了立竿见影的效果。几年后，通用汽车市场占有率超过福特汽车公司，成为美国汽车市场的龙头老大。"二战"爆发后，通用汽车的市场领头羊地位使其收获到了巨大的战争红利。1940年，刚刚卸任的通用汽车总裁威廉·克努森被罗斯福总统任命为新的战时生产管理办公室主席。至1942年，通用汽车的生产百分百供应盟军战争所需。通用汽车为盟军供应的货物远远超过其他公司。

这波战争红利，使得通用汽车成为全球最大最成功的公司（注意，不限于汽车公司）。1956年，通用汽车在全球汽车市场占有率高达53%。

通用汽车反超市场霸主福特，成为大萧条期间抓住环境变化机遇，运用企业战略取得成功的典型案例。

但是，更多的企业仍然在黑暗中苦苦挣扎。为他们在黑暗中点亮明灯的人，就是被誉为"现代管理理论的奠基人"的切斯特·巴纳德，也正是巴纳德将"战略"一词首次引入商业之中。

5.5　企业战略鼻祖巴纳德

大萧条期间，切斯特·巴纳德是美国电话电报公司（AT&T）子公司的负责人。AT&T是与通用汽车、通用电气、福特、标准石油并列的超级美国公司，是美国当年傲视全球的强大工业力量的支柱之一。

AT&T由电话发明人贝尔所创建，公司的研发部门叫作贝尔实验室，是华为创始人任正非曾经的"朝圣之地"。贝尔实验室曾获得八项诺贝尔奖，也是一系列重要技术发明的诞生地，包括晶体管、激光器、太阳能电池、发光二极管、数字交换机、通信卫星、电子数字计算机、蜂窝移动通信设备、长途电视传送、仿真语言、有声电影、立体声录音及通信网等。

巴纳德在哈佛求学期间，由于严重偏科没能拿到学位证，以肄业生的身份进入AT&T工作。但他后来的职业生涯并没有受到影响，在成为企业管理者的同时他还成了一位管理理论家。此外，他还担任过巴赫音乐学会的主席；帮助美国原子能委员会制定政策；大萧条期间兼任新泽西州减灾委员会总监；1942年巴纳德创立了联合服务组织公司并出任总裁；1948～1952年期间担任美国洛克菲勒基金会董事长；还获得了七个荣誉博士学位，可谓功成名就，成果斐然。

在1938年出版的《经理人员的职能》一书中，巴纳德将"战略"一词第一次引入商业领域。

此书被誉为美国现代管理科学的经典之作，巴纳德也被视作现代管理理论的奠基人。后来的管理大师德鲁克、孔茨、明茨伯格、西蒙、马奇、利克特等人，都大大受益于巴纳德。

巴纳德认为，在一个企业中，经理人的作用就是作为信息相互联系的枢纽，并对组织中各个成员的活动进行协调，以便使组织正常运转，实现组织的目标。他提出了经理人员须具有三项基本职能，分别是：

目标：制定共同的战略目标；

连接：建立和维持信息交流系统，加强员工之间的联系，推动实现目标的计划落地；

维持：包括士气的维持，诱因的维持，监督、监察、控制等的维持，作用是保持组织系统的生命力。

巴纳德首次提出了以共同的战略目标为导向，引导组织完成计划的战略方法论，可以说是如今正火的"OKR"（目标与关键成果法）的原型，因此他的理论在管理学界被称为"巴纳德革命"。

《财富》杂志盛赞他为"可能是美国适合任何企业管理者职位的具有最大智慧的人"。管理学界几乎一致认为，巴纳德关于战略和组织的探讨，至今几乎没有人能超越。

在巴纳德之前，泰勒、梅奥、法约尔等人提出了古典管理理论，但是古典管理理论都是围绕具体经营环节和流程展开，是巴纳德第一次把管理科学上升到全局性的战略高度。巴纳德成为连接古典管理理论和现代管理理论的枢纽人物。

第六章　资本主义的裱糊匠

6.1　学院边缘人德鲁克

如果说巴纳德是企业战略的开山祖师，中国人耳熟能详的管理大师彼得·德鲁克则是企业战略的传道士。正是因为他孜孜不倦的宣传推广，才使得企业战略广为人知，深入人心。

德鲁克于2005年去世，让人感觉跟巴纳德不是同一个时代的人，那是因为德鲁克活了95岁。实际上德鲁克第一本书出版的时候，仅比巴纳德的《经理人员的职能》晚一年，还是因为出版过程比较波折，耽搁了时间。

德鲁克说："写作是我的职业，咨询是我的实验室。"德鲁克一生出版了36本书籍，销量超过800万册。他的书籍、讲座和咨询经验成为企业家和管理学者取之不尽的思想宝库。《蓝海战略》《平衡计分卡》《追求卓越》《基业长青》等畅销管理学书籍，都可以在德鲁克的著作中找到源头。

德鲁克还是一位引领时代的思考者。1950年初，他指出计算机终将彻底改变商业；1961年，他提醒美国应关注日本工业的崛起；20年后，又是他首先警告日本可能陷入经济滞胀；1990年，他率先对"知识经济"进行了阐释。

尽管著作等身，成就斐然，德鲁克一生都是管理学院的边缘人，长期不被主流学界所接受。

德鲁克通常对企业进行深入研究和观察，在咨询过程中发现问题，并在这种观察和互动中形成一些颇具洞察力的观点。在他的作品中，很少看到什么"管理模型"和"数据分析"，取而代之的则是一些直指人心的观点和故事，成文风格简单、清晰而有力。

在管理学界，这种研究方法被称为"管理经验学派"，但由于不符合科学的"学术规范"，没有"模型"和"论证"，因此很难在学术论文中引用他们的"研究成果"。

有个段子，在一次午餐会上，几位管理学博士在讨论德鲁克和一个助教谁的贡献更大，那位年轻的助教做了一个合资企业盈利模式的调查研究。

德鲁克本人对此提供了一个富有洞见的解释："为了控制学界，美国政府只向那些用数学公式写作的研究人员提供研究资金，自己这类深入实践的学者被拒之门外便顺理成章了。"

美国的管理学院，则长期保持着理论重于实践的倾向，直到今天依然如此。这就导致了一种比较荒诞的现象：提出突破性战略理论的管理大师，很少是管理学院科班出身，要么跟德鲁克一样是学院边缘人（比如提出"颠覆式创新"的克里斯坦森），要么干脆就是外行（比如物理学家安索夫、历史学博士钱德勒、数学博士格鲁克、退伍军人彼得斯、电子学博士哈默）。

管理理论和实践长期脱节现象的背后，隐藏着让美国实业衰落的深层原因。但是，这一关系重大的矛盾，被美国长期处于世界头号宝座的光环掩盖了。

6.2　"为往圣续绝学"

除了研究方式的差异，德鲁克之所以长期不受待见，还有更深的一层原因：德鲁克的管理思想虽然对指导实践确实有效，在企业界大受欢迎，却与当时美国的主流管理思想格格不入，甚至可以说是"学术异端"。

美国的主流管理理论，继承自牛顿的机械世界观。

这一世界观可以很好地抓住许多弱相互作用系统的主要特征，但前提是符合线性相互作用近似条件。但真实世界并不总是这样，甚至绝大部分情况都不是这样的，包括企业在内的经济系统便处处存在非线性相互作用，用复杂系统来描述才更贴近现实。

在牛顿世界观之下，宏观经济学和微观经济学是完全分裂的，呈现出截然相反的面貌：在宏观经济学家的眼中，各种出于个体私利目的的混乱交易行为，会在神奇的"看不见的手"的作用下，构建出整体的和谐状态；微观经济学家则把企业看作复杂精密的机器，通过精确地控制每一个运行细节，才能实现企业的运转。

在学院派管理学家眼中，企业这层壳就如同一个"神奇的结界"，内外遵循完全不同的规律。这就如同亚里士多德眼中的二重宇宙，地球上的物质按照"本性"运动，重的物体如泥土向地心运动，轻的物体如气体向上运动；月下世界则充斥着神奇的"以太"，因此天体按照正圆的轨道进行。

牛顿打破了天上和地下的鸿沟，无论地球上还是太空中，物体都是依照相同的力学原理运动。在经管领域，牛顿世界观却造成了类似的鸿沟。

企业经营者要管理企业，需要同时应对内外部的双重挑战。因此，在那个时代要成为一个成功的企业家，首要的素质就是要学会成为"两面派"，要么嘴上说一套，实际做另一套；要么就内部一套，外部一套。

诺贝尔经济学奖获得者斯蒂格利茨在《经济学的又一个世纪》中评论道：20世纪的经济学患了"精神分裂症"，即微观经济学和宏观经济学的脱节，这种脱节既表现为研究方法上的难以沟通，又反映出二者在意识形态上的分歧与对立。

德鲁克不愿意做这样的两面派，他始终致力于将理论和实践、内部和外部统一起来，并一生孜孜以求，实现知行合一！

在主流经济学中，均衡是核心概念，没有创新的位置。德鲁克的管理学思想，深受"创新理论之父"约瑟夫·熊彼特（图4）的影响，从一开始就把创新置于管理理论的核心地位。

图4 熊彼特

熊彼特创新理论的核心是"创造性破坏"。这一理论认为，均衡不是经济的最优状态，反而是经济系统死亡的终点。经济发展的核心不在于均衡，而在于经济结构的代谢更替。经济发展是新的经济结构不断产生，破坏并取代旧的经济结构，在走向均衡（死亡）的过程中再次被取代的过程。

"创造性破坏"的思想，可以说是与卡尔·马克思的革命斗争理论一脉相承，只不过马克思的理论更偏重政治领域，而熊彼特更偏重经济领域，但两者都认为政治和经济不可分割。

马克思去世于1883年，同年诞生的梅纳德·凯恩斯（1883—1946）和约瑟夫·熊彼特（1883—1950）后来从不同的角度就马克思身后未尽的问题，继续寻找答案。

在大萧条之后，凯恩斯的理论掀起了"凯恩斯革命"，成为整个资本主义世界的救命稻草。也正是"凯恩斯革命"撕裂了古典自由主义经济学一统天下的局面，分成了宏观经济学和微观经济学两个相互矛盾的领域（因为凯恩斯只描述了宏观经济领域）。在如今又面临重大危机之时，凯恩斯的理论被许多欧美政治家再次捡起来。

熊彼特的以创新为中心的经济发展理论，则实质上成为如今中国经济发展的指导思想。

熊彼特生前最后一本书《资本主义、社会主义与民主》，就是向马克思的致敬之作。熊彼特认为，马克思是一位伟大的先知和预言家，他预言了资本主义必将毁灭，社会主义必将到来。熊彼特认为，马克思虽然预言了结果，但实现的路径不同。

熊彼特认为，资本主义自身孕育的"创造性破坏"力量，随着一次次破坏将变得越来越强，最终将毁灭资本主义自身，社会主义将在资本主义的废墟中诞生。

1949年12月30日，熊彼特在纽约的美国经济学会做了一生中最后一次公开演讲，名字叫作《长驱直入社会主义》，对《资本主义、社会主义与民主》一书的内容进行了概要式阐述，这篇演讲稿后来也成为这本书的序言。两天后，德鲁克（图5）和父亲一起拜访了熊彼特，一个星期之后熊彼特逝世。

德鲁克自述，熊彼特对他一生的道路产生了重要影响，他对熊彼特的评价是："在某种方式上，凯恩斯和熊彼特重演了西方传统的最著名的哲学家的对抗——最有光彩、最聪明、最难以击败的诡辩者巴门尼德和反应缓慢、丑陋但富有智慧的苏格拉底之间的柏拉图式的论辩。在两次大战期间，没有人比凯恩斯更有光彩、更聪明。而熊彼特则相反，似乎平平常常——但他有智慧。聪明赢得一时，而智慧天长地久。"

图5 熊彼特与德鲁克

6.3 "为万世开太平"

德鲁克虽然深受熊彼特思想的影响，同样致力于探索人类的未来，但德鲁克的政治立场与熊彼特不同。他更偏向保守自由主义，希望在资本主义框架之内找到通向未来之路，而不是像熊彼特那样，认为资本主义必然崩溃，社会主义才是人类的未来。

为了找到通向未来的大门，德鲁克将目光投向了实践色彩更为浓厚的企业管理领域。但是德鲁克从来没有把视野局限于商业和企业管理的狭窄范围，而是整个人类社会，而且从一开始就是从历史、宗教、哲学、政治、经济、科技、文化等角度进行大时空尺度的思考，研究如何在连续均衡与非连续变革之间找到平衡。

在进入管理领域之前，德鲁克写了两本书，分别是1939年出版的《经济人的末日》及1942年出版的《工业人的未来》，都是对"二战"中的政治经济和国际形势进行评述，并大胆地对未来走向进行了预测。这两本书虽然看起来与企业战略无关，却是德鲁克此后一生研究企业战略的思想基石。

在《经济人的末日》中，德鲁克着重论述古典自由主义社会（以财产所有权的多寡决定社会地位的社会，书中表述为重商主义社会）必将终结，在其原则上企图建立通过"经济自由"带来"社会公平"的"经济人社会"的愿望落空，纳粹极权社会的出现，正是旧社会秩序崩溃的结果。

德鲁克是这样论证的：工业化大生产加强了人与人之间的联系，经济自由不仅不会造就平等，反而会造成更大的不平等，使得资本主义社会失去了合法性根基，法西斯主义应运而生。他宣称成功地发现了社会公平的奥秘在于废除自由一切可能的实质内涵，从而保证充分就业避免萧条，于是大众纷纷投入法西斯主义怀抱，形成了纳粹极权社会。

在古典自由主义经济学几乎占据绝对统治地位的时代（虽然美国罗斯福政府已经采取了很多偏离古典自由主义的政策，但属于"能做不能说"，而且在当时美国舆论让他遭到很多攻击与批判，认为罗斯福是在走社会主义路线）。这本书批判的矛头直指古典自由主义经济学的根基"理性经济人"的假设，无异于"异端邪说"。德鲁克费尽周折，才找到愿意出版此书的出版社。

德鲁克在书中不仅预言了"二战"必然爆发，而且对于第二次世界大战后的社会、政治变革做了许多预言，包括希特勒将会屠杀犹太人、斯大林和希特勒签署协定……也预言了纳粹由于其先天不足，无法整合社会，必将失败。其中许多预言随着战争进程一一得到验证。

在1939年那样黑暗的时刻，这本书给人带来光明的希望，所以丘吉尔称它是"唯一一本了解并解释了两次大战间世界形势的书"。在其担任首相后，将这本书列为英国人必读书，要求英国军官人手一本。

在反法西斯战争最为艰苦的1942年，德鲁克的第二本书《工业人的未来》出版了。德鲁克在序言中写道："这是我唯一一部公开阐发基本社会理论的书籍。"

这本书中，德鲁克再接再厉，对已经走入工业时代的人类世界在战后如何重建，进行了大胆推演和预言。

上一本书《经济人的末日》论证了古典自由主义社会和纳粹极权社会都必然崩溃，那么未来人类将何去何从？这本书的目的，就是试图为人类寻找一条出路。

该书首先延续了《经济人的末日》的论题，"二战"的起因是工业化摧毁了旧的社会秩序，纳粹政权的兴起证明了旧秩序无可挽回的衰败，建立一种新社会秩序，是人类必须解决的重大命题，否则，"如果一个社会不能有效地避免或者阻止乌合之众似的群氓的形成和发展，那么它就注定在劫难逃"。

德鲁克将这种社会新秩序定义为，建立在自由基础上的功能性社会。

他首先定义了什么叫功能性社会："它必须能够将客观现实组织为处于良好的社会秩序状态，它必须掌控这一物质世界，使其对个人而言具有意义并且可以理解，它还必须建立起合法的社会政治权力。"

他接着阐述为什么要建立功能性社会："只有当社会能够给予其个体成员以社会身份和社会功能，并且社会的决定性权力具有合法性时，社会才能够成为社会，否则就不能发挥功能。"

对个人来说，丧失身份和功能、未能融合进社会、缺乏与社会的功能关系，往往成为一种"起消解作用、威胁性的幽灵般的神秘力量"，对社会构成威胁和危险："否则，个人只是一堆杂乱无章的社会原子，在社会空间中毫无目标地漂游浮荡……否则无以形成社会结构，有的只是一个空白虚置的社会，仅靠奴性和惰性而勉强聚合在一起。"

论述到这里，一个重大的理论疑难摆在德鲁克面前。根据德鲁克的推理，古典自由主义社会=自由+财产私有+经济人，它必然导致极端不平等，因此崩溃无可避免。

纳粹极权是旧秩序崩溃后，为了解决遗留的问题而生。纳粹极权=反自由+财产私有+超人领袖，也必将失败。

推理到这里，似乎所有可能的道路都被堵死了，德鲁克所提出的"建立在自由基础上的功能性社会"，又如何建立呢？

为了解决这个问题，德鲁克必须对"自由"进行重新定义。

在书中，德鲁克对当时美国社会对"自由"的幼稚理解加以无情的嘲弄。他举了一个例子：纽约市刚刚举行了一场自由大集会，口号是"自由真开心"，这反映出"自由国家"最大的弱点：政治感觉与政治理解的混乱与错失。而这一切混乱，都要归源于古典自由主义鼻祖约翰·洛克将自由定义为一种不容侵犯的"自然权利"。

德鲁克对此进行了重大修改，将自由定义为一种选择权，并将选择与责任挂钩："自由的本义是一种负责任的选择……真正的自由乃是选择的自由，并承担责任。"自由如果无须承担责任，结果就只能是如托马斯·霍布斯所说的"所有人对所有人的战争"，即陷入无政府状态和对抗一切、反对一切的混战。

德鲁克认为自由的唯一来源在于人类的不完美，不存在绝对真理或绝对理性，更不存在某人或某些人拥有绝对知识、绝对把握、绝对真诚或绝对权利。正因为每个人都不完美，因此每个人都应当为自己的选择负责。自由是从人类固有的弱点中产生和发展起来的力量，并不是解决一切问题的灵丹妙药，自由不是目标而是一种组织形式，是对人类自身弱点的代偿手段。

在此基础上，德鲁克认为自由只有在功能性社会中才能存在，无政府社会并不存在自由。自由政府同样需要选择与之挂钩的责任。

德鲁克分析了英美两国自由政府形成的历史，总结出自由社会和政府的三条原则：第一，"现实主义"，不把过去理想化，对自己现阶段所处的环境不抱幻想，采取现实的态度对待现实。这一条相当于"实事求是"。

第二，"分离原则"，把财产看作权力的合法基础，信奉政治统治和社会治理的分离。这一条从"政教分离"演化而来。

第三，"因循习惯"，以既定的社会现实作为政治和社会活动的基础，以已被验证有效的旧工具为依托，选择简单、廉价、普通的制度。这一条体现出每个社会都是独一无二的，是历史演进的结果，与"普世价值"正好相反。

对照疫情蔓延的当下世界，德鲁克对自由的论述尤为振聋发聩。今天的欧美人民把自由理解为自行其是，政府官员则将其理解为一种不负责任的甩锅手段，却对中国的抗疫措施指手画脚，认为其缺乏自由。如果欧美国家的政府和人民理解"自由是与责任相挂钩的选择权""自由并不是解决一切问题的灵丹妙药"，那么他们的抗疫工作不会搞得像今天这样一团糟。

书中的其余篇幅，都在详细阐述如何建立这样的功能性社会。"经济人"概念在政治经济实践都已经失败的情况下，德鲁克认为，只有把工厂社区作为治理单位，才能建立工业化的功能性社会。

"我们时代的社会危机的重要真相在于，工业工厂已成为基本的社会单位，但却仍然未成为社会公共机构……要使建立一个既是自由的，又是功能性的社会成为可能的唯一解决办法，就是把工厂建成自我管理的社区。"这样，工厂社区提供个人以身份，社会提供人们以功能，工厂内部的权力是建立在其成员负责任的选择基础上，工业社会才有可能是一个自由社会。

如何实现功能性社会的社会治理呢？德鲁克总结出两点：

1. 不能复古，反对纳粹极权主义并不是要让古典自由主义卷土重来，必须接受工业社会这个现实；

2. 放弃对蓝图和万灵药的幻想，乐于去做卑微和琐细之事，针对当前的问题，找到逐步完善但行之有效的解决之道。

6.4　梦想的幻灭

德鲁克余生的所有工作和著述，可以说都在身体力行地去寻找建立社会新秩序的解决之道。他之所以投身于管理领域，根本的出发点是为了让自己的社会理论和社会理想找到落地的实现图景。

因为《工业人的未来》这本书谈到了工厂社区的重要性和可能性，1943年底，通用汽车CEO斯隆邀请德鲁克到通用汽车进行调研，德鲁克欣然接受了邀请，单枪匹马开始了对通用汽车公司内部管理结构的研究。

四年后，德鲁克将研究心得写成他的第一本管理学著作《公司的概念》。这本书"讲述拥有不同技能和知识的人在一个大型组织里怎样分工合作"，盛赞了通用汽车的事业部分权制，但同时指出，通用将员工看作追求利益过程中应该削减的成本，这是有问题的。员工是人，是应该活用的经营资源。

德鲁克认为，只重视命令和管理会陷入官僚主义的误区，导致无法应对今后出现的剧烈变化，必须建立对员工委任放权让他们自我管理的机制。这也是以企业为中心的产业社会成为"功能性社会"的关键。

德鲁克关于放权的真诚建议，却触怒了因为辉煌业绩日趋傲慢的通用汽车管理层，将这本书列为通用内部的禁书。这本书却让其他公司如获至宝，特别是陷入危机的福特公司，这本书成为其重建公司的指路明灯。

1954年，德鲁克出版了《管理的实践》，奠定了其管理大师的地位。其中提出了一个具有划时代意义的概念——目标管理（Management By Objectives，简称为MBO），它是德鲁克所提出的最重要、最有影响力的概念，并已成为当代管理学的重要组成部分。

MBO是对巴纳德的理论的继承和发展，其最大优点是它使得一位经理人能控制自己的成就。自我控制意味着更强的激励：一种要做得最好而不是敷衍了事的愿望。它意味着更高的成就目标和更广阔的眼界。

1985年，德鲁克出版了《创新与企业家精神》，被誉为是继《管理的实践》之后，德鲁克最重要的著作之一。这本书是对熊彼特创新理论在企业管理实践方面的系统性总结，强调当前的经济已由"管理的经济"转变为"创新的经济"。

1999年，德鲁克出版了《21世纪的管理挑战》，将"新经济"定义为知识经济，未来的企业需要提高知识工作的生产力，并建立生物型组织来与之相适应。任正非所强调的"知本主义"，企业将不再是资本雇用智力，而是智力雇用资本，可能就是来源于此。

德鲁克在《工业人的未来》中指明，并且在此后一系列著作中不断明晰的道路，就是欧美国家在战后实际所走的道路。

古典资本主义已经毁于大萧条和"二战"，凯恩斯与德鲁克互为表里，对资本主义进行了一系列重大修改，使得修正后的资本主义一直发展到今天。相对于治标不治本的凯恩斯，德鲁克的贡献更加重要，起到了固本培元、易筋洗髓的作用。

德鲁克一生虽然著述无数，但是他目睹了一个个曾经具有辉煌历史的伟大企业的轰然倒下。他所说的"自由是与责任相联系的选择权"，表面看上去无懈可击，却忽略了选择与责任之间是有时滞的。相对于公司和国家的寿命来说，公司领导人和政府官员的任期很短，因此他们尽可以追求短期效益，甚至"杀鸡取卵"，而对长期负面后果视而不见。只要任期内获得丰厚回报，哪管卸任之后洪水滔天！

如果企业管理者也像桥梁工程师那样，为工程质量终身负责，那么也就不会出现许多企业被职业经理人玩死的悲剧了。

德鲁克不断反思这一现象，越来越意识到以营利为目的的企业，仍然难以摆脱"理性经济人"的诅咒。他所设想的"建立在自由基础上的功能性社会"仍然难以建立。因此，他在晚年时期，将研究重心转向非营利性组织。德鲁克认为，以使命驱动、以解决社会问题为目标的非营利组织，而非以赚取利润为目标的企业，才是他推崇的理想的载体。

然而，这个世界又有几个人会为伟大的理想奋斗终身呢？把希望寄托在人的崇高情操之上，正好落入了德鲁克自己早年所批判的误区。这说明德鲁克的理论和实践已经走入了死胡同。

从这个角度来说，德鲁克相当于工业资本主义时代的"孔子"，在礼崩乐坏的时代，希望凭一己之力，著书立说，传播思想，重建社会秩序。最后他也落入了类似孔子的困境。

尽管如此，如果直到今天，美国仍然走在德鲁克的道路上，可能距离衰落仍然有相当的距离。

加速这一转变的原因在于，与德鲁克成名的几乎同一时期，一位流亡美国的俄裔女犹太作家也名声大噪。她的作品对美国人的思想产生了极为重大的影响，前任美国总统特朗普年轻时就是她的忠实粉丝。

这位女作家就是《源泉》《阿特拉斯耸耸肩》等畅销商业小说的作者安·兰德。

安·兰德虽然一生中从来没有接触过企业管理，但是她的小说的主人公大多是企业家。安·兰德完全凭借自己的想象，描绘了一个由自私而精明的商人、科学家、艺术家等社会精英组成的世外桃源，有着田园诗般的诗意，现实社会中的欲望都能得到满足。在这里，维系一切的不是道德而是金钱，金钱被视作崇拜的偶像，是自由交换和公平正义的象征，每个人都是独立的创造者和思考者。

安·兰德的作品极力宣扬个人主义、理性的利己主义（"理性的私利"），以及彻底自由放任的市场经济。相当于把德鲁克在《经济人的末日》中大肆批判并宣判死刑的古典自由主义又给捡回来，装扮一新后推销给美国的年轻一代。

讽刺的是，这种基于个人好恶而不是理性分析的价值观包装的快餐小说，远比注重调查研究的德鲁克的管理理论著作更受欢迎。安·兰德的小说印数超过两千两百万册，是德鲁克全部著作总和的好几倍。

当经历了"二战"痛苦的老一辈人故去后，特朗普（生于1946年）这样的年轻精英成长起来。上顶级商学院（特朗普毕业于沃顿商学院），把安·兰德的宣传洗脑奉为圭臬，非理性地崇拜个人主义和自由主义，将其小说中的主人公奉为人生榜样，并引以为豪。

特朗普在竞选总统期间，曾不止一次在演讲中公开声明："我是安·兰德的忠实读者！"他还提到安·兰德的代表作《源泉》，称"这是一本有关商业、美、人生、（内心）情感的书，里面几乎谈到了一切"，并以小说中的主人公霍华德·洛克自诩。

如果德鲁克泉下有知，看到美国成了今天这个样子，距离他的理想已经是南辕北辙，不知会有什么感想。

15年前的2005年11月11日，德鲁克带着理想未竟的遗憾，永远离开了这个他无限热爱的世界。他留下了一句"管理要做的事情只有一件，就是反抗熵增"，作为他一生研究实践的总结。

中美两家伟大的企业——亚马逊和华为，不约而同地将这句话作为企业战略管理的核心，也为后来的我们指引了继续前进的方向。

第七章　军工复合体中走出的战略大师

7.1　从兰德到洛克希德

如果说德鲁克是战略思想的传教士，让公司战略这一概念广为传播并深入人心，比他小九岁的伊戈尔·安索夫（Igor Ansoff，图6），则是战略管理（Strategic management）的一代宗师。

图6　伊戈尔·安索夫

安索夫在历史上第一次运用适当的语言、程序来分析现代工业企业，并明确地界定公司战略中的深层次问题，包括公司如何成长，如何寻求合作，如何借用外力等。著名管理学评论家海勒尔（Robert Heller）将安索夫誉为战略规划之父。

按理说，两个人基本是同时代的管理大师，在企业战略方面的地位也是不分伯仲，不知道是什么缘故，德鲁克在中国闻名遐迩，安索夫却相对来说不太知名，常被人提到的只有一个"安索夫矩阵"。

安索夫将战略管理定义为"将企业日常营运决策与长期计划决策相结合而形成的一系列管理业务""企业高层管理者为保证企业的持续生存和发展，通过对企业外部环境与内部条件的分析，对企业全部经营活动所进行的根本性和长远性的规划与指导"。

在安索夫看来，战略管理与以往经营管理的不同之处在于：战略管理是面向未来，动态地、连续地完成从决策到实现的过程。这个观点与管理大师德鲁克"决策和行动，才是经理人工作的最后产品"具有高度的一致性。

如果说德鲁克的教育背景多少跟经济沾点关系，安索夫的背景则与经济管理毫不相干。他的父亲是美国驻苏联的外交官，母亲是俄罗斯人。他16岁以前都在苏联度过，随后跟父母一起来到美国，获得了数学和物理双硕士学位及应用数学博士学位，是一个不折不扣的理科学霸。

"二战"期间，凭借其美苏混血的身份及对苏联的了解，他成为美国海军后勤部的一员，担任美国海军与苏联海军之间的一名联络员。"二战"结束后，安索夫从军队退役，凭借在情报和战略分析上表现出的突出优势，于1950年进入了刚刚成立不久的美国军方军事智囊机构兰德基金会（Rand Foundation），并且取得一系列卓越成绩。

兰德基金会在中国通常被称作兰德公司，其成立目的如陆军航空队司令亨利·阿诺德上将所言，是"独立的、介于官民之间进行客观分析的研究机构""以避免未来的国家灾祸，并赢得下次大战的胜利"。其真实目的则是为美国与苏联的对抗服务，把战略分析师培养成继续推动美国势力扩张的倡导者、策划者和奉承者。

就在安索夫加入兰德的1950年，兰德公司分析中国参战的可能性，最后得出了"中国将出兵朝鲜"的结论，并因此震惊世界。

1957年，兰德公司在预测报告中，详细地推断出苏联发射第一颗人造卫星的时间，结果与实际发射时间仅差两周，这令五角大楼震惊不已。兰德公司也从此真正确立了自己在美国的地位。

此后，兰德公司又对中美建交、古巴导弹危机和德国统一等重大事件进行了成功预测，这些预测使兰德公司的名声如日中天，成为美国政界、军界的首席智囊机构。它影响和左右着美国的政治、经济、军事、外交等一系列重大事务的决策。兰德公司的研究成果还体现在其研究员和顾问获得的27个诺贝尔奖，其中只有一个不是物理、经济或化学方面的（亨利·基辛格1973年获得诺贝尔和平奖）。

安索夫在兰德公司的早期发展中到底起到什么作用，我们不得而知。1956年，安索夫离开兰德基金会，进入著名的军工航空公司洛克希德公司（Lockheed Corporation）工作。

在中国，洛克希德比兰德公司更加有名，是一家专注于航天航空的大型军工集团公司。从"二战"直到今天，该公司一直是美国军用飞机的头号供应商，它在"二战"期间共生产了19278架飞机，包括2600架文图拉、2700架B-17飞行堡垒（波音授权制造）、2900架哈得逊和9000架闪电，占同期美国飞机制造总量的60%。

洛克希德公司就是第34任美国总统艾森豪威尔口中所说的，"二战"中形成并且日益控制美国的"军工复合体"最典型的代表。如果说兰德公司影响和左右着美国的政治、经济、军事、外交等一系列重大事务的决策，那么其中至少一半，体现的都是洛克希德公司的意志。

洛克希德公司在1995年与马丁·玛丽埃塔公司合并，更名为洛克希德·马丁公司。今天的洛克希德·马丁公司的主要产品包括：美国海军所有潜射弹道导弹、战区高空区域防空系统，通信卫星系统，F–16、F–22和F–35（JSF）等战斗机；U–2间谍侦察机、SR–71"黑鸟"战略侦察机；C–5"银河"大型军用运输机系列、岸基反潜机P–3系列、C–130系列军用运输机，以及军用电子系统、飞行训练辅助设备、火控系统和空中交通管制设备等。

"二战"结束后，来自军方的订单大幅减少，洛克希德的经营一下子陷入困境。安索夫离开兰德来到洛克希德，成为公司的战略规划师，其任务就是推进公司的战略转型。

安索夫主导推进的多元化战略，并不是让洛克希德从纯军工公司变成如波音那样的军民结合型公司，而是仍然专注于纯军工，只不过从军用飞机这一单一品类，转型成为以航空飞行器为战略根基，包含电子、信息技术、航天系统和导弹的综合性军工集团。

后来的洛克希德公司，一直沿着安索夫的战略规划发展到今天。如今的洛克希德·马丁公司占据美国国防部每年采购预算1/3的订货，控制了40%的世界防务市场，几乎包揽了美国所有军用卫星的生产和发射业务，成为世界级军火"巨头"，长期占据世界头号军火商的交椅，其中就有安索夫的巨大功劳。

由于安索夫推进的战略转型成绩显著，他从战略规划师晋升为集团公司旗下的洛克希德电子公司的副总裁。安索夫按照战略转型的要求，推出一项与业务有关的组织架构改组，把17个高科技部门缩减为3个部门，裁撤了数以百计的专业工程师。也是在这个时期，他经历了许多影响他人，也影响到自己人生发展的重大决策。由于组织架构重组，打破了很多人的铁饭碗，他遭受责骂和不解，也体验了战略执行的艰难困苦。

1963年，安索夫离开洛克希德进入卡内基梅隆大学担任教职，穷毕生精力，孜孜不倦地从事战略研究、教学、咨询和推广等工作。

1965年出版的《公司战略》，1976年出版的《从战略计划到战略管理》，以及1979年出版的《战略管理论》，是安索夫的"战略管理三部曲"，不仅奠定了他战略管理宗师的地位，而且也成为公认的战略管理开山之作。

7.2　孕育战略大师的大时代

在安索夫以前，战略规划只是企业管理的一小部分内容。无论是在大学的讲坛上，还是在企业管理实务者的脑海里，战略规划都没有多少地位，有关的著作更是少得可怜。

安索夫把战略规划和战略管理推到了企业经营管理的核心位置，但不能因此理解为安索夫凭一己之力，开创了战略管理这门学科。而是在当时环境剧烈动荡的条件下，企业整体面临的经营困境，让众多企业产生了战略规划的需求，催生了企业战略规划这一门类，安索夫恰逢其时罢了。如果用一句话评价，那就是"历史的机会交到了他的手里"。

安索夫成为战略管理大师，一方面在于他自身的卓越工作，另一方面则在于宏观经济环境的剧烈变化，导致公司对企业战略管理产生了强烈渴求。

20世纪30年代开启的大萧条，宣判了古典自由主义的衰亡，并引发了"二战"。战后凯恩斯主义粉墨登场，通过国家干预市场，建立福利社会的方式，开启了战后20年高速发展的黄金期。这段时间可以说遍地是机会，企业增长主要依靠市场红利驱动，大家日子普遍好过，注重长期目标的企业战略反而进入了低潮。

到了20世纪60年代后期，"凯恩斯牌兴奋剂"的药效逐渐衰退，欧美开启了通胀与经济停滞并存的"滞胀时代"，大批公司出现经营困难、破产倒闭的情况。具有市场优势的公司则趁机开启收购并购，纷纷走上了多元化发展之路。

与此同时，战后美国主导的第一轮全球化陷入"逆全球化"陷阱，各国贸易保护倾向纷纷抬头，进一步加剧了企业经营困难。

　　这轮全球化是如何兴起，又如何衰退的呢？

　　"二战"把整个欧亚大陆打了个稀巴烂，昔日列强如今都变成了遍地废墟、债台高筑的穷鬼。美国的GDP占到了世界的56%，工业产值占到了世界的40%以上，黄金储备更是占到了世界的七成以上。美国的商品涌到了世界各地。以现代工业的基础钢铁和石油为例，美国的钢铁产量占到了世界的63.92%，石油产量占到了世界的70%以上，美国是当时名副其实的经济和工业霸主，整个欧洲加起来都不是美国的对手。

　　以强大的经济实力为基础，美国主导建立了以黄金储备为后盾的布雷顿森林体系，这就是美国主导的第一轮全球化。布雷顿森林体系就是以美元为媒介的金本位，35美元兑换1盎司黄金，而其他货币则维持与美元的固定汇率。这样进出口商就不用担心因汇率浮动而造成的损失，有助于建立稳定的国际贸易秩序。

　　但是该体系存在被称为"特里芬难题"的内在悖论。简单地说，国际贸易发展得越好，越会导致美国之外的欧洲和日本崛起，美国实力相对下降，进而导致美元地位下降，为该体系埋下崩溃的种子。再加上美国深陷越南战争的泥潭，进一步加速了美元信誉的衰落，加剧了体系崩溃的速度。

　　1973年10月，第四次中东战争爆发，给了本已处于崩溃边缘的布雷顿森林体系致命一击。

　　为打击以色列及其支持者，石油输出国组织（OPEC）中的阿拉伯成员国当年12月宣布收回石油标价权，使油价猛然上涨了两倍多，从而触发了"二战"之后最严重的全球经济危机。持续三年的石油危机对发达国家的经济造成了严重的冲击。

　　在这场危机中，所有的工业化国家的经济增长都明显放慢，美国的工业生产下降了14%。危机导致欧洲对美元的信心崩溃。早在战争爆发前夕的1973年3月，西欧出现抛售美元，抢购黄金和马克的风潮。同年，西方货币实行了对美元的浮动汇率，标志着布雷顿森林体系完全垮台。

这一切引发了商业界对美元崩溃及美国衰退的担忧。在伦敦，一位来自纽约的旅客说："这里的银行、旅馆、商店都一样，他们看到我们手里的美元时流露出的神情，好像这些美元成了病菌携带物一般。"在巴黎，出租车上挂着"不再接受美元"的牌子，甚至乞丐也在自己的帽子上写着"不要美元"。

实际上，布雷顿森林体系崩溃并不意味着美元的崩溃，反而是美元金融霸权的开始。因为美国通过一系列软硬兼施的手段，让美元成为国际石油贸易的结算货币。与黄金脱钩的美元变为以石油为价值锚定，形成了军事实力确保对中东的军事威慑，军事威慑保证石油与美元的绑定，石油美元收割全世界，收割来的钱发展信息高科技军事的战略闭环。

这样的战略闭环，进一步加强了美国军工复合体在国家战略中的核心地位。同时，美元摆脱了实物黄金的限制，变成了货真价实的金融霸权。从此，美国的金融资本开始不断膨胀，逐渐走上了脱离产业循环，直接通过金融活动谋取暴利的道路。

之后，美国从以制造业为立国之本的国家，蜕变为以军工复合体和金融资本的联盟为主导的国家。

美国军事体系与苏联完全不同，对信息技术的依赖特别强，这是为什么呢？

因为苏联还是以"二战"为蓝本，以大规模军团作战为主，以占领敌方领土、消灭有生力量为目标。美国的军事则日益与金融目的相结合，其军事目标不是为了与主要大国作战，而是为了驱动金融市场上的资本流动。因为美国的金融利益遍布全球，如果直接与主要大国作战，必然导致金融财富被大量消灭，而消灭的大部分是它自己的钱，这是美国万万不能接受的。

同时，金融市场瞬息万变，半个小时就可能出现巨变，必要的时候要及时进行军事介入，改变人们的信心，驱使金融资本按照其意图流动。这就是为什么美军追求快速反应、精确打击。

按照这一原理，可以解释美国此后一系列军事行动的逻辑。

其中最典型的是在1999年欧元问世之后，立即在欧洲边缘的南斯拉夫发动的科索沃战争，表面打着正义的旗号，其实是"项庄舞剑，意在沛公"，打击金融市场对于欧元的信心。

金融霸权引导了军事技术变革对信息技术的渴求，催生了信息革命在美国的爆发。美国军事系统进行了一系列重大战略转型，从"二战"时期的大兵团集团军作战，变为小分队的快速响应，中后台火力快速支援的模式。美军的战略转型，也为华为等富有战略远见的公司的战略指明了方向，也是如今最火的"大中台+小前台"组织架构的起源。比如图7所示的华为铁三角，由客户经理（Account Responsibility，AR）、解决方案专家（Solution Responsibility，SR）和交付专家（Fulfill Responsibility，FR）组成，作为公司的小前台。如同在前线作战的特种小分队侦测敌情（发现并定义用户的实际需求），呼唤后方的大中台提供炮火支援，通过相互配合共同提供针对用户个性化需求的解决方案。

铁三角端到端一体化运作

铁三角紧密协同，贯穿销售项目的全过程

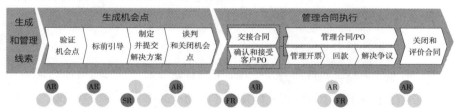

铁三角围绕**共同目标**进行运作

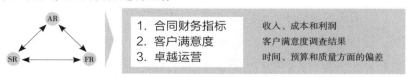

图7 模仿美军作战方式的"华为铁三角"

7.3　辉煌的战略理论大厦

人要成功，不仅要看个人努力，还要看历史进程。对于个人如此，对于企业也是如此。

在布雷顿森林体系存续时期，美元背后的支撑，是美国一揽子工业在国际贸易中的实力和地位。到了石油美元时期，传统工业的作用日趋下降，ICT行业，以及建立在ICT技术基础上的军事工业和金融业才是重中之重。

美国国家战略的转型，导致过去企业坚持的传统制造业发展的道路已不再可行，必然转向以信息高科技为核心、以金融投资为主要手段的多元化发展之路。

美国众多企业遭受一系列打击后经营变得困难，是上述一系列国际政治经济形势综合作用的结果。如果将目光仅仅限于企业管理本身，而不去关注宏观政治经济形势的变化，又如何能够让企业摆脱困境呢？

对于这一切，那些格局更高、视野更广阔的真正战略大师洞若观火，科班训练出来的经管专家却很难看清大势，纠缠于具体经营的细节中。这就是为什么研究历史哲学的德鲁克能够预言未来是知识经济的时代，而擅长国家战略分析，与军工复合体有很深渊源的安索夫，会成为顶级战略大师。

20世纪60年代末至70年代，是企业战略理论发展的黄金期。安索夫提出，把企业长期目标的管理作为企业战略重点，有力地把战略管理推向历史发展的前沿。安索夫的早期研究对于拓宽企业战略管理的研究视野，丰富战略管理的方法等都是功不可没的。

通用电气公司（GE）就是在安索夫的战略规划主张的影响下，正式设立了战略经理职位。该职位主要是负责修订和监察执行该公司的战略规划文件（蓝皮书，Blue Book）所制定的相关规划内容。通用电气公司因此而创造过辉煌的业绩，并且维持了相当长的一段时间，安索夫的战略管理功不可没。

与此同时，包括安索夫的追随者在内的大批研究者，都致力于企业战略管理研究，各种专著、刊物如雨后春笋般出现。在安索夫等人的积极推动下，20世纪70年代初，美国最大的500家公司中85%的企业建立了战略计划部门。到70年代末，美国从事战略管理咨询的收入高达3亿多美元。

这个时期，企业不仅重视企业战略，而且注重计划制定、实施和控制整个过程的管理。这一切标志着战略管理作为独立的企业管理学科，登上了历史舞台。

1965年出版的第一本企业战略著作《公司战略》，是安索夫对自己前半生的战略理论研究和实践的总结，也是在洛克希德公司工作经验和思索的总结。

在这本书中，安索夫明确宣称，战略管理的目的是"发展一系列有实用价值的理论和程序，使经理人能用来经营……商业公司可以凭借这些实用的方法来做出战略决策"。这既是安索夫创立战略管理这门理论体系的追求，也是他个人作为一位企业战略研究者给自己确立的使命。

1973年，在国际商用机器公司（IBM）和通用电气公司（GE）的赞助下，安索夫组织了一场跨学科战略管理国际会议。会上，来自各国的企业管理学者和管理者共聚一堂，针对战略管理提出了各自的意见和心得体会。

从会议议题上看，这次会议直接的诉求是寻求"分析瘫痪"（Paralysis by Analysis）这一问题的答案，但这次会议也可以理解为，安索夫战略管理理论形成之前的意见征询会。

所谓分析瘫痪，是指决策者在接触信息较少的时候还能够做出决策，但是如果每天接触到海量的数据（经常是相互矛盾的）、新闻和其他人的建议，会让决策者变得无所适从，反而导致无法决策。这种情况在20世纪六七十年代环境剧烈变化时集中涌现出来，困扰了当时的许多企业。

所谓决策过程，就是收集信息、分析信息、处理信息和输出结果的过程，而分析瘫痪就是信息过载的表现，表现在个人消费抉择上就是选择困难，表现在企业就是分析瘫痪。

安索夫于1976年出版的《从战略计划到战略管理》，直接来源就是1973年国际会议的成果。战略管理，就是安索夫多年寻求"分析瘫痪"问题的答案时所找到的解答。

安索夫的战略管理理论包括四个方面，分别是3S模型、差距分析、战略分析和核心竞争力。

安索夫认为，战略和组织是一体两面，组织架构和资源分配应围绕战略构建，组织的功能就是执行战略，而这一切要落实到系统机制（即制度）之上。

这就是安索夫3S模型：战略（Strategy）、组织（Structure）和系统（System）。后来麦肯锡著名的7S模型就是在此基础上扩充而成［将安索夫3S作为企业硬件，再补充四项软件：风格（Style）、员工（Staff）、技能（Skill）、共同价值观（Shared Values）］。

安索夫认为，企业的整体经营战略就是找到现状与战略目标之间的差距，并将其一一消灭，这就是所谓的差距分析。

当时的大企业大都包含了多个事业部，企业战略需要对各个事业部整体分析，确定整体战略的方向和重心。而分析企业战略的工具就是著名的"安索夫矩阵"（图8）：以产品和市场作为两大基本维度，产生四种产品/市场组合和相对应的企业策略：

市场渗透（Market Penetration）——以现有的产品面对现有的顾客，以其产品的市场组合为发展焦点，力求增大产品的市场占有率。比如新产品销售一段时间后，采用各种打折促销手段以提高销量。

市场开发（Market Development）——提供现有产品开拓新市场。企业必须在不同的市场上找到具有相同产品需求的使用者顾客，其中的产品定位和销售方法往往会有所调整，但产品本身的核心技术不必改变。比如这两年的热词"下沉市场"，就是市场开发的体现。

产品延伸（Product Development）——推出新产品给现有顾客，利用现有的顾客关系来借力使力，以此扩大现有产品的深度和广度，比如苹果公司每年推出iPhone的升级版，就是这种策略。

多元化经营（Diversification）——提供新产品给新市场，此处由于企业的既有专业知识能力可能派不上用场，因此是四种策略中最冒险的一种。其中成功的企业多半能在销售、通路或产品技术等核心知识（know-how）上取得某种协同增效（Synergy），否则多元化的失败概率很高。

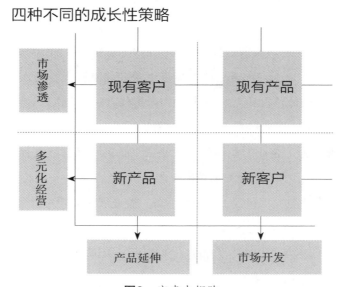

四种不同的成长性策略

图8 安索夫矩阵

安索夫特别强调"核心竞争力"这一概念，核心竞争力指的是企业所具有的某种"人无我有"的非对称优势，没有核心竞争力就无法在竞争中取胜。

1979年安索夫在"战略管理三部曲"的最后一本《战略管理论》中，又进一步扩充了自己的观点。他认为随着环境的变化，企业的战略和组织也必须随之发生改变，只重视战略或只重视组织都会导致失败，必须根据环境变化，使得战略和组织两者步调一致，才能获得成功。如果环境变化非常剧烈，战略就必须具有创新性，并且要不断试错。

这本书的思想，可以说已经具有了进化战略的雏形。

以2012年智能手机大规模应用为转折点，人类历史已经不可逆地走向了信息大爆炸的时代，今天的企业和个人更容易陷入信息过载，面临分析瘫痪的可能性更大。因此，必须在安索夫战略管理的基础上，进行进一步升级。

7.4　安索夫之后的门派之争

比起更像格言集和心灵鸡汤的德鲁克文集，安索夫的战略理论更加系统化和工具化。

如果说德鲁克是工业资本主义时代的儒家宗师孔子，希望为这个礼崩乐坏的时代重建秩序；安索夫就如同法家之祖管仲，希望重新建立一套适应当下时代特点的战略理论。但是他也如同管仲曾经遭遇的困境一样，他的弟子很快就把他的学说进行了片面化理解，走向了极端化的道路。

德鲁克虽然思想很深邃，境界很超前，但是他的理论碎片化而不系统，向他学习能学成什么样，基本看学生的悟性和造化。安索夫却不同，他的理论朴实易懂，系统性强，逻辑严密，很容易理解，因此拥有很多追随者。

安索夫指出了战略管理的所有重要方面，但是后人学习时往往会有面面俱到，抓不住重点的感觉，而且也容易因过于注重分析技术，导致陷入应用模式僵化的误区。这是导致安索夫战略不能产生预期效果的重要原因。

但这并不是安索夫的问题，而是后来者生搬硬套，不能与时俱进，不能将系统性的理论与具体的企业实践相互结合。

安索夫如同一个平台的搭建者，为企业战略完成了所有基础要素的搭建。在此之后，几乎所有的战略思想，无论作者本人是否承认或意识到，都是安索夫战略理论（或其一部分）的延伸，其中包括了亨德森所提出的"波士顿矩阵"（BCG Matrix）、巴尼所提出的企业资源观（Resource—Based

View，RBV）、麦肯锡的7S模型、金伟灿的"蓝海战略"、迈克尔·波特的"五力模型"及克莱顿·克里斯坦森的"颠覆式创新"等。

虽然理论系出同源，这些安索夫的后辈彼此之间却产生了门户之见、道路之争。他们都继承自安索夫，其理论都不能说错，但是因为观点偏执，只注重其中一端。企业如果真严格按照某一派理论，又会出现问题。

著名战略管理学者明茨伯格梳理出十大战略学派，并把这种状况辛辣地喻为"盲人摸象""所有的理论都是错误的"，但是"管理者又必须选择其中一个"。他还断言学校里无法培养出好的管理者，只能是在实战中与理论结合，找到适合自己的战略。

战略理论的门派之争，以巴尼所代表的能力学派和迈克尔·波特所代表的定位学派之间的争执最为有名。双方都认为自己的理论才是放之四海而皆准的真理，而对方的理论则是胡说八道，误人子弟。

双方你来我往，针锋相对，两派的论战几乎贯穿了20世纪最后20年，如同《笑傲江湖》中华山派的"剑气之争"。这一长达20年的论战，过程中伴随着日本对美国发起的产业竞争，显得分外引人注目和热闹。

两派分别从不同的角度给出解释和应对之道，并对对方的理论加以驳斥和嘲笑。两派都对美国大公司的决策产生了重要影响，并且随着美日贸易战的起伏，形势不断逆转。

直到克莱顿·克里斯坦森研究了一系列美国大公司衰落的原因，一拍桌子说"我不是针对谁，只是在座的各位都是垃圾"，抛出了革命性的颠覆式创新理论，美国大公司的掌舵者们这才如梦初醒。

但为时已晚，美国那些声名赫赫的大公司已经无可挽回地在衰落的路上一路狂奔，再难回头。

第八章 日美贸易战背后的战略学派

8.1 日美贸易战

日本作为"二战"的战败国，1945年投降的时候，国内经济崩溃，工业基础损耗殆尽，粮食生产不能自给，整个国家陷入大饥荒状态。

然而仅仅十年后的1955年，日本工业不仅奇迹般复苏，而且开始打入了美国市场。日本货以价格低廉、质量上乘赢得了美国人的青睐，对北美的工业品产生了很大的压力。

同样是被战争打成稀烂，日本产业能快速崛起，为什么中国不能？因为存在如下几大因素：

1. 日本战前就已经实现了基本工业化，国内有大量工程师和产业工人的人才储备。中国当时大部分人口都是文盲，境内仅有的工业基础还是日本在东北殖民统治期间留下的。

2. 朝鲜战争爆发，日本成为美军的后勤补给基地。战争中大量物资的消耗，拉动了日本企业的快速恢复。

3. 作为与社会主义联盟对抗的前沿阵地，美国给予了日本大量扶持政策，鼓励其产业发展。美国向日本开放市场，也是扶植政策的一种。而中国则成为西方资本主义世界封锁的对象，长期无法融入国际贸易体系，只能自力更生，艰苦奋斗。

日本之所以能快速发展，一方面日本有内在的产业人才基础，另一方面美国处于全球战略的需要，要把日本发展起来，作为在亚洲的"钉子"。

但是由于一些意外原因（该原因与企业战略有关，后文会展开），到了20世纪60年代，事态渐渐超出了美国人的控制。日本产品的质量不仅更好了，而且价格更低了，对美国同类产品形成了碾压式的优势，引发了美国产业界的强烈反弹。持续30年的日美贸易战大幕就此展开。

日美贸易战从20世纪60年代开打，70年代全面开战，80年代达到高潮，基本上跟日本制造业的重生、崛起、鼎盛三个阶段相契合。

被迫卷入美日贸易战的相关行业的时间顺序高度符合产业崛起的规律：首先是产业链较短、难度较低的轻工纺织业，然后是钢铁重工业，随后是精密制造业，最后则是"工业体系的明珠"半导体业，以及ICT制高点的通信业。

30年间，日美之间无数次的贸易纠纷可以归结为六大行业战役级贸易战，以及两次宏观层面的贸易决战。

其中六次行业贸易战分别是：

1. 纺织品战（1957—1972年）：日本纺织品从20世纪50年代开始抢占美国市场，是最早进入美国贸易保护者视野的日本商品。1957年开始，美国密集通过限制日本纺织品的法案，最终以日本"自愿限制出口"的妥协而告终。

2. 钢铁战（1968—1978年）：日本钢铁行业接棒纺织行业，在20世纪70年代成为对美出口的主力，并遭到美国钢铁行业工会的强烈阻击。1977年美国发起反倾销起诉，最终以日本"自愿限制出口"的妥协而告终，日本钢铁业在10年内被迫3次自主限制对美出口。

3. 彩电战（1970—1980年）：1970年开始，日本家电行业开始崛起，巅峰时对美出口占日本彩电出口的90%，囊括了三成美国市场的份额。1977年美日签订贸易协议，日本"自愿限制出口"。

4. 汽车战（1979—1987年）：日美贸易战中最激烈的一场，也是决定性的关键战役。80年代，日本汽车接棒家电行业，成为日本赚取高额贸易顺差的核心产业，对美的出口量飙升，由此对美国的就业造成严重影响，进而导致全美范围内的抗议潮。最终以日本汽车厂家赴美投资、自愿限制出口、取消国内关税等妥协手段告终。

5. 半导体战（1987—1991年）：在半导体行业发展的早期，日本凭借低价芯片对美国的产业造成了重大的冲击，后来的芯片巨头英特尔差点在这次冲击中破产倒闭。美国以反倾销、反投资、反并购等手段进行贸易保护，最高时对相关产品加收100%的关税。最终以日本对美出口产品进行价格管制等手段结束。

6. 电信战（1980—1995年）：1980年代开始，美国用贸易保护条款敲开日本电信行业的大门，1985年在里根VS中曾根美日峰会上，美日共同启动了电信行业开放。最终移除了日本在电信行业的贸易壁垒，系统性地开放了全市场。

两大宏观层面的决战，则分别是美国逼迫日本签订的"美日结构性贸易障碍协议"，以及1985年签订的逼迫日元升值的"广场协议"。

总体来说，美国一顿操作猛如虎，贸易战声势浩大天雷滚滚，但对于阻止日本相关产业的崛起没有实质性作用，美日贸易不平衡的问题直到今天也没有解决。

导致日本溃败的真正原因，是日本自乱阵脚。

日元升值后，日本为了对冲升值影响，采取了宽松的货币政策和积极的财政政策。日元购买力快速提高及低成本信贷，放大了人性中的贪婪，企业用金融杠杆到处疯狂投资，个人则非理性地购买，造成了疯狂的地产泡沫。最终引发了房地产和金融的总崩盘，从而使日本踏上了漫漫"熊途"，进入"失落的20年"。

日本因为自乱阵脚，大败亏输，美国就是日美贸易战最后的赢家吗？

事实并非如此。

正如今天的中美贸易战一样，贸易战只是一种表象，实质是两个国家之间产业实力的竞争，以及两个国家综合实力的竞争。

表面上看，美国不仅在产业竞争中打败了日本，还成为冷战的最后赢家，迎来了历史上最巅峰的时期。但如果进行深层观察，日美贸易战也让美国走上了自乱阵脚之路。美国产业的长期性衰落与中国的崛起，可以说都是日美贸易战的间接后果。

8.2　定位学派的兴起

持续30年之久的日美贸易战，给美国企业造成了长期持续的经营压力，美国企业纷纷产生了快速增强自身实力，以击败日本竞争对手的迫切需求。

为了应对这一需求，各种战略门派如同雨后春笋般冒出，力求解释企业遇到的问题，并给出相应的解决方案。明茨伯格所说的各种战略学派"盲人摸象"，就是指这一时期。

其中最主要的两个门派，分别是推崇市场定位的定位学派和推崇企业能力的能力学派，两者都希望消灭其他门派，重新统一江湖。两派之间进行了一场长达30年的门派之争，几乎伴随着日美贸易战的始终。

定位学派的领军人物，是被称为"竞争战略之父"的哈佛商学院教授迈克尔·波特。

波特出生于1947年，是土生土长的美国人，本科在普林斯顿学的是机械和航空工程，随后转向商业，获哈佛大学的MBA及经济学博士学位。

作为竞争战略领域的超级大佬，波特的早年学术生涯可谓一波三折。他读完MBA后，没有继续在哈佛商学院深造DBA（工商管理博士），而是去读经济学院的博士，主修宏观经济学。他在1975年的博士论文中首次提出"波特五力模型"，将宏观经济学的理论应用到企业战略中。

这篇论文受到经济学院的一致好评，并获得优秀论文奖。但是当波特用该论文申请商学院教职时，受到几乎一致的差评。因为商学院的教员都是DBA出身，他们研究的是企业经营管理方法，最多涉及微观经济学的内容。前文我们说过，在牛顿机械论世界观影响下，微观经济学和宏观经济学是相互平行的两个世界，两方的研究者几乎到了鸡同鸭讲的地步。

几年后波特要在商学院升任教授，遭到学院内负责人的一致反对，差点把波特扫地出门。幸好哈佛校长说再观察他一年，才让他留下来。

在波特留校察看的这段艰难的时光中，波特开发出了一门叫作"产业与竞争分析"的热门课程，受到学生们的热烈欢迎。同时，波特出版了经管畅销书《竞争战略》，受到产业界的普遍好评。

这下，谁也不好意思投反对票了。你觉得自己比波特强，也没见你的课和书比波特更受欢迎啊！于是波特顺利晋升为商学院教授。

波特的战略理论之所以大受欢迎，是因为他的竞争战略给当时受到日本同行严重挑战，正处于迷茫和困境当中的美国企业，指出了一条简明易懂的出路。

波特的竞争战略在产业经济学与管理学之间架起了一座桥梁，包含三个方面，分别是五力模型、价值链分析（图9）和三大战略（图10）。

五力模型是对一个产业盈利能力和吸引力的静态断面扫描，说明的是该产业中的企业平均具有的盈利空间，是一个产业形势的衡量指标，而非企业能力的衡量指标。通常，这种分析法也可用于创业能力分析，以揭示本企业在本产业或行业中具有何种盈利空间。

五力模型注重对企业外部环境的分析，目的是从产业参与者的视角来判断市场是否能够盈利。很显然，五力模型针对的主要是日美贸易战相关的行业，是对当时激战正酣的日美贸易战的一种理论回应。

价值链分析，则是对企业的内部运营状况进行分析的方法。

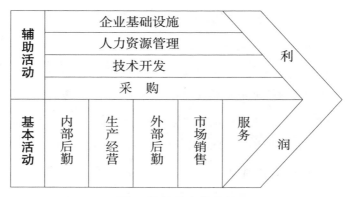

图9 波特基本价值链

　　企业的生存和发展，归根结底实现了价值创造。企业的价值创造包含了一系列活动，这些活动可分为基本活动和辅助活动两类。基本活动包括内部后勤、生产经营、外部后勤、市场销售和服务等；辅助活动则包括采购、技术开发、人力资源管理和企业基础设施等。这些互不相同但又相互关联的生产经营活动，构成了一个创造价值的动态过程，即价值链。

　　波特认为，价值链虽然包含了许多环节，但是有价值的只是少数。抓住了这些关键环节，也就抓住了整条价值链。因此，企业应当牢牢抓住战略环节，将其他低价值的部分外包，从而让企业的价值最大化。

　　波特三大战略，则是基于上述内外部分析之后，选择市场中能够盈利的位置进行市场竞争。

　　波特认为，在产业竞争中只有三种成功战略，分别是：

　　成本领先战略：该战略的核心是使成本低于竞争对手，当别的公司在竞争过程中已失去利润时，这个公司依然可以获得利润。采用成本领先战略，通常需要在价值链的战略环节保有非对称优势，诸如与原材料供应端有更好的联系，或者有更加高效节约的生产方式。福特T型车的成功就是成本领先战略。

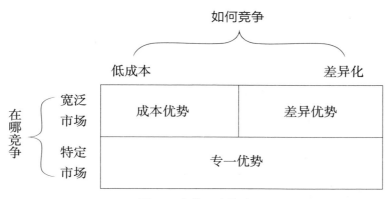

图10　波特三大战略

差异化战略：将产品或公司提供的服务差别化，树立起一些全产业范围中具有独特性的特征。实现差别化战略可以有许多方式，如设计名牌形象、技术上的独特、性能特点、顾客服务、商业网络及其他方面的独特性。通用汽车利用大萧条的机会反超福特，采用的就是差异化战略。

专一化战略：当企业无法在主流市场上获得优势时，可以主攻某个细分的利基市场，如服务于特殊的顾客群、某产品线的一个细分区段或某一地区市场。在产业竞争中落败的汽车品牌，退守特定的细分市场，如专注于超级跑车的阿斯顿·马丁，采用的就是专一化战略。

正是这一整套竞争战略理论，让迈克尔·波特成为当今世界上竞争战略和竞争力方面公认的权威。他还先后获得过大卫·威尔兹经济学奖、亚当·斯密奖，五次获得麦肯锡奖，拥有很多大学的名誉博士学位。在2005年世界管理思想家50强排行榜上，他位居第一。

波特的竞争战略理论比德鲁克更加系统化、工具化，又比安索夫的战略管理理论更加简单明了，易于执行，因此受到了美国企业界的一致追捧，纷纷将其奉为圭臬，遵照执行，并且取得了明显的效果。波特被捧为全球第一战略权威，是商业管理界公认的"竞争战略之父"。

然而，我仍要扮演"皇帝新衣"里的那个小孩，说一句大实话：波特的竞争战略理论，正是美国产业脱实向虚，走向长期衰落的重要推手！

我们先说说中国企业最耳熟能详的"五力模型"。

五力模型建立在如下三个假设之上：

1. 完全信息假设，即战略制定者需要了解整个行业的信息。

2. 静态市场假设，即行业的规模是固定的，企业间的竞争只有通过零和博弈①夺取对手的份额，来占有更大的资源和市场。

3. 竞争假设，即同行业之间只有竞争关系，没有合作关系。但在现实中，企业之间存在多种合作关系，不一定是你死我活的竞争关系。

五力模型带有很强的宏观经济学色彩，前述的三大假设与自由主义经济学的三大基本假设"经济人假设""完全信息假设"和"市场出清假设"几乎一脉相承。

完全信息假设与自由主义经济学一脉相承，存在的问题也是一致的：完全信息只是理想情况，在现实中永远不可能出现。

五力模型是企业价值网的超级简化版，由于五力模型将企业外部信息大大简化了，企业管理者确实摆脱了安索夫最头疼的"分析瘫痪"问题，但也使得企业限制在狭小的空间里，陷入了价值网的束缚。

例如，企业误以为视野中的竞争对手就是全部的敌人，鏖战的结果往往是与竞争对手同生共死，双方变得越来越像。却与消费者的需求越来越远，完全忽视了视野之外的跨界打劫者。

美国三大汽车厂商相互模仿，一方面性能过度，另一方面却没有解决用户所需要的痛点，被日本厂商连锅端。后来的功能手机时代，如诺基亚和爱立信之间的竞争，又重复了类似的故事。

静态市场假设来自"市场出清假设"，适用相当范围狭窄，只是在行业发展后期趋于死亡时才适用，也就是仅适用于成熟或者衰落中的行业（图11）。

---

① 零和博弈（zero-sum game），是指参与博弈的各方，在竞争下，一方的收益必然意味着另一方的损失，博弈各方的收益和损失相加总和永远为"零"，双方不存在合作的可能。

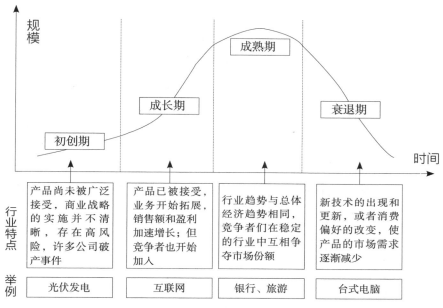

图11　行 业 生 命 周 期

静态市场如同军事上的"阵地战"，阵地（市场）大小和位置都是固定的，交战双方比拼的是"结硬寨，打呆仗"，拼的是双方硬实力。但在现实中，市场的情况在不断变化，企业之间往往打的是"运动战"，看似毫无机会，却可以在动态变化中创造出新机会。

例如红军反围剿战争中，弱小的红军跟国民党的军队比拼阵地战，那是毫无机会的，但是通过运动战长途奔袭，出其不意，攻其不备，就可以在动态变化中寻得生机。

在商业上，企业可以通过不断创新找到新的生机，或者增大市场容量；企业之间也可以通过共同做大行业的蛋糕来实现共赢，而避免直接竞争。

比如华为在发展的历程中，一方面通过贴近中国市场实际需求开发产品，在国际电信巨头的夹缝中找到生存空间；另一方面通过农村包围城市，国际化长征，不断寻找新市场来壮大自身的同时，也与其他厂商结成战略盟

117

友，实现互惠共赢。

再如中国的燃油车市场，直到最近几年才进入静态市场阶段。前些年车企之间都可以通过共同做大行业蛋糕的方式实现共赢。而且，这并不意味着车企之间此后一定会进入零和博弈，因为新兴的电动车和自动驾驶领域又是一块快速增大的新兴蛋糕，车企同样可以在这些领域实现协作共赢。华为进入汽车领域，就是通过协作共生而不是直接竞争的方式，这就体现了与波特完全不同的竞争战略。

竞争假设则与自由主义经济学的根基"经济人假设"一脉相承。德鲁克早在1937年就把古典自由主义的崩溃和纳粹的兴起原因归结为"经济人假设"，并对其进行了毫不留情的批驳。但到了七八十年代，"经济人假设"又堂而皇之地成为经济管理的支柱。

这种一切出于自身私利的竞争战略，使得美国企业各自为战，很难携起手来相互合作。我在《华为崛起》这本书中提到，美国搞3G通信标准之所以功败垂成，是因为美国通信企业和IT企业各行其是，各搞一套，分散了实力，增加了内耗；高通出于自身利益考量，在关键时刻对英特尔的背刺[1]，导致花费巨大代价的WiMAX标准惨死。

相对于德鲁克和安索夫等大师的战略思想，波特的竞争战略实际上是一种简化和倒退，但为什么波特反而比两位前辈战略大师更受欢迎呢？

这是因为波特的竞争战略与美国的自由主义价值观更加贴合，并且更加迎合战后年轻一代的思想。

前文提到，鼓吹自由主义和极端个人主义的安·兰德的作品，影响了战后的几代年轻人。唐纳德·特朗普和迈克尔·波特正是战后成长起来的美国年轻一代，美国的多数大企业也到了新老交替的时候，掌舵权从经历过"二

---

[1] 背刺：网络用语，在商业竞争环境中，当某商家发布一款产品，另一个商家对其发起打击，给予对手毫无防备的一击，比如在性价比等方面拉开差距。

战"的老一辈企业家手中，交给和特朗普、波特同时代的年轻一辈。

这一代人一方面更信奉个人主义、自由主义，另一方面他们出生于美国实力和声望正隆的时代，骨子里带有傲视天下的傲慢。他们更喜欢直来直去，用实力碾压，用快刀斩乱麻的方式来面对一切挑战。

正如《三体》中那句名言："弱小和无知并不是生存的障碍，傲慢才是。"

波特的竞争战略，正是处处透露着傲慢情绪的战略理论。

因为其个人主义加傲慢，所以倾向于把同行都看作敌手；由于信奉实力碾压，因此更喜欢把敌手拖在自己熟悉的战场，用阵地战的方式来打击敌人。

波特的竞争战略，不仅让美国企业在与日本同行的竞争中进退失据，而且将美国的产业一步步推向深渊！

基于波特的价值链理论，又产生了产业微笑曲线模型（图12），即企业应当保留高价值的研发设计和市场营销，将低价值的生产制造环节外包出去。这正是价值链理论中"控制战略环节就相当于控制整个价值链"的应用。

价值链理论及微笑曲线模型，实际上就是20世纪80年代之后美国大规模向亚洲进行产业战略转移的依据，从而助推了美国产业的空心化。

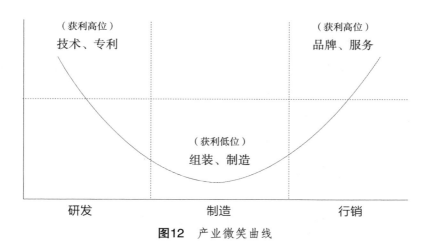

图12　产业微笑曲线

波特的价值链理论的问题在于，静态孤立地看待产业链各个环节的价值，但是各个环节之间存在相互关系，而且处于动态变化之中。实际上，研发能力和品牌价值，都是建立在制造的基础之上，把生产制造外包出去，短期来看，利润率大增，但长期来看，产业实力变成了空中楼阁。

迈克尔·波特在后来也逐渐意识到，他的竞争战略理论中的静态市场假设，并不适用于所有行业。在1997年再版的《竞争战略》中，他便补充论述了新兴产业、成熟产业和衰退产业中企业应当采取不同的竞争战略。

但是，修订后的竞争战略反而进一步推动了美国的产业转移浪潮，这又是为什么呢？

因为新兴产业利润率高，资本趋之若鹜；成熟产业利润率下降，资本避之不及，成熟产业持续失血，不得不纷纷外迁。

然而，工业体系不仅仅是根据企业价值环节划分的价值链，而是不同原料、技术和产品相互关联交织的产业网络。当产业网络中一个个的环节缺失后，就会带动更多的环节缺失。正如一个小小的螺丝钉不合格会让航天飞机出故障一样，某个看起来微不足道的环节，可能会具有全局性影响。波音公司如今的衰落，美国在新冠疫情到来时，口罩产量严重跟不上，都是长期产业网络塌陷造成的后果。

迈克尔·波特对于美国产业塌陷负有重要责任，但是将其全都归罪于迈克尔·波特也失之偏颇，因为这一切是美国上下集体无意识造成的结果，波特只不过因为其战略大师的地位，影响比别人更大罢了。

20世纪七八十年代，正是凯恩斯主义全面退潮，新自由主义经济学大行其道的时代。1974年，新自由主义经济学的旗手哈耶克获得诺贝尔经济学奖，标志着在大萧条中受到重创的自由主义经济学登堂入室，重新成为学术界的显学。

新自由主义的兴起，与石油美元的建立几乎同步，新自由主义鼓吹小政府和自由放任市场，并不是出于追求社会化大生产的产业资本的诉求，而是出自金融资本的利益主张。

自由主义金融思潮的兴起，造成整个社会的"金融化"。企业经营者纷纷用金融化的思路来思考企业经营。迈克尔·波特的竞争战略就是一种金融化的战略思路。例如，控制战略环节就控制了整条产业链的思路，其实就是用金融思维来看待产业。在新兴产业、成熟产业和衰退产业中，企业应当采取不同的竞争战略，就是用金融思维来运营产业。

也许有人问了，企业的目的就是追逐利润，金融思维并没有错啊？

这句话本身就有问题。企业追逐利润并没有错，但是企业的根本目标不在于追求利润，而是解决社会问题，创造价值，利润只是解决社会问题的副产品。只有不断地解决问题，企业才能长期生存，因此也可以把企业长期生存作为目标。要想实现长期生存，企业就应当保持持续的生态繁荣。

企业经营如果出于追逐利润的目的，那就是"造不如租，租不如买"；如果追求长期生存，就应当有"备胎计划"，考虑在极限状态下如何生存。

如果追求利润，就应当压榨上下游，消灭竞争对手实现垄断，实现自身利益最大化；如果长期生存，就应当让合作伙伴乃至竞争对手共同繁荣，从而让自身持续繁荣。

华为之所以能从弱到强，与一票美国大企业成为友商[1]且不落下风，就是因为美国大企业受波特的竞争战略影响很深，而华为采用了完全不同的企业战略。

当然，美国的战略理论家们对于迈克尔·波特及其定位学派也颇有微词，其中发起最猛烈挑战的，就是强调企业自身能力的能力学派。

---

[1] 友商，即竞争对手，一般是指互联网或者电商行业互相之间的竞争者，对他所处行业的竞争者的一种称呼。泛指竞争者。

8.3　能力学派的挑战

早在迈克尔·波特第一本畅销书《竞争战略》（1980年）出版两年后，就有人出版了一本反定位学派的畅销书，这就是汤姆·彼得斯的《追求卓越》。

与波特纯粹的经管学院派背景不同，彼得斯基本走实战路线。彼得斯出生于1942年，比波特大5岁，他曾是一名军人，先在美国海军服役，后来进入国防部和白宫工作。退役之后，32岁的彼得斯加入了著名咨询公司麦肯锡，成为一名咨询顾问。

拥有90年历史的麦肯锡是世界排名第一的咨询公司，有"咨询届的高盛"之称。有人曾戏称："如果上帝决定要重新创造世界，他会聘请麦肯锡。"当时，老牌咨询公司麦肯锡正受到后起之秀波士顿咨询（BCG）的有力竞争，业务上节节败退。公司原本积累的自信和满足情绪仿佛在一夜之间就荡然无存，取而代之的是自责、自我怀疑与否定。

麦肯锡与BCG的运作方式有着很大的差别：麦肯锡更依赖人脉关系来拓展业务，各地办事处或分支机构在当地发展良好的客户关系，针对该项业务的咨询服务也在当地完成。BCG则在公司总部建立起高度集中的智力资源中心，并致力于成为咨询行业先进理念和技术的创立者，成为行业内的"思想领袖"。

BCG发展了一些虽然简单却在实践中非常有效的咨询分析工具，如著名的经验曲线、波士顿矩阵等。这些分析工具在实践中的广泛应用大大提高了波士顿咨询公司的声誉。BCG还牢牢占据了战略管理咨询这一细分市场。相比较而言，麦肯锡的咨询顾问就显得不够专业了，只会说一些大而空的"正确的废话"，麦肯锡的客户和员工不断流失，纷纷投靠BCG。

在这种困境下，麦肯锡推动了一系列重大变革，其中一项是把战略和组织作为公司业务发展的战略重点，分别任命了该领域领先的专家负责其发展，建立了专门的调研项目，去世界各大成功公司实地调查其成功经验。汤姆·彼得斯就是组织方面的调研负责人。

当时，无论是麦肯锡还是BCG，其主要分析工具都出自定位学派。比如大名鼎鼎的波士顿矩阵（图13），就是竞争战略的一种具体分析工具。

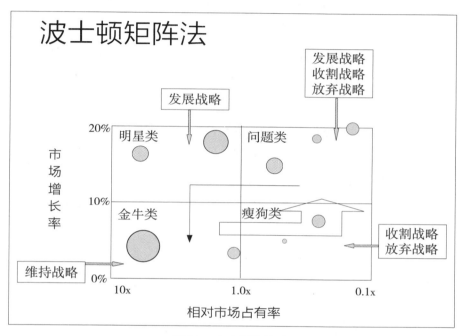

图13 波士顿矩阵法

日美贸易战当时激战正酣，美国企业被日本同行压得透不过气来。彼得斯在调查的过程中，不可避免地关注到与贸易战相关的公司，对于定位学派的理论产生了强烈质疑。

比如，波特五力模型强调行业竞争态势对企业的影响。波特提出的三种竞争战略，其依据也是企业外部的行业环境，这就产生了一个问题：美国和日本的企业都面临着相同的行业环境，大致也会采用相似的竞争战略。这就无法解释，为何产业竞争几乎是日本一边倒的胜利？

彼特斯重点研究了日本佳能对美国施乐的挑战，日本本田对美国摩托车和汽车行业的挑战，结论是外部的行业环境对大家都是公平的，不是竞争的决定性因素。企业自身的能力，才是决定竞争胜败的关键。

美国施乐公司在20世纪50年代发明了静电印刷技术，完全取代了原先的湿版印刷，成为普通纸复印行业的绝对霸主。取得市场垄断地位的施乐复印机，简直就是一台台印钞机，财源滚滚来。施乐公司开始大手大脚地投资各个领域，为员工提供大量的福利，包括自由工作时间制、育儿补助、运动设施、高龄者医疗服务、在家办公等，创建了不需要完成任何任务的研究机构。

当今计算机时代的众多核心技术都是由这个机构发明的，比如图形界面和下拉菜单，乔布斯就是从施乐学到了这项技术，发明了苹果电脑，并引发了苹果与微软对图形界面和下拉菜单的一系列争夺。苹果后来试图控告微软侵犯知识产权，对此，盖茨的回答是，这些技术不是苹果的，它是施乐发明的。

然而，技术的原创者施乐并不看重这些技术。如果复印机已经能够带来大笔的利润，那么为什么要关注这些东西呢？让那些科学家和技术专家尽情去玩吧。施乐只要把复印机的市场垄断地位牢牢占据就万事大吉了。

施乐的计划是这样的：竞争者想要在市场中推出同样的复印机，就要购买施乐的这些专利使用权。可是如果真的去购买，他们最终的复印机产品成本就会极高，价格也就远远超过施乐的价格。这样一来，竞争者自然望而生畏，无从下手。

到1962年，施乐在普通纸复印机市场上拥有超过六百项专利，几乎囊括了复印机的全部部件和所有关键技术环节。凭借这些技术，施乐采用付费出租的商业模式，构建起一个号称"20年不会崩溃"的商业帝国。根据迈克尔·波特的产业价值链理论，施乐控制了复印价值链的战略环节，占据了市场最有利的位置，其他公司与之竞争，完全是自取其辱，自取灭亡。

主业本是照相机的日本佳能，却并不这么看。他们认为正是因为施乐的复印霸主地位吓阻了竞争者，使得复印行业没有充分竞争。施乐自恃专利壁垒，产品价格高高在上，孰不知在中低端复印市场简直处处都是机会。

从1962年起，佳能开始向复印领域不断投入研发资金和人力，终于在1970年成功绕开了施乐的重重专利技术壁垒，面向中低端市场推出了普通纸复印机NP-1100，其低廉的价格，以及充分考虑客户实际需求的产品设计，大受市场欢迎。

如果仅依靠佳能自己的能力与施乐竞争，财大气粗的施乐一旦发现佳能威胁到自己，很快就会仿制出类似的机器，那么佳能还是没有胜算，于是佳能采用了"群狼战术"。

佳能找其他有意涉足复印机领域的日本厂商，如东芝、美能达、理光，一一沟通。佳能的人先把复印机市场前景吹一通，然后抛出合作条件：如果我们联合起来做这个产品，大家都有钱赚，而且你不用自己开发，我已经把机器开发好了，你只要照着生产就行；不仅能够很快投产，而且授权费只花你开发费用的十分之一。如此优厚的条件，如此充满诱惑的"钱景"，焉有不答应之理？于是日本众多厂商结成产业联盟，共同发力复印机市场。

施乐一下子陷入日本群狼包围之中，不仅中低端市场全部被日本厂商占据，而且原本垄断的高端市场份额也节节败退。

从1976年到1981年，施乐在复印机市场的市场份额从82%直线下降到35%。施乐不可挽回地从一个市场垄断者、领导者变成了一个追赶者，而且这种追赶还很吃力。佳能等一众日本企业的竞争策略，是美国企业做梦都想不到的。这种"不按套路出牌"的玩法，也让定位学派的战略专家们头大如斗。

1981年，日裔美国管理学家威廉·大内（William Ouchi）从与美日企业界人士广泛的交往中得到有益的启发。在深入调查两国企业管理现状的基础上，参照传统的X理论和Y理论，以日本企业文化为参照系，写下了《Z理论——美国企业界怎样迎接日本的挑战》一书，将日本的企业管理文化加以归纳。

该书写作的原意是"如何把对于日本企业管理的理解，运用到美国环境的实践中"，试图回答"日本的企业管理方法能否在美国获得成功"。该书首次提出了企业文化的概念，认为日本企业能够在竞争中脱颖而出的秘诀在于企业文化。

与威廉·大内有合作关系的理查德·帕斯卡尔，在同年出版的《日本企业管理艺术》一书中，详尽地描述了日本企业如何重视"软性的"管理技能，美国的企业则过分依赖"硬性的"管理技能，并从中总结出管理中的七个要素：三项硬件要素——战略（Strategy）、组织（Structure）和系统（Systems）；四项软件要素——员工（Staff）、技能（Skills）、经营模式（Style）和共同的价值观（Shared Value），并论述了它们之间的相互关系。其中前三项战略（Strategy）、组织（Structure）和系统（Systems），就是安索夫的"3S模型"，帕斯卡尔的贡献是补充了四项软件要素。

威廉·大内提出了Z理论，帕斯卡尔总结7S模型，其中不乏真知灼见。但是他们的主要受众都是美国公司，以当时美国公司高傲的心气来看，说服他们老老实实向日本同行学习，似乎有点不太可能。

彼得斯在军队和政府机关都混过，可谓深谙人心、情商爆满的老江湖。他与同事罗伯特·沃特曼用帕斯卡尔提出的7S模型，共同分析了美国的62家大公司，从其中业绩突出的43家优质企业归纳出了八个共同点：

1. 重视行动和迅速做决定；

2. 与顾客密切接触，从顾客身上学习；

3. 拥有革新的自主性和创业者精神；

4. 员工自主提高生产效率和品质；

5. 基于价值观的实践；

6. 绝不离开基础事业；

7. 单纯的组织和小规模的总公司；

8. 自律的工作现场和集权的价值共享。

彼得斯自以为，这份充满"真知灼见"的调查报告一定会让公司大为赞赏。

然而，这份研究成果交到公司后，却没有收到麦肯锡高层的重视。原因是，7S模型包含的价值观、技能等方面很难用数学公式进行量化。前文说过，美国的经济管理学界长期充斥着"无量化，不高级"的倾向，所以即使是德鲁克这样的管理巨擘，也长时间成为经管学院的边缘人，就是因为他的理论不好量化。

麦肯锡之所以花血本搞研究，就是希望搞一大堆花哨的图表和数学公式，让这些研究成果能够让客户感到高深和专业。但是，7S模型和八个要点听起来就像是一通朴实无华且枯燥的大实话。不能用来显示高深，要来何用？

彼得斯愤而从公司辞职，将研究成果埋头写成了《追求卓越》，于1982年首次出版，由此一炮而红。尽管7S模型并非彼得斯的原创，却因为这本书而远近闻名，因此大家都把彼得斯当作原创者。麦肯锡更是不讲究，这本书大受欢迎之后，麦肯锡罔顾彼得斯研究成果不受公司重视愤而辞职的事实，极力宣称彼得斯与麦肯锡的关系，并且大力推广用7S模型进行企业咨询。最后，帕斯卡尔原创、又被彼得斯剽窃的7S模型，就变成了"麦肯锡7S模型"。

《追求卓越》相比《日本企业管理艺术》，并没有太多理论创新，但是彼得斯十分讨巧地将帕斯卡尔书中作为正面案例的日本企业替换为一众业绩优异的美国公司，深刻符合了美国企业界"老子天下第一"的心理诉求，给当时士气低迷的美国产业界打了一剂强心针。正因为如此，彼得斯后来也被人讽刺地称为"管理的安慰医生"。

因为深度迎合了受众心理，《追求卓越》的受欢迎程度远超《日本企业管理艺术》，成为美国历史上第一本销量超过百万册的商业管理书籍，被称为"1982年以来美国工商管理的'圣经'"。自出版以来，《追求卓越》连年荣登《纽约时报》非文学类书籍排行榜，旋即被译成十几种文字，风靡全球，三年中发行量达600万册。《福布斯》杂志评选20世纪末美国最具影响力的20本商业书籍中，《追求卓越》获管理类第一名，被评为"20世纪最顶级的三本商业书籍"之一。

汤姆·彼得斯因此声名鹊起，此后出版了一系列畅销书。他本人也在美国飞来飞去，收取高额出场费进行各种商业讲座。他的讲座主题五花八门，从自由贸易到客户服务，从健康到政治，他都能发表一番言论。彼得斯口才极好，现场煽动能力极强，观众总能听得如痴如醉。俗话说"干得好不如说得好"，这句话在彼得斯身上得到了淋漓尽致的展现。

在美国乃至整个西方世界，彼得斯获得了极高的赞誉，被称为"商界教皇"，顶级商业布道师。汤姆·彼得斯被《财富》杂志评为"管理领袖中的领袖"，甚至有人将他和拉尔夫·爱默生、亨利·梭罗和瓦尔特·惠特曼这样的美国文化巨擘相提并论。

后三位中国读者可能有点陌生，在美国他们都是和林肯总统同时代的鼎鼎大名的人物，对美国文化自信、制度自信做出了卓越贡献。比如爱默生是确立美国文化精神的代表人物，林肯称他为"美国文明之父"。

麦肯锡将7S模型作为翻身法宝，受7S模型启发，提出了知识管理的概念，并成为知识管理的倡导者。知识管理的对象不仅包含显性知识，更重要的是包含隐性知识。

显性知识和隐性知识并非麦肯锡原创，而是迈克尔·波兰尼（Michael Polanyi）在1958年从哲学领域提出的概念。显性知识是能够被人类以一定符码系统（最典型的是语言，也包括数学公式、各类图表、盲文、手势语、旗语等诸种符号形式）加以完整表述的知识。隐性知识和显性知识相对，是指那种我们知道但难以言述的知识。

麦肯锡将显性知识和隐性知识概念推广到商业领域。对于麦肯锡自身而言，虽然曾发表过各种论文和报告，但是相对于公司内大量有价值的经验和深邃的学术思想而言，这些已成文流传的内容不过是"冰山的一角"。更多的知识和经验是作为隐性知识存在于专家们的头脑中，没有被整理成文，更谈不上在公司范围内交流与共享。麦肯锡建立公司内部的学习交流平台，并将这种方法推广给其咨询的客户。如今，知识管理已经成为商业界的共识，绝大部分跨国公司都建立了自身的知识管理体系。麦肯锡的知识管理体系可以看作如今大火的"赋能中台"的雏形。

作为麦肯锡的老对手，BCG看到麦肯锡开始大谈特谈公司的软件能力，也开始进行这方面的研究。BCG的乔治·斯托克（George Stalk）和托马斯·豪特（Thomas Hout）通过对日本公司的研究，提出了时基竞争战略（Time-Based Competition，TBC）。他们来到日本对丰田汽车公司进行研究，发现丰田的新车研发时间只有福特和通用的一半，而且能够以极快的速度、极低的成本生产出不同品种的产品。

在丰田公司，他们看到差异化（提升附加值）和成本领先，并非是如迈克尔·波特所说的二律背反，而是可以通过缩短时间的方式实现并存。在二人合著的《与时间竞争》一书中写道："时间是商业竞争的秘密武器，因为由于反应时间导致的优势将带动其他各种竞争优势。在最短的时间内以最低的成本创造最大的价值是企业成功最新的模式。"

BCG所推动的TBC战略，是一整套可测量、可量化、可分析的方法。通过加强组织信息流，提高如仓储、运送等物流活动的速度，合理化安排各个步骤的相互关系，重新安排各个部门之间的相互配合，达到减少交货、发送时间和响应时间的目的。

TBC在20世纪80年代末被提出后，于90年代席卷美国乃至全世界（日本除外），也成为BCG全球各个分公司的主要咨询业务。克莱斯勒应用TBC战略后，成功地使四种新车的开发时间缩短25%，开发费用降低30%。戴尔公司的创始人迈克尔·戴尔更是TBC战略的信奉者，他说："在今天的商业环境中，只会有两种企业存在，即高效率的企业和死亡的企业。"

在日本企业异军突起的现实面前，麦肯锡和BCG在企业咨询的实践中，不约而同地抛弃了定位学派宏观产业分析的框架，强调企业内部能力。彼得斯的名利双收，也激励了一系列后来者。比如《基业长青》系列的作者吉姆·柯林斯，《公司的核心竞争力》系列的作者加里·哈默，《领导变革》系列的作者约翰·科特，纷纷将企业内在的软实力置于更高位置，发起了对定位学派的挑战。

到20世纪90年代，能力学派逐渐汇聚成了一股强大的力量。能力学派指出：市场处于相对平稳的状态下，企业战略仍可基本维持不变，企业竞争犹如国际象棋赛争夺棋盘中的方格一样，是一场争夺位置的定位战争。通常以其十分明确的市场细分，来获得和防卫其市场份额，企业获取竞争优势的关键，就是选择在何处进行竞争，至于选择何种竞争方式的问题处于第二位。

但是，在20世纪90年代以来激烈动荡的市场环境中，竞争能否成功，取决于对市场趋势的预测和对变化中的顾客需求的快速反应。在这种竞争态势下，企业战略的核心不在于公司产品和市场定位，而在于其行为反应能力，战略重点在于识别和开发难以模仿的组织能力，这种组织能力是将一个企业与其竞争对手区分开来的标志。

能力学派认为，培育核心能力，并不意味着要比竞争对手在研究开发方面投入更多的资金，也不是要使其各个事业单元垂直一体化。事实上，核心能力来自企业组织内的集体学习，来自经验规范和价值观的传递，来自组织成员的相互交流和共同参与。

如果把企业经营比作爬山的话，定位学派说，制胜关键在于选择一座好爬的山。但是能力学派说，山就那么几座，爬山的人那么多，关键还得看登山者的能力。

能力学派虽然整体上都反对定位学派，但彼此之间也有很大的分歧和不同，比如强调自我破坏的"再造革命"的迈克尔·哈默，强调"核心竞争力"的加里·哈默尔，强调建立学习型组织的彼得·圣吉，强调企业动态能力的大卫·提斯。

能力学派的集大成者，是提出企业资源观（Resource-Based View，RBV）的杰恩·巴尼（Jay B. Barney）。

迈克尔·波特将经济理论引入管理学，创立了定位学派，巴尼也把经济理论引入了管理学。他认为，即使处于同一行业，企业间的表现也是存在差异的，原因在于，各个企业对于经营资源的使用方法存在差异。只要资源的使用方法正确，就一定能够实现持续性的竞争优势。

经营资源的公式：经营资源=有形资产（地皮厂房等）+无形资产（品牌等）+能力（供应链能力、经营判断力、知识技能等）。巴尼认为，"管理人员必须从企业内部寻求有价值的、稀缺性的、模仿成本高的资源，然后经由他们所在的组织开发利用这些资源"。

巴尼提出了VRIO模型，来分析企业的内部资源与能力。

（1）价值（Value）问题：企业的资源和能力能使企业对环境威胁和机会做出反应吗？

（2）稀有性（Rareness）问题：有多少竞争企业已拥有某种有价值的资源和能力？

（3）不可模仿性（Inimitability）问题：不具备这种资源和能力的企业，在取得它时，与已经拥有它的企业相比，会处于成本劣势吗？

（4）组织（Organization）问题：一个企业的组织能充分利用资源和能力的竞争潜力吗？

能力学派的挑战虽然来势汹汹，却并没有产生绝对的说服力。

能力学派批判定位学派是在静态的市场中进行分析，他们自己其实也是"换汤不换药"，也是对企业自身的静态能力进行分析。虽然展示了什么样的企业资源是有效的，却没有说明如何创造和获得这样的资源，如何有效地应对外部环境的变化和来自市场上其他玩家的挑战。

《追求卓越》中列举的那43家美国公司，很快就变得不够卓越了。认为自己的7S模型被剽窃而感到愤愤不平的理查德·帕斯卡尔，在《追求卓越》出版15年后，他在自己的著作中讽刺道："那43家企业中有一半在5年后就不行了，现在能称得上超优良的企业只剩下5家。"

巴尼用VRIO模型，对处于严峻事业环境中仍然获得成功的戴尔公司进行了分析。但是几年之后，戴尔的竞争优势就荡然无存了。

对能力学派更不妙的是，作为其理论来源的日本企业，在20世纪90年代纷纷陷入困境。所有的日本大企业都采取缩短时间、提升效率及多元化战略，商品开发周期越来越短，品种越来越多，价格却不断下降。这种能力竞争的结果是，获利越来越困难，所有企业都陷入了高效率、低效益的陷阱。认为"要想获得持续性竞争优势，能力比定位更重要"的能力学派的基础发生动摇，纷纷被美国的企业家们抛弃，定位学派又变成了企业战略的主流。

那么，引发能力学派和定位学派30年纷争的日本企业，到底是怎么崛起的？他们崛起的真正秘诀又是什么呢？这要从管理学诞生的源头之一——霍桑实验说起。

8.4 异军突起的质量管理学派

沃特·阿曼德·休哈特、约瑟夫·朱兰和爱德华兹·戴明，是举世公认的三位质量管理大师，而且三人可以说是师生关系。

休哈特在三人中年纪最长，生于1891年，1917年在加州大学伯克利分校获得物理学博士学位之后，成为西屋电气公司的工程师。西屋电气曾经是与通用电气齐名的电气业巨头，其创始人威斯汀豪斯（Westinghouse，直译过来就是"西屋"，图14），是与爱迪生（图14）同时代的工业发明家。正是他慧眼识珠，把被冷落的特斯拉从爱迪生通用电气公司（通用电气的前身）挖到自己的公司，建立交流输电系统，从而击败了爱迪生。

图14　西屋电气创始人威斯汀豪斯（左）和通用电气创始人爱迪生（右）

　　休哈特在西屋电气的主要工作是研究如何提升产品质量。他在1924年5月16日的备忘录中，向上级提出了使用"控制图"（Control Chart）的建议。这一建议具有划时代的意义，标志着质量管理开始成为一门学科。

　　控制图是通过对过程质量特性进行测定、记录、评估，从而监察过程是否处于控制状态的一种用统计方法设计的图。控制图用于区分引起缺陷的原因是偶然的还是系统的，提供系统原因存在的资讯，从而判断生产过程受控状态。理论上，根据控制图可以系统性地大幅降低质量缺陷，提升产品质量的同时，降低废品率。

　　因此，休哈特的这一建议得到了公司领导层的充分重视。为了验证"控制图"的实际价值，从1924年11月开始，在美国芝加哥郊外的西屋电器公司霍桑工厂进行了一系列实验。工人被分成两组：一组为控制组，所有工人都在以往环境不变的情况下持续工作；一组为实验组，实验本身是为了观察工作环境经过各种改变时工人的反应情形，并比较两组的生产力。这一组实验，就是管理学史上大名鼎鼎的"霍桑实验"。

　　众所周知，霍桑实验诞生了管理学中的人际关系学派，实际上质量管理学才是霍桑实验的最大成果。人际关系影响生产效率，只是这项实验的副产品之一，霍桑实验的真正目的，还是用实践检验质量控制理论。

霍桑实验中工作环境的改变，是通过改变照明亮度来观察的。结果是，亮度增加，生产力增加，但当亮度逐渐下降时，生产力仍然继续升高。更奇异的是，控制组的照明其实一点都没改变，但生产力仍会上升。甚至，实验人员延长工时或减少休息时间，生产力也会上升。许多工人都比实验前更满意自己的工作。实验结果与理论预测完全不符，休哈特领导的研究小组对此结果感到茫然，失去了信心。

从1927年开始，休哈特实验小组不得不邀请更多的专家一起共同参与实验设计，哈佛大学的心理学教授梅奥也在受邀之列。约瑟夫·朱兰恰好在1925年从学校毕业成为霍桑工厂的质量检验工程师，并成为参与霍桑实验的两位工程师之一。爱德华兹·戴明当时正在耶鲁读物理学博士学位，1925年来到霍桑工厂进行为期两年的实习，目睹了梅奥、休哈特等人如何进行实验，认识到统计方法的重要性及质量管理的魅力。世界上因此少了一位物理学家，多了一位世界级质量管理大师。

戴明正是掀起日本企业旋风的关键人物，可以说是他凭一己之力，让美国扶植日本的计划失控，并引发了激烈的日美贸易战。

时至今日，丰田汽车公司东京总部的大厅里还有三张大照片。一张是丰田的创始人丰田喜一郎，另一张是丰田现任总裁丰田章男，第三张照片则是戴明，而且比前两张都大得多。1991年丰田喜一郎领取戴明奖，在演讲词中这样说道："没有一天我不想到戴明博士对于丰田的意义。戴明是我们管理的核心。日本欠他很多！"

戴明是一个地道的美国人，为什么他会全力帮助日本公司，与自己祖国的公司进行竞争？戴明的理论到底是什么，为什么具有如此巨大的力量？为什么说定位学派和能力学派，其实都是对戴明理论的"盲人摸象"？

我虽然在定位学派和能力学派之后才讲戴明，但戴明其实是与德鲁克、安索夫同代的人，他的年龄甚至比德鲁克还要大9岁。

爱德华兹·戴明，1900年出生于美国爱荷华州的一个农场主家庭，这个农场并不大，收入也不多，戴明的家庭并不算富裕，因此他在少年时代可以说是一直在打工。有时候做一些在外面点亮街灯、除雪的活，赚取每天一块两毛的工资，或在饭店内打杂、洗菜，每小时工资2.5美金等或多或少的钱以补家计。

在霍桑实验期间，休哈特与戴明结成了忘年交。休哈特十分喜欢戴明这个聪明的小伙子，并且在他一毕业，就向他发了西屋电气的offer，但是被戴明婉拒了。那时的美国还是以工程实业为中心，像通用电气、福特汽车、西屋电气、AT&T这样的大公司，是美国年轻人最向往的去处。因此，最优秀的年轻人都以攻读理工科学位为目标，期望能获得心目中理想的职位。戴明和安索夫一样都是理科学霸，先获得数学与物理双硕士学位，最后于耶鲁大学取得物理学博士学位。戴明收到西屋电气的offer，就好比现在的应届生收到了阿里巴巴、华为的offer，那是无数同龄人梦寐以求的理想职位。戴明为什么拒绝了呢？

这里不得不提一下戴明的个性。他一生都是一个被使命驱动的人，没有什么个人私利，也没有什么门户之见。他觉得质量管理学这么好，能够造福天下所有的公司，却只服务于西屋电气一家公司，太狭隘了，应该向所有公司推广。

戴明是一个典型的性格直率的理工男，用现代的说法就是缺乏"情商"，常常不假思索地在大庭广众之下对业界大腕出言不逊。他在获得一些人喜爱的同时，也得罪了更多的人。戴明为人没什么架子，很喜欢深入工厂车间，即使后来功成名就，也仍然与一线员工打成一片，尽管得罪了不少高位的人，工人和工程师们却对他崇敬有加。

戴明博士毕业后，进入华盛顿的美国农业部的一家研究所工作。在此期间，戴明将基于统计的质量管理方法运用于正常的办公运作，把一些过程的生产效率提高了6倍。戴明将从休哈特那里学到的统计质量管理方法发扬光大，应用到工业以外的住宅、营养、农业、水产、员工的雇用等各个方面，涉及面极为广泛。

"二战"期间，戴明的贡献得到了美国政府的重视。他建议军事有关单位的技术者及检验人员等，都必须接受统计质量管理方法，并实际给予教育训练。同时，他在通用电气公司开班讲授统计质量管理，并与其他专家联合起来在美国各地继续开课，共训练了包括政府机构在内的三万一千多人。对美国质量管理方法的推广做出了莫大的贡献。

戴明质量管理理论的核心，是将休哈特提出的PDCA循环加以改进并发扬光大，因此后人通常将其称为"戴明环"。PDCA的含义分别为：

P（Plan）——计划，包括方针和目标的确定，以及活动计划的制定；

D（Do）——执行，执行就是具体运作，实现计划中的内容；

C（Check）——检查，总结执行计划的结果，分晰哪些是对的，哪些是错的，明确效果，找出问题；

A（Act）——行动（或处理），对总结检查的结果进行处理，成功的经验加以肯定，并予以标准化，便于以后工作时遵循；对于失败的教训也要总结；对于没有解决的问题，应提给下一个PDCA循环去解决。

PDCA是周而复始，大环套小环，阶梯上升的过程。

围绕着PDCA的应用，戴明陆续提出了八个步骤、七种工具，以及14个要点，从而构成了戴明全面质量管理（TQM，Total Quality Management）理论体系。

TQM指一个组织以质量为中心，以全员参与为基础，目的在于通过让顾客满意和本组织所有成员及社会受益，而达到长期成功。

戴明还将TQM从一种对生产过程的控制方法升级为企业（或其他组织）战略管理。其中包含了几个重要观点：

一、以用户为中心

这里的用户不仅指产品的最终用户，而且包括企业，在企业内部，凡接收上道工序的产品进行再生产的下道工序，就是上道工序的用户。"为用户服务"和"下道工序就是用户"是进行全面质量管理的一个基本观点。

二、全面管理

包含了全过程的管理、全企业的管理和全员的管理。

三、预防为主

以预防为主，就是对产品质量进行事前控制，把事故消灭在发生之前，使每一道工序都处于控制状态。

四、数据说话

科学的质量管理，必须依据正确的数据资料进行加工、分析和处理，找出规律，再结合专业技术和实际情况，对存在的问题做出正确的判断，并采取正确的措施。

直到今天，许多企业仍然会陷入固有的供给侧思维中不能自拔，这是企业被价值网束缚的一个重要原因。早在"二战"结束之前，戴明就已经提出了以需求侧视角为中心的战略思想。

虽然戴明强调的是质量管理，但是如果我们把质量管理看作整个企业共同的战略目标的话，就如戴明明确提出的，企业战略不是领导层的事，也不仅仅是特定环节、特定部门的任务，而是要渗透到所有人、所有过程和所有部门。

从今天的视角看，将戴明的TQM作为企业战略也不是没有弊病。TQM基于经典控制论，本质上还是牛顿的机械论世界观，致力于原有系统的连续性改进。该理论本身不能自然而然地孕育出非连续性的创新。

但如此评价TQM有些过于苛责了。在其提出的时代，TQM理论可以说是为了工业化生产量身定做的战略管理理论，具有很强的指导意义。

戴明一直不遗余力地在美国推广质量管理方法，但是总的来说，接受程度并没有达到他的预期。虽然他培训了很多人，但几乎没有美国企业真正去落实TQM。究其根源，可以归结为《三体》中的一句名言："弱小和无知并不是生存的障碍，傲慢才是。"

当时的美国工业实力太强大了，正因为实力强大，美国工业界不可避免地普遍滋生了一种傲慢情绪。戴明不遗余力地在美国推广TQM，企业主的普遍反应是这样的：美国工业天下第一，这就证明了我们以前走的路就是正确的，为什么要听你一个学物理的，大动干戈地改革？

更何况，戴明的说话风格直来直去，就更不讨喜了。许多人学过TQM之后也就把它束之高阁，抛到了脑后。

20世纪30年代的大萧条导致了美国企业普遍经营困难，在这种彷徨无助的情况下，如何生存下去成为企业的第一需要，因此诞生了企业战略。

战争爆发之后的战争红利及战后凯恩斯主义的推行，使得美国企业的日子普遍比较好过。当生存不再是问题时，谁会去吃力地推动变革？除了洛克希德这种受战争影响显著的军工企业，在战后成为战略转型的先行者，孕育了安索夫这样的战略管理大师，其他企业都在显而易见的市场红利面前，数钱数到手抽筋，忘记了企业战略这回事。因此，战略理论在战后也进入低潮。即使是安索夫的战略管理，也是到20世纪60年代末经济形势大变之后才大放异彩，之前也没几个人关心。

当时美国企业界最流行的概念是彼得·德鲁克提出的目标管理，而且也并非出自德鲁克本意的面向未来的战略目标管理，而是面向当下经营目标的过程管理，即如今我们所说的KPI（关键绩效指标）管理。因为其迎合了美国企业急于降低成本、提高绩效的心理。

绩效目标管理方法短期内可以提高经营数据，但是长期会扼杀企业活力，使企业走向衰败。当时很少有人能看到这么远，但是戴明一眼洞穿了绩效考核的弊病。戴明如此说："我们被自己最大的努力毁掉了。"

他十分明确地提出告诫："绩效考核，不管称它为控制管理或什么其他名字，是唯一对今日美国管理最具有破坏性的力量。"

企业是一个为实现目标组织起来的系统，就像一辆汽车，它的发动机和传动系统决定了它的速度，通过奖惩驾驶员提高速度，只能在一定范围内有效。要想提高极限速度，只有改进系统，继续奖罚驾驶员只会损坏汽车，这就是放弃目标管理、绩效考核的原因。

更何况，目标管理、目标、评分或排名绩效考核（控制管理）无法做到公平准确，不能表示公司最重要的东西，长此以往反而会制造谎言、恐惧、不公平、怨气、不合作、不帮助，破坏团队精神和领导力。

戴明苦口婆心地劝说，无人肯听，大家反而认为他在危言耸听。而戴明直率的批评方式，更让他不受待见。

正当戴明哀叹"我本将心向明月，奈何明月照沟渠"之时，日本企业界却把戴明奉为神明，全心全意地学习戴明的TQM理论，并将其作为自我救赎的救命稻草。

"二战"结束后，日本作为战败国，国内被炸成一片废墟，经济已然全面崩溃，农业减产三分之一，大批民众因欠缺粮食而忍饥挨饿，迫切需要生产和出口各种工业品以换取粮食，否则就会陷入恐怖的大饥荒。

日本的工业基础也在战争中毁损殆尽，民用物品极度匮乏，连灯泡都成了稀罕之物。当时日本企业所能生产的产品质量极其低劣，在国际市场上毫无竞争力可言。在大多数西方人的眼中，"日本制造"的含义与"垃圾"无异。

被任命为驻日盟军总司令的麦克·阿瑟，成了日本的"太上皇"。他接受的任务不仅是解散日本的军政，建立民主政治体制，而且包括协助日本重新恢复经济。麦克·阿瑟批准日本成立日本科工联合会（JUSE），将休哈特撰写的《产品的经济质量管理》一书作为质量管理的教材提供给日本。

JUSE开始认真研究休哈特的理论，希望能从中找到拯救日本经济的"救命稻草"。然而这帮人研究了半天仍然是一头雾水，因为休哈特的理论涉及很多数理学及统计学的知识，要将休哈特提出的质量管理方法真正运用到实际工作中，并不是一件简单的事情，必须找个老师指导一下才行。曾经是休哈特的学生，当时正在进行战后日本全国普查准备工作的戴明，无疑成为最佳人选。

1950年3月，JUSE常务理事小柳贤一写信给戴明，邀请他来为日本的研究人员、工厂经理及质量管理工程师上一课。戴明答应了，但是有个条件，不能仅让一线的质量工程师来听课，必须让公司的实权人物一同来听课。因为只有从上到下一致推动，才能真正落实TQM。

JUSE理事主席石川馨虽然年纪轻轻，却是出身于日本赫赫有名的世家石川家族，他所做的远远超过了戴明的期望：1950年6月24日，他邀请到日本最有实力的21位企业家出席欢迎戴明的宴会。这21位企业家都是来自日本各大财阀集团的头面人物，控制了日本80%的资本！

在宴会上，戴明对日本财阀大佬们说："你们可以创造质量，这么做是有方法的。你们既然已经知道什么叫作质量，就必须开始研究消费者，弄清楚他们真正需要什么。要放眼未来，生产出能在未来具有市场价值，能占一席之地的产品。"

当有人问"日本企业应该如何向美国企业学习管理"时，戴明直言相告："不要复制美国模式，只要运用统计分析，建立质量管理机制，五年之后，你们的产品质量将超过美国！"

"五年之后超过美国！"

对于当时百废待兴的日本来说，这无异于痴心妄想，天方夜谭。要知道，他们最大的愿望，只不过是恢复到战争前的生产水平。

然而，戴明斩钉截铁的话语对于茫然无措的日本企业界来说，无异于黑暗中的一盏明灯。

梦想还是要有的，万一实现了呢？

一个月之后，戴明开始对日本企业进行培训。他将自己长期以来的研究成果倾囊相授,不仅教他们控制质量的具体方法,而且重点向企业家们灌输TQM的理念。

戴明的培训有四点核心内容:

第一,质量必须由最高管理层负责领导。劝说员工努力工作并不能提高质量,管理者应对混乱负责。

他说:"如果管理者不能计划未来和预见问题,就会引起人力、材料和机器时间的浪费,所有这些都增加了制造成本,提高了购买者必须支付的价格。顾客并不总愿意贴补这种浪费,不可避免的结果就是企业将失去市场。"

第二,"顾客是生产线上最重要的部分"。质量不是由企业来决定,而是顾客说了算。

第三,理解并减少每一个过程中的变动。过程才是需要关注的要点,而不是产品(等到检查员拿到产品,为时已晚)。

第四,必须运用戴明环来持续改变和改善效果,并且必须全方位地让组织中所有人(包括供应商)参与到质量管理工作中来。

戴明的课整整讲了八天,他的授课内容清晰易懂,听完的人如获至宝,引发巨大轰动。

听课的人们将这八天课程的速记、笔录自发汇总整理成名为《戴明博士论质量的统计控制》的手抄本,竞相传播。戴明得知这一情况后,慷慨地把讲稿的版税赠送给JUSE。

为了感激戴明的这一慷慨之举,小柳贤一建议用这笔资金建立一个奖项,以永久纪念戴明对日本人民的贡献和友情,并促进日本质量控制的持续发展。这就是如今享誉世界的戴明质量奖(图15)。

JUSE采用多种方式,将戴明的质量管理理念在日本加以全面推广。几年后,日本有几百万民众接受了戴明质量管理方法的培训,近两万名工程师通晓基本统计方法。

图15 戴明质量奖奖章

一场由戴明发起的质量革命席卷了整个日本!

戴明质量管理理论给日本带来了新生,日本人称他为"质量管理之父"。戴明此后30年不断去日本访问、讲学,将他的质量管理理论传播给更多的人。石川馨后来成为戴明理论的忠实追随者,不遗余力地在日本推广戴明的质量管理理论,是20世纪60年代日本"质量圈"运动最著名的倡导者。他也做了很多改进和创新,比如进行复杂问题分析时常用的鱼骨图(图16)

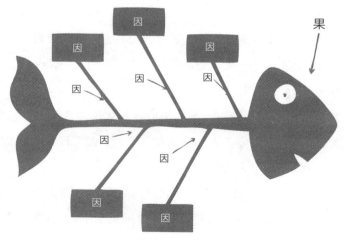

图16 石川馨发明的鱼骨图

就是石川馨首创。日本产业界对戴明的理论进行各种发展，比如将5S〔Safety
（安全）、Sales（销售）、Standardization（标准化）、Satisfaction（客户满
意）、Saving（节约）〕作为落实TQM的基础，以及下文将提到的丰田生产
方式（或称精益生产）。

鉴于戴明为日本做出的巨大贡献，他在1960年被天皇授予"神圣财富"
银质勋章，理由是"日本人民把日本产业得以重生及日制收音机及零件、电
晶体、照相机、双筒望远镜、缝纫机等成功地行销全球，归功于戴明在此的
所作所为"。同年，石川馨凭借《质量控制》（*Quality Control*）一书获"戴
明奖""日本Keizai新闻奖"和"工业标准化奖"。

8.5　创造奇迹的丰田生产方式

戴明首次在日本讲完学之后的几个月内，戴明的理论就在日本产业界
认认真真地落实下去。1951年夏天，《伦敦快讯》的头版刊登了一条消息：
"日本尼龙上市，质优价廉。"这条消息标志着日本的产品开始摆脱"垃
圾"的恶名，由此开始，日本可以以出口工业品换取粮食了。

大约在1955年，日本产品开始打入美国市场。日本货以价格低廉、质量
上乘赢得了美国人的青睐，给北美的工业品带来了很大的压力。戴明说的五
年超过美国的豪言壮语，居然分毫不差地实现了！

仅仅几年后，美国企业就感受到了日本同行的威胁，两国之间的贸易战
就此爆发，并不断升级，从而出现前文所说的六大战役级产业贸易战。

六大产业贸易战中，尤以汽车行业最为引人注目，影响深远。而日本汽
车行业的腾飞，受到戴明质量革命的影响尤其巨大，因此作为重点阐述。

丰田汽车是日本汽车业的代表，丰田汽车的创始人丰田喜一郎对戴明尤
为推崇，因为丰田汽车发展成世界第一大汽车制造商的秘诀——丰田的生产
方式（TPS），是丰田公司系统消化吸收戴明TQM理论之后，由丰田喜一郎

和公司副总裁大野耐一共同研发出来的。

丰田的生产方式，可以说是东方儒家文化与西方最先进的管理理论相结合的产物，综合了大批量标准化生产（即福特生产方式）与定制化生产方式的优点，力求在大量低成本的生产中，同时实现多品种和高质量目标。

丰田的生产方式最初只是丰田公司的独门秘笈。1973年爆发的石油危机重创了美国，日本经济同样受到重创，但丰田公司不仅获得高于其他公司的盈利，而且与年俱增，拉大了同其他公司的距离。

于是，丰田的生产方式受到日本政府的高度重视。在日本政府的助推下，丰田的生产方式在日本得到了全方位的普及与推广，成为整个日本产业升级的巨大推动力。

第五章中讲过，大萧条期间，通用汽车凭借多样化的战略，成功实现了对行业霸主福特的逆袭。但是通用汽车的生产方式仍然与福特一般无二，多车型定位战略是以更高的综合成本为代价的，因此汽车的售价也必然更高。

打个比方，通用和福特的关系就如同前些年的三星和小米，前者虽然凭借中高端市场取得了成功，但无法进一步侵蚀后者统治的低端市场。迈克尔·波特正是受此启发，斩钉截铁地断定，专一化战略和多元化战略只能是"鱼和熊掌不可兼得"。但是，丰田的生产方式综合了通用和福特两者的优点，不仅实现了类似通用汽车的多车型定位，而且成本比福特的标准化生产还要低，因此形成了对美国三大汽车集团的碾压性优势。

如果说福特的生产方式是工业标准化大生产的标志，丰田的生产方式是对福特的生产方式的一次革命性颠覆。

丰田的生产方式的实质，是把企业的内部活动和外部的市场（顾客）需求和谐地统一在企业的发展目标之下，采用细胞生产、变动生产等生产编程方法，对生产过程进行更加灵活和精细化的控制。

丰田生产关系的两个关键支柱是准时化和自动化。

所谓准时化，是在通过流水线作业装配汽车的过程中，所需要的零部件在需要的时刻，以需要的数量、不多不少地送到生产线的相应位置，从而尽可能地实现零库存。

所谓自动化，是强调包括"人的因素的自动化"，流水线各工序的自动化机器密切配合，而人用于巡视机器，及时发现异常情况并进行处理，从而尽可能减少残次品浪费。

按照大野耐一的话来说，叫作"赋予机器以人的智能"。

丰田的生产方式全面落实了戴明TQM"以用户为中心"的理念，消除库存的核心秘诀，在于将传统的上游产能推动，变为以下游工序（用户）需求拉动，通过"看板"从下游向上游传递信息。生产中的节拍可由人工干预、控制，但重在保证生产中的物流平衡。生产中的计划与调度，是由各个生产单元在相互协调中自行完成的，在形式上不采用集中计划。

有为政府对于产业发展的作用也绝对不可忽视。我们可以看出日本政府在日本产业崛起中扮演的重要作用。正是政府的产业规划，助推了日本产业的崛起，戴明的理论之所以能够迅速推广，与政府的大力推动有关。而丰田的生产方式得以向全日本推行，也是政府的力量在推动。

透过上述具体的表象，丰田的生产方式相对于福特的生产方式，还存在如下思维理念上的区别：

（1）不同的价值观

福特的生产方式基于美国的自由主义价值观，强调市场导向，优化资源配置，局部利益最大化。每个企业以财务关系为界限，优化自身的内部管理。相关企业，无论是供应商还是经销商，则以商业对手相对待。

丰田的生产方式则根植于儒家文化的整体系统观，以整个大生产系统为优化目标，以产品生产工序为线索，组织密切相关的供应链，一方面降低企业协作中的交易成本，另一方面保证稳定需求与及时供应。

（2）不同的库存观

福特的生产方式的库存管理强调"库存是必要的恶"。丰田的生产方式的库存管理强调"库存是万恶之源"。

这一条实际上源于第一条。福特的生产方式中，由于上下游企业各自为战，缺乏整体协调，那么库存就是无法避免的，只能接受。

丰田的生产方式以整个生产系统为优化对象，供应链企业之间就是可以相互协调的，理论上可以实现零库存。丰田的生产方式提出了"消灭一切浪费"的口号，追求零浪费的目标。丰田进一步认为，库存掩盖了生产系统中的缺陷与问题，在不断消灭库存的过程中，也就实现了对生产中基本环节存在的矛盾进行暴露并加以改进。因此"零库存"成为推动改进的重要抓手。

（3）不同的质量观

福特的生产方式用数学概率论的观点看待质量问题，将一定量的次品看成生产中的必然结果。丰田的生产方式基于组织的分权与人的协作观点，认为让生产者自身保证产品质量的绝对可靠是可行的，且不牺牲生产的连续性。导致概率性的质量问题的原因本身，并非概率性的，可以通过消除产生质量问题的生产环节，来"消除一切次品所带来的浪费"，追求零不良。

（4）不同的组织观

福特的生产方式的用人制度基于双方的"雇佣"关系，业务管理中强调达到个人工作高效的分工原则，并以严格的业务稽核来促进与保证，同时还要通过稽核工作，防止员工因个人的工作对企业产生的负效应。如果说得严重点，对待工人一方面像对奴隶一样驱使，另一方面像防贼一样防备。

丰田的生产方式深受儒家文化影响，在专业分工时强调相互协作及业务流程的精简，把员工当作平等的人看待，给予尊重和信任，减少不必要的核实工作，消灭业务中的"浪费"。

（5）不同的人才观

福特的生产方式将企业看作机器，强调管理中的科层关系，人被看作附属于岗位的"设备"，对员工的要求在于严格遵守和服从。丰田的生产方式更多地将员工视为企业团体的成员，而非机器。充分发挥基层的主观能动性，强调个人对生产过程的干预，尽力发挥人的能动性，同时强调协调，对员工个人的评价也是基于长期的表现。

丰田的生产方式的所有思想，与第二章所说的面向产业互联网变革的"服务力革命"的内在精神高度一致，可以说正是服务力革命在工业时代孕育的"雏形"。

服务力革命是利用最新的信息技术，综合物联网、大数据、人工智能等前沿技术组成产业互联网，将需求拉动的范围从供应链进一步扩展到包含了用户网络的供需连网络。

服务力革命包含一个中心和两个基本点。

一个中心是以实现用户定制化服务为中心。丰田的生产方式就是以用户需求为中心，实现小批量多种类生产。

两个基本点是以大数据为基本生产资料（数据智能），以网络化交互为驱动方式（网络协同）。其中数据智能是丰田的生产方式"自动化"的升级版，网络协同则是"准时化"的升级版。

美国在20世纪80年代之后，各种企业战略学派百花齐放，都试图对日美贸易战背后的原因给出解释，并给予相应的解决方案。但是，他们各执一端，谁也不服谁，被明茨伯格讽刺为都是"盲人摸象"。那么多的顶级商学院培养出的精英加在一起，也没能挽回美国企业不断下跌的颓势，很多美国企业被从废墟中爬起来的日本企业打得满地找牙。这是为什么？

这里面的道理，就如同国共两党在始于90年前的那场较量中，两者完成优劣逆转一样。电影《建军大业》中，蒋介石得知南昌起义发生后，问了一个很好的问题："毛泽东一个农民，朱德一个兵痞，周恩来一介书生，凭什么跟我斗啊？"

蒋介石当时坐拥几十万军队，有帝国主义的支持，有东南财阀的支持，他们依靠师生、校友和同乡这些纽带联系在一起。蒋介石雄姿英发，国民党坚不可摧。毛泽东、朱德他们加起来只有两千残兵败将，在1927年要说共产党会赢，无异于天方夜谭。但最终结果是，蒋介石结结实实地输了，而且输得很惨。

共产党为什么能赢？因为坚持以人民为中心，从群众中来，到群众中去，解决群众关心的问题，实事求是，在实践中总结经验，修正理论。坚持为人民服务，人民就会给共产党以力量。尽管当时共产党弱小，缺钱、缺人，却能够一步步发展壮大，以弱胜强。国民党虽然前期占有绝对优势，但是他们以自身利益为中心，置人民利益于不顾，甚至处处与人民为敌。

当初国民党那么多留美回来的专家，给蒋介石出谋划策，却无法挽回败局。因为他们的战略都是纸上谈兵，脱离了中国的实际。他们自恃拥有优势资源，不愿意认真研究，向对手学习。

企业发展是同样的道理。

用户就是人民，企业应该以用户为中心，以解决用户问题为己任，理论与实践相结合，并且在实践中不断发展理论。只有真正以用户为中心，不断为解决用户问题而创新；以奋斗者为本，激励员工为解决用户问题，创造更多的价值而发挥创造力，企业才能更好地发展。丰田的生产方式就是将戴明的TQM与实践相结合得到的最佳实践，对企业的发展发挥了巨大的威力。

美国战后兴起的"书房战略家"们，一不肯深入企业内部，与工人和一线工程师打成一片，调查企业的真实情况；二不愿跳出自身固有的世界观和价值观，从更加全面客观的视角思考企业战略，用花哨的理论和华丽的"PPT"贩卖自己在书房中琢磨出来的理论，正如当年国民党的那些脱离实际、高高在上的留美专家一样。

在这些纸上谈兵的专家的指挥下，美国的企业也正如国民党军队一般，在产业竞争中一败再败。在举国上下一片傲慢与偏见中，自高自大，故步自封，少数像戴明这样肯深入一线实事求是的人才，不仅得不到重视，反而成为对手的助力。如果不是美国政府用非市场手段耍流氓，再加上日本误入陷阱，自乱阵脚，结果可能比实际情况还惨。

到了20世纪80年代，美国人终于搞明白了，闹了半天，日本企业这么生猛，还是我们美国理论家做的贡献啊！于是他们开始向戴明取经，学习丰田的生产方式（美国人将其称为精益生产）。那么，美国企业是否能够凭此逆转乾坤呢？

8.6　通用电气的六西格玛

美国人的醒悟，源自汽车贸易战美国厂商的惨败。

由于汽车以其巨大的产值和超长的产业链，成为整个工业体系的龙头，也成为日本国民经济的支柱。20世纪70年代末，随着以丰田为代表的一批日本汽车生产商的崛起，日本汽车的出口量变得尤为巨大，严重挤占了欧美汽车市场。

20世纪70年代的两次石油危机，导致用车成本急剧升高，这本是整个汽车行业的不利因素，但是对于有战略眼光的企业家而言，这正是难得的战略机遇。正如通用汽车利用大萧条提供的战略机遇反超原行业霸主福特，日本汽车行业正是依靠石油危机提供的战略机遇，实现了对美国三大汽车公司的精彩逆袭。

1973年—1974年的第一次全球石油危机导致油价暴涨，1974年通用汽车销量减少150万辆，福特汽车则减少50万辆，但美国车企并未因此警惕。日本汽车业却在日本政府的大力倡导下，全行业普及丰田的生产方式。全面推广丰田的生产方式之后，日本汽车业的生产效率全面优于欧美同行。

1975年，日本工人用9个工作日就可以制造一辆价值1000英镑的汽车，而英国礼蓝汽车公司要47天。1976年，欧洲汽车公司如菲亚特、雷诺、大众，人均汽车年产量不足20辆，而日本人均产量高达42辆，丰田为49辆。丰田名车"花冠"在1980年生产达到鼎盛，在高冈工厂中，三条组装流水线以

65秒一辆的速度推出新车，年产85.6万辆。汽车原材料和配件体系的效率，日本也是远高于对手。日本在钢铁方面的生产效率是英国的2到3倍。1976年，在日本滚珠轴承工厂里，一个工人的标准生产量大约是英国主要制造商RHP工人的2.5倍。

1979年伊朗伊斯兰政变，伊朗国王巴列维到美国寻求政治避难。阿拉伯国家联手对美国实行石油禁运，引发第二次石油危机，美国汽油价格暴涨翻倍。

美国三大汽车公司的设计理念却没有跟上时代的需求，还停留在城市化早期。在20世纪上半叶，美国地广人稀，因此美国消费者都喜欢大车身、大马力的车，虽然引擎更费油，但在油价低廉的时代并不是大问题。到了20世纪70年代，一方面石油危机使得油价猛涨；另一方面，美国当时已经进入城市化晚期，在拥挤的城市中，大功率的引擎除了浪费马力之外并没有更多用处。日本的汽车更加小巧，更加适合城市使用而且便宜省油，也更加符合美国消费者当下的需求，所以日本汽车在美国的销量迎来飞速增长。

1978年，日本对美国的汽车出口数量为152万辆，1979年达到164万辆；1980年，日本对美国的汽车出口进一步上升到192万辆，在美国进口汽车中的比重达到80%。而日本汽车年产量达到1100万辆，取代美国成为世界上最大的汽车生产国。从这一年开始，丰田轿车年产量超过300万辆。1990年，丰田超过了拥有70多万员工的通用，成为全球第一大汽车制造公司，年产汽车360万辆。

除了生产方式上的全面碾压，在产品定位上，日本车更加迎合了石油危机之后消费者的诉求。

1980年的三菱格兰特车型，提出"油耗差就是技术差"的口号，直指美国汽车的高耗油弊端。

1980年的丰田3000GT跑车，是根据当时视为最高级设计形式的宇航机械来设计的汽车外形。

　　至1985年广场协定前，日本的汽车已占据了美国市场的25%。而美国汽车占日本市场的份额只为区区的1.5%。

　　汽车业不仅是美国国民经济的支柱，甚至也是美国国家精神的象征。福特将源于欧洲的汽车发扬光大，号称"给世界装上车轮"；美国被称作"车轮上的国家"，拥有私家车被看作"美国梦"的标配；曾任通用汽车总裁的查尔斯·威尔逊，卸任后曾担任艾森豪威尔总统内阁的国防部长，他在参议院听证会上有句名言："对美国有利的事情，必然会对通用汽车公司有利，反之亦然。"

　　作为美国经济支柱和精神象征的汽车业，受到日本汽车业的全面挑战，三大汽车集团全面溃败，大量汽车产业工人失业。"美国梦"居然成了日本制造，对美国上下的思想冲击可想而知。

　　以1978年美国克莱斯勒汽车公司陷入财政赤字为开端，1980年美国三大汽车公司借美国媒体和美国工会造起的舆论声势，要求美国政府对日本汽车实施进口限制，并在国会开展游说活动，国会相继提出许多保护主义的法案。汽车贸易战爆发。

　　美国参议院以90对4票通过议案，要求卡特政府重新估计和调整进口政策。美国国会也准备提出新法案：将日本汽车的进口量限制在150万辆以内。最终，日美双方达成协议：1981年日本对美国出口汽车数量限制为168万辆，1982年限制为193万辆。

　　该协议使日本所有汽车制造厂商都受到了损失，极大地限制了各公司的生产能力；扭转了美国汽车行业颓败的局面，三巨头远离濒临破产边缘，但也同时导致美国进口的日本汽车价格平均上涨900美元，美国国内汽车价格上涨400美元。美国汽车公司获得了喘息的机会。以通用为例，1983年赢利37亿美元，1984年赢利47亿美元。

　　日本汽车制造商在出口受限后，不得不赴美投资建厂，丰田与通用、马自达与福特、三菱与克莱斯勒相继在美国联合建立装配厂。1983年协议延期，限额上升到185万辆，并规定以后每年可在实际出口值上增加16.5%，但日本并未完全达到美方要求，经常超出上限。

日本汽车生产商在美投资后，购置的零部件和半成品主要来自日本而非美国，因此，汽车贸易摩擦转向零部件摩擦。1981年，日美达成一项有关汽车零部件问题的协议，规定日本在1981年购买价值3亿美元的美国汽车零部件，但是日本汽车厂商认为美国汽车零部件质量较差，只购买了2亿美元。

美国对日本两次未能履行协议非常不满，1984年与1987年美国分别提出日本汽车零部件市场开放的要求，但都未能达成一致意见。1992年，布什总统访问日本，双方达成关于零部件问题的协议，规定到1994年，日本购买价值达190亿美元的美国国内制造的汽车零部件。

美日要求日本开放汽车市场的谈判始于1993年，历时近20个月无果。1995年5月，美国向WTO提出申诉并以启动301条款对进口的日本汽车征收100%关税作为威胁；在零部件方面，提出延长日美1992年达成的《汽车零部件协议》，进一步要求日本每年以10%~20%的增长率进口美国生产的汽车零部件。日本向WTO提出解决要求并预计于6月末对美国采取报复性反击措施，未能成功。1995年6月，双方达成《美日汽车、汽车零部件协议》，日本基本满足了美国所有要求，美国对日本的汽车及其零部件出口开始增加。

日美之间的六大行业贸易战中，其他五大行业贸易战的影响只是局限于行业内部，而汽车业贸易战成为日美两国全民关注，甚至全民参与的一场贸易战。比如，1984年诞生的系列动画片《变形金刚》，诞生于日美汽车贸易战的背景之下，带有用来宣传美国本土汽车品牌的意味。

从以下照片中，可以感受一下当年白热化的战况。

图17这张照片拍摄于1981年3月，图片中两个美国汽车工会（United Auto Workers，UAW）的工人正在砸一辆丰田卡罗拉汽车。图中牌子上写着："如果要在美国卖车，那就得在美国生产！"

图17 "如果要在美国卖车，那就得在美国生产！"

图18的照片拍摄于1982年9月，图片中两位美国人Jim Coleman和Charlie Cobb正在向一辆日本车挥舞锤子。

图18 两位美国人砸日本车

这次砸车是由北印第安纳州工会组织和赞助的，邀请路人砸日本车，每砸一锤给1美元，全民来玩，多砸多赚。

由于日本车更加符合用户需求，美国人民嘴上说不要，身体还是很诚实的。一边是层出不穷的"砸车秀"，另一边则是日本汽车在北美的销量节节攀升。日本电子游戏厂家Capcom在其著名的格斗游戏《街头霸王》中，专门设计了砸车奖励环节（原型是丰田在北美生产的豪华品牌雷克萨斯经典款LS-400），体现了一种日式的黑色幽默。

日美汽车贸易战打到几乎美国全民参与的份儿上，美国人终于开始反应过来，日本公司到底吃了什么药，怎么这么猛？为什么我们引以为傲的美国企业在与日本企业的竞争中，几乎一败涂地？

美国媒体开始深入采访日本企业，探寻其成功背后的原因。全国广播公司（NBC）将调查结果拍摄成了名为《日本能，为什么我们不能？》（*If Japan Can，Why Can't We？*）的纪录片，并在1980年6月24日播放。

这部在全美国引起巨大轰动的纪录片中，全面介绍了美国人戴明如何将质量管理的方法全面引入日本，助推了日本的成功。戴明博士一夜之间红遍美国。

美国企业界这才反应过来，闹了半天，日本的成功并不是有什么天大的秘密，而是我们美国人早在几十年前就已经提出的战略理论在日本落地生根的结果。

从此以后，大量美国企业家开始重视并研究戴明的质量管理战略。此时的戴明已经有80岁高龄，仍然不辞辛苦地在美国及世界各地积极讲授他的质量管理课程，以及为美国各大公司如福特或AT&T公司提供质量管理的顾问工作。

与此同时，美国的学术界也行动起来。由麻省理工学院牵头，组织世界上17个国家的专家、学者，花费5年时间，耗资500万美元研究丰田汽车公司，最后把相对简单朴实的丰田的生产方式，归纳成一整套更加体系化的理论，叫作精益生产（Lean Production，LP）。

精，即少而精，不投入多余的生产要素，只是在适当的时间生产必要数量的市场急需产品（或下道工序急需的产品）；益，即所有经营活动都要有益有效，具有经济效益。2012年埃里克·莱斯所写的《精益创业》一书中提出的精益创业思想，是将戴明环和精益生产的思想引入创业过程结出的硕果。

除了精益生产之外，戴明的质量管理战略回到美国本土，结出的另一个硕果就是六西格玛。

1981年，摩托罗拉公司开始学习戴明的质量管理理论，立志其产品必须在五年内有10倍的改善。1987年，摩托罗拉在对戴明质量管理理论进一步发展的基础上，建立了六西格玛的概念。六西格玛来自统计学概念，代表着品质合格率达99.9997%或以上。换句话说，每一百万件产品只有3.4件次品，这是非常接近"零缺点"的要求。

六西格玛计划要求不断改善产品、品质和服务，摩托罗拉提出"七步骤方法"（Seven-Step Method）、"不断改善"（Continuous Improvement）和"客户完全满意"（Total Customer Satisfaction）。他们提出新设计文化，简化生产步骤，采用机械臂、通用网络等来达到他们"5个9"（99.999%）的品质要求。

他们制定了目标、工具和方法来达到目标和客户完全满意的要求。在过程中，他们提供了黑带（Black Belt）和绿带（Green Belt）的技能评估体系，通过有经验的工程人员和顾问推行整个计划，并成为品质改善的先锋。

三年后，摩托罗拉公司的六西格玛质量战略取得了空前的成功：产品的不合格率从百万分之6210（大约4西格玛）减少到百万分之32（5.5西格玛）。在此过程中节约成本超过20亿美金，随后即有德仪公司和联信公司（后与霍尼维尔合并）在各自的制造流程全面推广六西格玛质量战略。

杰克·韦尔奇领导下的通用电气公司，在公司全面推行六西格玛的流程变革方法，进一步将六西格玛升级成为企业战略，并打造成为一种企业文化。在1996年初，通用电气开始把六西格玛作为一种管理战略，并将其列为公司三大战略举措之首（另外两个是全球化和服务业）。

六西格玛也逐渐从一种质量管理方法变成了一个高度有效的企业流程设计、改造和优化技术，继而成为世界上追求管理卓越性的企业最为重要的战略举措，六西格玛逐步发展成为以顾客为主体来确定产品开发设计的标尺，追求持续进步的一种管理哲学。

六西格玛涵盖了整个企业运营管理的各个方面，包括周期问题、成本问题、服务问题，甚至市场推广问题等。继通用电气之后，六西格玛成为一种炙手可热的战略管理方法，戴尔、惠普、西门子、索尼、东芝等跨国公司纷纷采用。这些公司将六西格玛的管理思想运用于企业管理的各个方面，以应对全球化、信息化的竞争环境。

六西格玛体系分为六西格玛改进方法（DMAIC）和六西格玛设计方法（DFSS）两大类。

DMAIC最常被用于对企业现有流程的梳理和改善，DMAIC是指定义（Define）、测量（Measure）、分析（Analyze）、改进（Improve）、控制（Control）五个阶段构成的过程改进方法，可应用于制造过程、服务过程及工作过程等等。

DFSS是"Design for Six Sigma"的缩写，是对DMAIC的进一步突破。如果说DMAIC是用于对现有产品或流程的改进，DFSS则是基于所定义的需求重新定义新的产品或流程，主要用于企业新产品和服务流程的设计，以及旧流程的再造等。

如果采用木桶原理解释，就是通过DFSS清楚准确地找到影响企业经营管理最重要的短板，然后通过DMAIC将这块短板增高，再寻找下一块最重要的短板。如此循环反复，不断地对企业经营管理的木桶进行修补，将不同时期最短的板增高，来帮助企业实实在在地提升执行力和竞争力。

在DMAIC和DFSS中的每个阶段，六西格玛都有一整套系统科学和经过企业成功实践的工具和方法。企业通过运用这些科学、有效的量化工具和方法来分析企业业务流程中存在的关键因素，并对最关键因素进行改进，从而达到突破性获得产品质量与客户满意度提高的效果；通过有效循环改进的方式，逐一对业务流程中的关键因素进行改善，从而不断地提高企业的产品质量和服务质量。

戴明的质量管理理论"出口转内销"，继而被学术界整理成"精益生产"，还有了更加"高大上"的六西格玛理论，这下美国企业就可以迎头赶上，反超日本了吗？

表面上好像确实是这样。日本的企业走向衰落，美国从20世纪90年代至今，经济增长率在发达国家中的表现较为抢眼。实际情况却是另一回事，我们还是以通用电气为例。

杰克·韦尔奇担任通用电气（General Electric Company，简称GE）CEO的18年间，GE创造了业绩神话，各项主要指标一直保持着两位数的增长。GE的年收益从250亿美元增长到1005亿美元，净利润从15亿美元上升为93亿美元，而员工从40万人削减至30万人。从所创下的股东收益方面来看，无论是微软公司的比尔·盖茨、英特尔的安德鲁·格罗夫，还是沃伦·巴菲特或者沃尔玛零售大王山姆·沃顿，甚至史蒂夫·乔布斯或者蒂姆·库克，都无法同杰克·韦尔奇相比。

那么，杰克·韦尔奇是如何做到这一切的呢？

一句话概括就是：用金融魔棒，以牺牲长期增长动力为代价，驱动短期业绩增长！在杰克·韦尔奇那本著名的自传中，我们可以窥见韦尔奇的经营理念，用一句话就可以概括：要么"数一数二"，要么"整顿、出售或者关闭"。这种看起来有些简单粗暴却又务实的方式尽管遭到方方面面的激烈反对，但最终的结果是，GE通过收缩战略，聚焦于自身具有优势的高利润项目，很快实现了扭亏为盈。

大量的抛售与聚焦，确实改善了GE的财务报表，但是GE这种规模的公司，本应是美国经济的支柱，它的目标不仅包括商业利益，也应当为长期发展战略服务。许多业务虽然目前看不挣钱，却起到保持整个国民经济健康运转，为未来发展进行战略投资的作用。GE的战略收缩，不仅影响了它自己的长期发展后劲，更损害了依附其庞大产业链的无数中小企业的生存基础。

GE原本就有摩根财团的基因，金融业务是其传统强项，只不过原先金融部门作为主营业务的支持部门，为GE的制造部门提供投融资服务。在杰克·韦尔奇的时代，由于公司的实体业务大幅收缩，于是将战略重点转向金融服务。GE金融的服务对象也不再局限于集团内部，而是扩大到集团外部产业链的上下游，甚至各个国际市场。

GE的产业资本与金融资本融合，产生了显著的协同效应：GE金融借助GE产业拓展了客户群，并为GE产业带来了丰厚的收益和利润，为GE产业的扩张提供了充足的现金流，并提升了GE产业的信用评级，产业的高信用评级反过来降低了GE金融在金融市场的融资成本；产业资本与金融资本有效地实现了经营和财务的双协同，二轮驱动成为GE的增长动力。

将高回报、快速周转的金融业务作为GE的增长引擎，的确取得了很好的效果，时间长到足以让韦尔奇在任时一直处于"神坛"。但也正是杰克·韦尔奇本人，把GE带上辉煌顶峰的同时，也埋下了日后衰落的祸根！

金融化视角只基于显性数字思考问题，仅考虑自身局部利益最大化，忽视了整体系统繁荣才是一切的基础。这种思维方式应用于企业管理中，就会出现类似的情况，管理者在没有从系统的整体角度来审视组织运转的情况下，仅仅通过绩效或其他奖惩员工的措施来解决问题，结果往往事与愿违。

戴明看到上述种种弊病，晚年写下了重要著作《戴明的新经济观》，这本书通过阐述现行管理方式存在的弊端，提出了改变现行管理方式，实现管理转型的路径。

这本书主要包括以下四方面的内容：

一是系统的含义及解读。

系统是一组互相依赖的组成部分，通过共同运作以达成该系统的目的。系统必须有目的，目的是一种价值的判断，必须包括对未来的计划。没有目的就不成系统。

企业常常会发生各部门为部门利益而互相争执的情况，实际上，企业是一个系统，系统各组成部分之间相互依赖，系统是相依的组成部分的网络，通过共同运作来达成该系统的目的。每个组成部分实现最好，并不一定能达成系统的最优。因此，某些组成部分的义务，不是追求本身在生产、利润、销售或其他任何竞争性指标上的极大化，而是以追求整体系统的利益最大化作为目标，以适合整个系统的、最佳的方式贡献给系统。只有这样才能实现整个系统的效益最大化。

系统要着眼未来，让公司能主导自己的未来，为未来做准备。要让员工能够终身学习，对于环境（技术、社会、经济）进行持续观察，以便掌握对创新、新产品、新服务的需求，以及方法的创新。公司在某种程度之内，确实能够掌握自己的未来。了解系统，有助于预测我们所建议的变革将会产生什么样的结果，系统无法自行了解自己，任何系统都需要来自外界的指导。

系统涵盖的范围愈广，产生的效益可能就愈大，但是也更难管理。系统的宗旨必须包含未来的计划，系统也包含竞争对手。竞争者为了扩大市场及满足尚未服务的需求，争取合作或共同努力，将会有助于他们的优化。当竞争者的焦点是为顾客提供更好的服务，每个人都可以获益。

管理者要管理一个系统时，必须了解系统内各组成部分之间的相关性，以及系统内的人员。管理者的工作在于指导所有部门的努力都要朝向系统的目的。管理团队的任务，就是确认目的，并管理整个组织，为完成这些目的而前进。厘清系统的目的，让组织内的每位成员都必须了解，以及让他们清楚自身朝何种方向努力有助于目的达成。

二是变异的原因及种类。

变异就是生活，生活就是变异。

变异有两种：源自共同原因的变异及源自特殊原因的变异。只有分清变异的具体原因，才能对症下药，进而达到药到病除的效果。如果我们把某一源自共同原因的变异的结果，误认为源自特殊原因而做出反应；或者是把源自特殊原因的变异的结果，误认为源自共同原因而未做出反应，那么这两种错误都会造成损失，但我们无法都避免。

休哈特博士创造出控制图，并制定计算控制界限的种种规则，能够尽量减少两种错误的发生。首先将产生的原因各点绘于图上，如有某一点落在控制界限之外，它就是特殊原因的信号，显然有必要采取行动，找出造成该结果的特殊原因，如果有再度发生的可能，就必须设法消除。如果长期内所有的点都落在控制界限内，便可假设变异是随机的，是由共同原因造成的，并没有特殊原因存在。

产生变异的过程可以分为稳定状态和不稳定状态。如果过程处在统计控制状态下，则未来可能的变异可预测，成本、绩效、质量及数量也都可以预测，休哈特称这种情形为稳定状态。如果过程不稳定，则称不稳定状态。一个稳定的过程，就是变异没有出现特殊原因，处于统计控制状态。只有在统计控制状态下，才能够开始着手改进系统，降低变异。"及时生产（Just in Time）"也才有意义。想要改进一个稳定的系统，就必须对过程进行基本的改变。

三是知识理论。

管理是预测。理性的预测有赖理论及知识的建构，把实际观察的情况与预测相比，借以对理论进行系统的修正并扩充、延伸。

戴明提出了一个改善流程图：

P（Plan）计划：计划是整个循环的基础。仓促的开始，会导致效率低下、费用偏高，以及令人饱受挫折感的折磨。

D（Do）执行：执行时最好采用小规模方式进行测验、比较、实验，然后再推广实施。

S（Study）研究：研究结果与预期是否相符。

A（Act）行动：根据现状研究并预测结果做出取舍。

知识需要时间的积累，用时间垒起来的门槛必须用时间去跨越。企业应当一方面紧扣客户需求，另一方面沉下心来不断提升自身能力，积累知识，获得独特的竞争优势。

四是心理学。

系统不会自行管理，必须有人来管理。心理学有助于我们了解人。人总是处于各种关系之中，比如人与环境之间的互动、顾客与供应商的互动、教师与学生的互动、管理者与下属及任何管理系统的互动。人人各不相同。身为人的管理者必须体察到这些差异，并且善用这些差异，让每个人的能力得到最佳的发挥。

人是为求幸福、乐趣、意义而自动自发的，人是无法被激励的。所有的奖赏，如果出发点是掌控别人，终会成为种种人生的破坏力量。我们必须以管理来取代这些力量，个人组织之间要能信赖才能使全系统实现最佳化。

身为管理者，最重要的任务是致力于了解每个下属心中最重要的事。每个人的想法都各不相同，也都有不同程度的内在动机与外在动机。只有了解后，管理者才会知道如何给员工正面的结果，引导某些人以内在动机来取代外在动机。

管理者的职责很明确——让每个人都获得最佳结果，人人都是赢家。时间会带来改变，管理者必须管理这些改变，即必须尽可能地预测变化。当系统日益扩大、日趋复杂，或是由于外力（竞争、新产品、新设备）而带来改变时，必须对系统各组成部分的工作进行整体的管理。管理者的另一项职责是做好相应的准备，经由系统边界的改变，而更有效地达成目的。改变有时会要求管理者重新界定组织的各组成部分。

《戴明的新经济观》这本书，可以说是戴明一生战略管理理论的总结和升华，道出了战略和组织的真谛，但是其中的观点仍然带有局限性。戴明虽然将企业、竞争对手和客户看作一个系统，提出企业应当以整体系统效益最大化为目标，但仍然将其看作一个机械的系统，采用控制论的思考方式对企业进行控制和干预，而不是进化思维和生态思维。这就导致目标和手段之间是割裂的。以控制论的方式来管理企业，最终还是必然回到局部利益最大化的老路上。

第九章　反向创新的新时代

9.1　克林顿的国家级产业战略

从20世纪60年代到80年代，面对日本公司的挑战，美国公司使出浑身解数，仍然落入下风。从棉纺织到家用电器，再到汽车，几大战场连战连败，无一胜绩。

即使美国政府使出"广场协定"这样的撒手锏，让日本整体上陷入了金融膨胀自我毁灭的陷阱，也没有从根本上改变美国公司自身产业竞争力不足的颓势。

真正扭转这一局势的，是克林顿时代的国家级产业战略：促使中国市场全面开放，并且将美国产业的中低端环节成批量地向中国转移。

这一战略将美国的资本优势与管理能力与中国庞大的廉价劳动力市场结合起来，从而让美国商品获得价格优势，同时把中国的消费市场作为美国产品的倾销地，打造中美复合经济体。

克林顿亲自撰写文章《扩大贸易与传播价值观：我为何要努力争取给予中国永久贸易地位》，表述了他的观点：

"中国是一个可能成为世界上最大市场的国家，因此，我们的国家利益需要我们有原则、有目的地与中国接触，并与之建立一种稳定、互惠的关系。""对美国来说，给予中国永久正常的贸易关系与地位是一项很好的交易。"

在文中，克林顿进一步详述了美国农业、制造业和信息技术领域将会获得的好处，并警告说，"如果国会拒绝美国给予中国这一地位，中国就会拒绝给予我们所达成的这项交易中的所有好处""简言之，对此否决可能使得美国农场主和企业将无可奈何地看着欧洲和日本的竞争对手抢占21世纪最大的市场——中国的有利地盘"。

美国的国会议员不是蠢蛋，他们当然也看到了咄咄逼人的日本、欧洲这两大竞争对手给美国公司带来的困境，以及向中国进行产业转移的巨大前景。他们担心的是：产业转移会逐步掏空美国的产业根基，让美国国家实力逐渐衰落，从而让美国步当年英国衰落的后尘。

毕竟，每一个了解美国历史的人都清楚，美国当年正是通过承接英国对外产业转移，实现了自身的国家崛起，进而成长为世界霸主。因此，克林顿必须说服国会议员们，即使美国向中国进行大规模产业转移，也不会步当年英国的后尘。

克林顿最终成功说服了锱铢必较的国会议员们。支持克林顿的理论自信来自两个方面：

一是战略大师迈克尔·波特的价值链理论（图19）。

随着生产活动不断精细化和复杂化，产业分工不断向纵深发展，企业的价值创造不再局限于企业内部，而是一系列相互联系的企业的一系列活动。这些互不相同但又相互关联的生产经营活动，构成了一个创造价值的动态过程，即价值链。

波特认为，价值链虽然包含了许多环节，但只有价值链上的某些特定环节才能创造价值，这些环节就是企业价值链的"战略环节"。

战略环节构成了企业的竞争优势，尤其是能够长期保持的优势，抓住了这些关键环节，也就抓住了整个价值链。

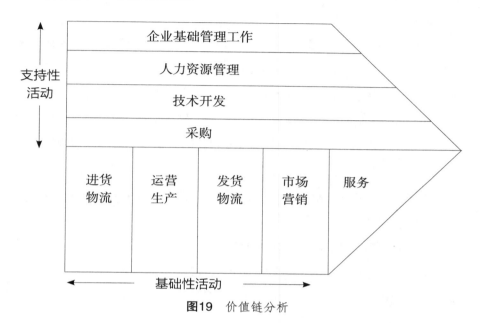

价值链——制造业企业

图19 价值链分析

　　再回过头来看这幅图，结合价值链理论可以得到一个推论：企业应当牢牢抓住战略环节，将其他低价值的部分外包，从而让企业的价值最大化。

　　价值链理论成为美国的国家级产业战略的理论根基：

　　只要牢牢抓住技术含量高、难以被掌握，且又是产业链必须的核心环节，其他中低端环节都可以外包给中国。中国人再怎么辛勤劳动，也只能世世代代做美国的打工仔，将高额利润拱手献给美国公司，美国公司再将利润投入下一轮技术开发中，从而始终占据产业战略制高点。

　　为了保护自身的技术优势，美国做了一系列安排。

　　1995年1月1日，《与贸易有关的知识产权协定》（*Agreement On Trade-Related Aspects of Intellectual Property Rights*，简称为TRIPS）正式生效，作为参加方最多、内容最全面、保护水平最高、保护程度最严密的一项国际协定，给美国为首的发达国家的知识产权的优势进一步上了保险。再加上美国经常使用的针对知识产权的"特别301条款"，其他国家想挑战美国的知识产权优势，简直就是痴心妄想。

1996年7月，在美国牵头下，33个国家在奥地利维也纳签署了《瓦森纳协定》，该协定的主要目的就是对中国进行技术管制。其中包含两份控制清单：一份是军民两用商品和技术清单，涵盖了先进材料、材料处理、电子器件、计算机、电信与信息安全、传感与激光、导航与航空电子仪器、船舶与海事设备、推进系统9大类；另一份是军品清单，涵盖了各类武器弹药、设备及作战平台等，共22类。

上述工作就相当于给中国量身定制了"牢笼"，让中国在国际产业分工中永远处于低端。

二是基于美国对于信息产业的自信。

"二战"之后，美国主导了以半导体集成电路、电子计算机、互联网、无线传输为代表的信息通信技术（ICT）革命，信息技术不断渗透到人们的生产和生活中，发挥了越来越重要的作用。

如果将产业看作一个人，那么控制了ICT技术就相当于控制了他的大脑和中枢神经，其他环节不过是相当于手足躯干。

从宏观产业视角上看，ICT技术就是所有产业价值链中的"战略环节"，只要将ICT技术牢牢控制在手中，其他各种脏活累活完全可以交给其他国家去干，仍然可以坐享利益的大头。

随着互联网的不断发展，美国人对于网络的理解也越来越深入。现在，我们都知道网络中存在"强者越强、赢家通吃"的效应，后来者难以撼动强者的地位。比如微信牢牢占据了中国的即时通信社交，实现了完全的赢家通吃。

20世纪90年代的全球互联网络的基本游戏规则，牢牢掌控在美国公司思科的手中，思科总裁钱伯斯就是克林顿政府的贸易政策委员会的主要成员。克林顿与副总统戈尔曾表示，钱伯斯是互联网产业界、美国经济乃至全球经济的真正领导者。

克林顿政府之所以放心大胆地让中国加入WTO，不担忧甚至鼓励低端产业转移到中国，就是因为美国政府的智囊团早已推演了互联网时代的未来：由于网络效应的存在，美国将牢牢占据产业金字塔的顶端，也就是全球价值链的顶端，千秋万代，一统江湖。

直到2008年之前，历史的走向确实大体沿着克林顿预想的方向前进。中国巨大的市场与廉价的劳动力，使得中国成为美国商品的倾销地及加工车间，美国公司牢牢掌握研发和品牌，轻轻松松收获天量利润。这些利润又支持美国公司投入下一轮研发，从而持续获得竞争优势。中国的研发团队则针对本土市场特点进行应用级的微创新，实现"全球化+本土化"的范式。比如联想这样的中国公司，就是按照克林顿的战略构想亦步亦趋，不敢越雷池一步。

中美二元经济体系，让美国实现了对竞争对手日本和欧洲的战略级碾压。日本和欧洲也不得不效仿美国，同样涌入中国市场并且向中国进行产业转移。

除了在产业竞争上取得战略级优势，美国还拥有日本和欧洲所没有的军事霸权和金融霸权，在当时无论怎么看，美国的江山都是牢不可破的。

正是在这样的背景下，才会涌现出弗朗西斯·福山的"历史终结论"：美国的制度和价值观将统一全球，历史不再继续演进，而是走向终结。

9.2　价值链与破坏性创新

历史就是这么吊诡，克林顿让美国经济走上巅峰，也正是克林顿需要为美国产业的整体衰落负最大责任。

在美国盛世之下，危机正在悄悄浮现。首先冒头的先兆出现在美国内部：从20世纪90年代开始，越来越多拥有悠久历史的美国大公司走向衰退甚至倒闭破产，被更年轻更有活力的新兴公司所取代。这种创新被哈佛商学院教授克里斯坦森总结为"破坏性创新"（或称颠覆式创新，Disruptive Innovation）。

另一大先兆则是：对于那些国际化的大公司而言，越来越多富有影响力的创新成果不是来自美国本土的研发中心，而是来自中国等新兴市场的研发团队。这些创新成果在中国市场得到验证之后，反向输入欧美发达市场。这样的创新过程与通常认知的"全球化+本土化"的范式截然相反，因此被称为"反向创新"（或称逆向创新，Reverse Innovation）。

事实上，这两种创新模式本质上是共通的，都是对波特价值链理论的颠覆。

价值链理论看似无懈可击，实际上存在两大致命漏洞：

一、以静态孤立的思维看待产业分工。

根据熊彼特的创新理论，经济发展的本质是创新，而创新是新系统不断创生，对旧系统进行颠覆和破坏的过程，永远处于动态发展的过程中。

波特的产业链理论相当于在某个时间点对经济系统做了一个快照，根据这张快照进行静态分析，找出产业链不同环节之间的强弱关系，既没有考虑这些环节在长期动态发展中的情况，也没有考虑环节之间的相互作用。

美国公司往往将议价能力强的研发和品牌牢牢攥在手中，把低价值的制造环节外包给中国。但是，研发是被市场需求驱动的，研发团队远离市场，不倾听用户声音，怎么可能随着市场的需求不断进化，始终满足用户需求？

美国电商亚马逊在中国的失败就是一个典型的例子。

亚马逊作为全球电商老大，却在中国折戟沉沙，根源在于其研发中心设在美国，根据北美消费者的使用习惯进行产品开发。亚马逊电商平台全球共用一套底层系统，在没有强劲竞争对手的国家，利用网络效应攻城略地。但是在中国，亚马逊遇到了更加贴近本地市场快速反应的对手——淘宝和京东，亚马逊在中国的研发团队提出的改进建议，还要送到美国总部的研发中心，往往大部分被驳回，即使修改，反应速度也很慢，远远赶不上中国的竞争对手。

基于价值链理论，人们往往认为研发和生产是相互独立的，但根据熊彼特的创新理论，所谓创新就是旧要素的新组合。所有的技术要素都要汇聚到生产环节当中，因此各种产业链聚集效应越强，也越容易孕育创新。

所谓研发工作，是将实际的技术要素抽象为理论模型，基于模型进行新组合，但是任何抽象过程都会丢失大量信息，缺失大量浅层模型。举个例子，物理学家可以设计出原子弹的理论模型，但是距离真正造出原子弹还有很大的距离。

如果研发与制造环节脱离太久，那么研发就会越来越成为无源之水、无本之木，而且成本也会越来越高。

美国抓住了产业价值链的关键环节，中国则将全产业链纳入囊中；前者抓住了现在，后者掌握了未来。

二、以局部利益最大化的思维对待分工伙伴。

在同一个产业链分工中的不同伙伴，组成了一个利益共同体，他们通过分工协作共同创造出价值。但是价值链理论不是追求如何让这个产业链发展得更加繁荣，以便大家能够分享到更多价值，而是基于自身的强势地位，从上下游伙伴那里榨取更多价值，以实现自身的利益最大化。

这就如同奴隶主残酷剥削奴隶，必然引发奴隶反抗一样，这种基于产业链的剥削关系必然会激发他人的反抗。

反观中美产业分工状况，如果美国始终将其高技术产品以合理价格向中国销售，在"造不如租，租不如买"的思潮影响下，中国还真未必能够抛开美国拼命创新，说不定直到今天，克林顿的战略构思仍然实现得很好。但是美国一方面用关键技术卡脖子，另一方面利用技术垄断优势把产品价格卖的很高，逼得中国不得不自主创新，杀出一条血路，反而加速了美国产业战略的破产。

若追溯其本源，价值链理论的两个漏洞，与资本主义的生产力和生产关系紧密相连。从最宏观的视角来看，社会生产是由货币资本、土地、技术、劳动等要素交织成一个有效的供给体系，提供满足市场需求的服务和产品。工业时代的货币资本取代了农业时代的土地，成为组织上述供给体系的核心要素，因此货币资本处于战略核心地位，并且基于这一核心地位来实现资本利益最大化。

价值链理论，就是上述资本主义生产力与生产关系，在信息技术催生跨企业跨地区产业分工的情况下的具体体现。

价值链理论一方面造成剥削与不平等，另一方面又会天然地将孕育创新的生产环节甩给他人，相当于一方面用鞭子抽打奴隶，另一方面又把刀柄递到奴隶手里，不激起反抗反倒奇怪了。

波特的价值链与竞争战略遇到的困境，实际上就是资本主义遇到的困境。如果马克思生活在我们这个时代，一定会对他的资本论进行与时俱进的修改，重新定义资本主义的掘墓人。

上述反抗随着信息技术的发展，变得越来越频繁和普遍。

互联网技术确实会造成强者恒强的网络效应，但是同时也导致信息扩散变得越来越容易，这就使得垄断技术的秘密越来越难；而在技术要素汇聚之地，由于信息技术极大提升了交互效率，实现创新变得越来越容易。

破坏性创新和反向创新，就是上述反抗的不同体现或征兆。

破坏性创新，是指一个行业内的优势企业所面临的困境。

基于利益最大化的考量，优势企业会优先满足头部优质客户（又称为主流用户）的需求，针对这些需求不断改进自身的产品和服务，同时放弃那些又麻烦、又低价值的长尾用户（又称为边缘用户）的市场。与主流用户的要求不符的创新，会被当作浪费预算、造成成本上升的鸡肋被放弃掉。优势企业认为这样做，就可以牢牢掌控竞争中的主导权。

但是后一类创新，有可能满足那些边缘用户的需求（比如虽然性能差些，但是更方便、更便宜），成为后来者颠覆优势企业的最好机会。因为随着技术的不断进步，新技术的性能会不断改善，最终会满足主流用户的需求，如同农村包围城市一样，最终侵蚀原本优势企业的生存空间。

这一情况在互联网时代变得越来越普遍，基于三点原因：

一是获取边缘用户并满足他们需求的边际成本变得越来越低，使得后来者"席卷农村"的速度越来越快，效率越来越高。正是因为看到这一点，小米的雷军喊出了"得普通消费者得天下"的口号。

二是技术迭代的速度越来越快，使得颠覆过程变得更加明显和戏剧化。2013年诺基亚看起来还如日中天，但随后就急速垮塌。

三是不断升维化的竞争，使得服务越来越前置，收费越来越后置。"吃苦在前，享受在后"，使得原先占据优势的企业要想跟上竞争的步伐，就意味着要砍掉原先触手可及的蛋糕，与利益最大化的原则产生强烈抵触。

比如张一鸣的字节跳动颠覆李彦宏的百度，就是一个典型例子。

2011年移动互联网刚刚兴起的时候，李彦宏是如此评价的：

"广告价值没有PC互联网大；电子商务优势也不及PC；游戏的收入来源是大型的客户端游戏，而手机上只能装轻量级游戏……所有这一切都使得在移动互联网时代赚钱需要面临很大的挑战。"

百度的商业模式正是遵循了价值链理论，利用自身技术优势，占据了互联网价值链的制高点。互联网商业基本模型是流量+变现，而搜索是PC时代的两大流量来源之一（另一个流量来源是社交）。百度牢牢掌握搜索，然后通过卖流量获利，成为三大互联网巨头BAT之首。

李彦宏也正是按照利益最大化的原则来判断做什么，不做什么，因此他轻易放过了移动互联网的机会。

字节跳动的今日头条APP，通过免费推送信息的方式，来满足人们更方便获取所需信息的需求，迅速积累了边缘用户的流量，最终缔造了新的流量帝国，百度也因此快速萎缩。时至今日，百度不仅掉出了互联网第一梯队，而且已被字节跳动抛在身后。

在当今这个时代，优势企业要想不被破坏性创新所破坏，那就只能勇于对自己动刀子，在别人没有破坏自己之前，自己先破坏自己。

美团创始人王兴说，"既然早晚要革命，不如自己革自己的命""既往不恋，纵情向前"，表达的都是这个意思。

9.3　层出不穷的反向创新

反向创新，其实就是破坏性创新在跨国公司中的体现。2009年，《哈佛商业评论》曾经记载了通用电气GE的反向创新案例。

GE是高端医疗器械生产商，其中CT机更是医疗行业中的"高富帅"，进口的、价格昂贵的CT机，是大城市中大医院的主角。

GE在中国针对中小医院的需求，推出了一款名为博睿（Brivo）的CT机。它有着更小的工作体积，简化了机架，剔除了多余的设计，因此它的售价为同类型进口产品的70%以下。在投放市场最初的6个月里，首次购买这款产品的医院和诊所中有60%是第一次购买CT机。这款CT机也同时销往其他新兴市场，甚至还进入了欧美发达国家。

过去简单的"本土化"研发是指将团队部署在本土市场，在全球团队开发基础上做的小调整，本土团队的地位是完全被动的；但在"反向创新"中，本土团队人员与本土市场有着密切沟通，独立完成开发，最后推向包括发达国家在内的全球市场。

新兴市场相对于发达国家市场就是边缘市场。"反向创新"意味着贴近边缘市场的需求，开发符合其需要的产品，如果这种创新发生在跨国公司的分部，那就是通常意义上的反向创新；如果发生在新兴市场的本土公司，那就是另一种破坏性创新了。

华为公司的发展初期，正是贴近中国广大乡镇农村市场的需求推出创新产品，从而实现了跨国电信巨头的崛起。

随着破坏性创新和反向创新的案例越来越多地涌现，原本自以为控制住了价值链战略环节的公司纷纷遭遇困境。这证明基于资本主义价值观和牛顿世界观的商业实践，已经陷入系统性困境，这也是美国不可逆转地走向衰落的根本原因。

于是我们看到，那些商学院培养出来的精英人才担任CEO的企业，往往会走向衰落，还不如从草莽中成长起来的企业家。

与其依据美国那些精巧先进的商业理论来运营企业，远不如谨记毛主席的几句话："没有调查研究，就没有发言权""从群众中来，到群众中去""全心全意为人民服务"。中国最优秀的几个企业家，如任正非、马云、雷军、王兴等人，都是活学活用毛泽东思想的典型代表。

基于牛顿世界观的资本主义价值观，创造了工业时代的辉煌，但是在万物互联的信息时代，已经越来越不适应商业实践的现实要求。中国要实现国家崛起，从微观层面上，就是要提出符合时代需求的商业战略理论，并缔造出一大批适应当下时代发展变化的商业新物种。

彼得·德鲁克当年看到了资本主义的终极困境，写下了《经济人的末日》。此后他毕生投身于商业实践，就是希望能够从商业组织中探寻人类社会的未来。

本人不才，希望能够继承德鲁克的遗志，"为往圣继绝学，为万世开太平"，构建一套适应当下的商业环境，并且能够指导企业发展的商业战略理论。因为基本思想继承自德鲁克不断进化的"生物型组织"，因此我将其称之为"进化战略"。

03

第 三 部 分　进化战略

进化战略理论基于复杂系统世界观，为企业在高度不确定性环境下的生存发展指出了有效的应对之道；进化战略理论既吸收了西方战略管理的理论精华，又承接了东方传统哲学思想的精髓，也是毛泽东战略思想与商业实践的结晶；进化战略也是适应信息时代的发展需要，企业进行数字化转型，拥抱产业互联网，拥抱服务力革命大潮的解决之道。

它从哪里来？

是作者本人从华为等中国优秀公司的案例总结出来的战略管理经验，以及作者给洛可可等一系列企业提供咨询辅导的过程中，理论与实践相结合的产物。

它有什么用？

规避前人踩过的坑，是企业在VUCA时代的生存指南，跨越生产力革命与服务力革命之间的非连续性鸿沟的必备工具。

它适合谁用？

新时代的创业者，希望穿越周期的企业经营者，以及正在被数字化改造和产业互联网大潮影响的相关行业从业者。

第十章　企业如何像生物一样进化

10.1　什么是进化型的企业？

企业始终都会面临一个共同的命题，就是如何在不确定的环境中生存。

我将这一命题分解成如下几个方面：

一方面要追求稳健的经营，另外一方面还要适应外部变化的市场；

一方面要降低自身的成本，另外一方面还要保证研发的投入；

一方面要提高内部的管理水平，另外一方面还要应对外部激烈的竞争；

一方面要立足于当下，另外一方面还要放眼未来。

企业的实际经营，就是背负着这些矛盾不断前行。最近这些年，我们都感受到商业环境变化得越来越快，这是一个不可逆转的大趋势。在这里，我可以做一个预言，未来的变化还会更快。随着人工智能等技术的逐步投入应用，变化的速度可能要超出你的想象。这些问题将变得越来越重要。

随着环境变化越来越快，挑战越来越多，相信很多企业经营者的内心几乎是崩溃的。

这样一个复杂的环境，我们该如何面对？这些貌似不可能完成的任务如何同时实现呢？什么样的企业能够成功应对？

梁宁的《增长思维三十讲》中，提出了一个对企业的划分方式，她把企业分成了草莽企业、腰部企业、头部企业跟顶级企业（图20）。

这是一个金字塔状的结构，金字塔的下端是规模小、能力弱的草莽企业，而金字塔的顶端是规模大、能力强的顶级企业。这个划分的视角非常清晰明了，可以让不同的企业对号入座，了解自身境遇，明白所要面对的主要问题。

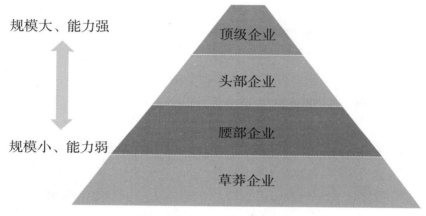

规模大、能力强

规模小、能力弱

顶级企业

头部企业

腰部企业

草莽企业

图20 静态的固定思维看企业

但是这种划分方法也存在一个明显的缺陷。这实际上沿用了竞争战略大师迈克尔·波特的思路，采用了静态的固定型思维来看企业。就好像一个外星人来到了地球，它将看到的地球人分成了小孩、青年、中年和老年一样。虽然很对，但是非常片面，因为这种划分方法无法揭示一个小孩是如何一步步地生长发育成为青年、中年、老年，不同的人成长路径为何又有巨大的差别。

为了看到企业的不同发展路径，我倡导从企业成长的底层逻辑出发，用一种动态的成长型思维去看企业（图21）。按照企业内部要素跟外部要素的不同，将企业划分为四类：

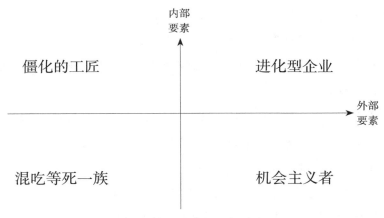

图21 动态的成长思维看企业

第一类企业，它既可以不断地培育自身内部的核心优势能力，又能适应外部要素变化，两方面都做得比较好，我称之为进化型企业。比如华为就是一个进化型的企业。

第二类企业，它注重培育自身的内部能力，但是对于外部的变化不敏感，我称之为"僵化的工匠"。很多曾经状况良好，后来面临困难的公司都是这样一种情况。当诺基亚倒闭的时候，诺基亚的手机仍然是市场上质量最好的手机之一，这就是一种僵化的工匠。

第三类企业，它不断地去看外部的机会，但是它始终没有培育出自身内部的优势能力，我称之为机会主义者。

最后一类企业，它既不能看到外部的变化，又没有培育什么能力，这是在过去特定的时间点，依赖某种市场的红利成长起来的一些公司，我称之为混吃等死一族。

任何一个公司都是从一个小企业发展起来的，我们不能从公司的规模判断一个企业怎么样，要从它的内部要素和外部要素发展变化的趋势来判断，据此可以把企业分成四种不同的类型，这样划分，更能体现对企业本质的判断。大家可以看一看你所熟悉或者所在的公司，是一种什么样的类型。

在过去市场存在大量红利的时代，可能各种企业都有生存空间，但是在当今这个时代，只有进化型的企业才能不断发展，拥有未来，其他三类公司都无法适应快速变化的环境，必将逐步被淘汰出局。这是我们这个时代对企业提出的严峻挑战。

这个过程中，一些我们过去耳熟能详的大企业、响当当的品牌都会被无情淘汰出局，过程是极为残酷的。很多人也会在个人职业生涯中，面临转换公司，重新就业的过程。

如何成为进化型的企业呢？我的提议就是让企业向生物学习。在复杂环境中不断改变，持续地生存发展，其实生物做得非常之好。生物的进化跟企业的经营之间，有非常多可以类比的方面。

比如说，诞生了一种新物种，你可以理解为企业的创业；物种不断地发育成长，你可以理解为企业发展壮大；生物在进化的过程中会经历大灭绝的阶段，实际上也就是我们在商业环境中看到的大萧条。

生物是在不同的生态位中生存，企业也是在各自的利基市场里发展，其实利基（Niche）这个词，就来自对英语"生态位"一词的音译。生物进化要适应环境，企业经营要适应市场。其实完全可以把企业看作在商业环境中不断生存发展的生物。

10.2　企业进化论

要理解企业如何在不确定的环境中发展，我们首先要理解什么是生物的进化。我分成目的、手段、过程、结果四个方面，简单地谈一谈达尔文的生物进化论。

进化的目的是什么？很简单，就是保证生存。

生物追求生存，企业也一样。任正非说过，过去我们把生存作为企业的最低目标，现在搞清楚了，生存其实是企业的最高目标。马云也说，阿里巴巴的目标，就是成为102年的企业，这样可以跨越三个世纪（阿里巴巴创立于1999年）。

进化的手段又是什么呢？它包含了遗传和变异两个部分，通过遗传机制保持生物系统的相对稳定，通过变异机制来适应外部环境的变化。

进化的过程包含了自然选择跟适者生存两部分。

进化的结果是，一方面通过将外部环境要素内部化，生物消化吸收这些外部环境的变化，从而适应环境；另一方面，生物又对外部环境进行改变，以适应环境系统。

企业要向生物学习，迫切的问题是如何做。企业如何实现像生物一样进化呢？

举个例子。我把华为的发展分成了不同的阶段，在2003年之前我称之为机械的华为，2010年之后我称之为进化的华为，两者之间是过渡阶段。

机械型的企业是什么样？它有一个基本的假设，外界的环境是固定不变的，而管理层总是能够清楚地知道环境的变化。基于这样一个假设，企业的经营，就是把企业看作一个精密的机器，经营者就像全知全能的上帝一样，控制着每一个零件的正常运行，整个机器就能正常地运作。这也是目前绝大部分企业的经营现实，通过预测、计划、管理、控制手段，让企业按照预想的方式运行。结果实际情况是，市场的反应跟你的预测根本不符，或者变化程度早已超出了你的预期。

进化型的企业基本假设正好相反，环境是不断发展、变化的，我们其实无法精确预测环境如何变化。企业就要如同生物一般，你不能完全依靠预测来制定生存计划，就是要不断地去发生遗传变异，从而实现适者生存。2010年之后，华为获得日新月异的发展变化，就来源于它的底层世界观、价值观跟方法论的改变。

企业进化论，也包含遗传、变异、自然选择跟进化4个部分。

遗传用一句俗语来阐释，就叫作"虎父无犬子"，说的是企业要拥有自身良好的基因，也就是企业的核心优势能力，它是企业应对外界挑战的依仗。一个企业要多"生孩子"，这些孩子代表子业务，企业的优势基因在孩子身上得到良好的传承。

举个例子，华为具有技术研发基因，它在不停地"生孩子"，从最初的交换机业务发展到现在的"管端云"各个方面的子业务，这些子业务都继承了它的优秀基因。

变异叫作"龙生九子"。意思是通过广撒网去多找"备胎"，以引入合作伙伴或者建立独立小团队的方式生不同的孩子。这些孩子之间，孩子和父母之间，也就是子业务之间及子业务跟主营业务之间存在一定的区别，而不是大家都是一个模子里刻出来的。

还是举华为的例子，华为产生不同子业务的方式是不同的。它的4G是与西门子合作开发出来的，路由器是与3COM合作的，终端业务是独立的团队，海思芯片源于备胎计划，也是建立了一个独立的团队，因此，华为开发出不同的子业务。一方面继承了优势基因，另一方面又有各自的不同，这样之后就可以进行自然选择。

在变化的商业环境中，不同的子业务可以有不同的表现，其中一部分表现优异，最后就产生了一个进化的结果，表现优异的子业务不断地发展壮大，成长为新的主营业务。

这就像长颈鹿的进化过程。长颈鹿的祖先通过变异，产生了脖长不同的个体，食物充足的时候没有问题，但是当饥荒到来的时候，脖子相对比较短的个体会因为吃不到充足的食物而被淘汰，脖子较长的个体就生存了下来，变成了今天的长颈鹿。

进化的作用，就形成了反脆弱机制。反脆弱这个概念来自纳西姆·尼古拉斯·塔勒布的书《反脆弱》。脆弱是指因为波动和不确定而承受损失，反脆弱则是让自己避免这些损失，甚至因此获利。风会熄灭蜡烛，却也能让火越烧越旺。不确定性就像风一样。你要利用它们，而不是躲避它们。有些事情能从冲击中受益，当暴露在波动性、随机性、混乱、压力、风险和不确定性下时，它们反而能茁壮成长和壮大。

用一个例子让你迅速理解什么叫反脆弱。20世纪80年代出生的人小时候都看过一部叫《圣斗士星矢》的动画片，其中主角星矢不断地受挫，不断地跌倒，又不断地爬起来，他的成长过程我称之为"那些杀不死我的，让我更强大"。圣斗士星矢在挫折中一次次成长、一次次进步的过程，就是一种进化的机制，让他能够应对各种不同的挑战，从弱小的个体修炼成一个圣斗士，同时实现了对抗各种风险，实现反脆弱。

依靠进化机制获得的反脆弱性，是一种巨大的竞争优势。英国前首相丘吉尔曾经说过，千万不要浪费一场好危机，虽然说我们都想尽可能地避免危机，实际上黑天鹅事件无法避免，你应当采取的应对态度就是想办法从危机中获得最大的收益。

依靠进化机制实现的反脆弱性，是优秀企业可以脱颖而出的法宝。在市场的繁荣期，各种企业都拥有自身的生存空间，市场资源被分割殆尽，优秀的企业实际上也很难获得充足的资源得以充分成长。但当市场整体暴露在波动性、随机性、混乱、压力、风险和不确定性面前时，那些没有反脆弱性的企业被大批地消灭掉，那些优秀的企业反而有茁壮成长的机会。

华为公司就是这样成长起来的。华为并没有去打击那些通信巨头，那些通信巨头是倒在一次又一次的市场危机前，华为则成功跨越危机，不断成长，最终成为通信行业的领袖。野火烧不尽，春风吹又生，活下来就有机会。

在2020年新冠疫情面前，进化机制的价值尤为明显。

首先它可以实现供应链的反脆弱。在目前这种复杂的分工体系下，企业的生存依赖于一大批供应链伙伴的支持，任何一个环节出错都有可能影响到企业的生存和发展。

应对措施是什么？一方面有遗传，构建自身的核心能力和资源，这样在整个产业链的资源整合过程中，就掌握了主动权；另外一方面有变异，具有应对变化的备胎计划来确保生存。

例子就是华为跟中兴同样遭遇了美国的极限施压，中兴就因此"休克"了，因为它没有这样的反脆弱机制；华为却越战越勇，它的背后就是依靠了遗传变异的应对手段。

进化机制还可以实现资金链的反脆弱。举一个真实的案例，一个深圳的小企业，它现有的资产为500万，办公租金每月50万，40个员工每月要支付70万工资，还有贷款300万，拖欠各个供应商的货款100万元。这家企业在疫情中撑不下去，破产了。

这个企业存在什么问题？负债经营过度地使用了金融杠杆，它的背后其实在于经营者对于形势估计过于乐观，他认为良好的情况是可以一直持续下去的，他没有备足余粮。

应对措施是什么？如果我们构建遗传变异的应对策略，遗传是构建一种稳健的财务计划，留足余粮应对寒冬。变异是公司业务不能只有线下销售这一条渠道，要构建更多的变现回路，线下跑不通还有线上，在变化的环境中就不会在一棵树上吊死。

总结一下，遗传和变异，到底遗传什么？变异什么？我借用大家都非常熟悉的SWOT分析矩阵（图22），再阐述一下遗传和变异的基本原则。

遗传的目的是以不变应万变，锚定整个"供给—需求—连接"结构中某种确定性的要素，它是自身优势跟外部长期不变要素共同决定的结果。

SWOT矩阵中的优势S，就是企业应该不断遗传的部分。举个例子，华为的技术、阿里巴巴的运营、腾讯的产品能力，都是这些公司的优势要素，也是需要不断保持和提升的方面。

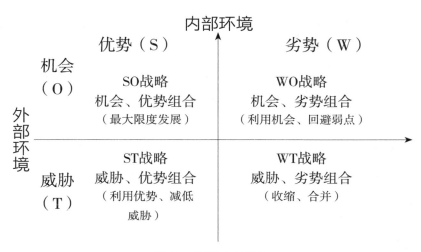

图22 SWOT分析矩阵

变异是为了与时俱进，随机应变，是为了应对各种不确定性。在SWOT分析矩阵中，WTO都是需要变异的部分。既然存在弱点W，就需要通过变化来代偿这种能力的短板。当外部出现了威胁T的时候，企业需要给予良好的应对，而机会O出现的时候，也要敏锐把握。

比如说，腾讯建立内部的赛马制，海尔建立开放的创业平台，实际上都是一方面加强自身的优势，另一方面通过不断地变异来应对其他三个方向。

最后，再用一个例子来帮我们记忆，刚才说的那些理论可以全部忘记，只要记住下面这个例子就好了。

圣斗士星矢是如何实现遗传和变异的？他的遗传是绝招天马流星拳。这是他安身立命的根基，是他的核心能力。他的变异是什么呢？在一次次的战斗中，他不断适应变化，在跟不同对手的战斗中学习，采取针对性的策略，所以他能够不断成长。

遗传和变异，跟我们耳熟能详的木桶长板理论和短板理论之间也有关联。大家通常认为，长板和短板理论是两个截然相反的理论，实际上，遗传和变异可以把这两个理论统一起来。

遗传对应长板，我们的竞争优势来自长板。一个企业的资源总是有限的，总想做到样样通，往往变成了样样松，所以只能单点聚焦，聚焦一方面，形成核心能力。企业要做"宽一米深一万米"的事情，通过这样一种方式，不仅仅能构筑自己的核心能力，还能使大家的利益聚焦于同一个点，从而实现"力出一孔，利出一孔"的效果。无论是业务还是组织建设，都要求我们构建属于自己的长板。

变异则对应短板，对于一个企业来说，只有长板不能确保生存，要形成完整的产品跟服务，其中包含许多环节，这些环节中最短的部分就是短板。但是在不确定的环境下，短板可能层出不穷，随时在变化。面对困境，企业要想实现生存，但短板是补不完的，怎么办呢？为了保证生存，唯有通过变异，多造几个木桶，从而达到"东边不亮西边亮"的效果。

结合本章开头的企业分类矩阵，理解遗传和变异就非常清晰了。图中的内部要素就是遗传优势，外部要素就是对应需要变异的部分。当企业做到既有遗传又有变异的时候，它就是进化型的企业，典型如华为。

僵化的工匠就是只有自身的遗传优势，没有做到随着外界与时俱进，非常令人惋惜的诺基亚就是这样的企业；只有变异没有遗传的部分（或者遗传的要素缺乏竞争优势），联想公司表现得比较典型；最后混吃等死一族就不提了，这样的公司我们身边随处可见，在疫情中大量被淘汰的公司都属于这一类。

10.3　从生物进化论到进化战略

企业做到如同生物那样遗传和变异，是否就足够了呢？

实际上是不够的，需要在继承发展生物进化论的基础上有所突破，形成我所说的进化战略。

达尔文的生物进化论有一个很明显的局限性。达尔文的进化论只适用于生物，生物进化依靠基因被动地筛选和适应，没有体现出主观能动性的作用。

举个例子，在新冠疫情的应对过程中，英国提出了群体免疫的计划，群体免疫其实就是来自达尔文的进化论。英国是达尔文的故乡，英国人可能受达尔文进化论思想的影响比较深。达尔文进化论的"物竞天择，适者生存"，是一种被动的适应过程，它抹杀了人的主观能动性。所以，最后就导致了"群体免疫"这样被动的消极应对。

在生物进化论发展的过程中，历史上曾经出现过不同于达尔文的一派，叫作拉马克的进化论。它的底层思想是，生物是可以主动进化的，可以迎合环境中的确定性的红利，做出适应性的改变。而达尔文主张的被动进化，它的本质是对冲环境变化中的不确定性风险。

生物进化论发展的结果，是达尔文一派最终成了胜利者。但人是有主观能动性的。适用于人类及人类组织的进化理论，不能仅仅是生物进化论，应该是把被动进化的思想跟主动进化的思想结合起来，这就是"进化战略"。

进化战略包含了两个部分，一是抓住未来的确定性，它是主动进化的部分；另外一个是应对过程中的不确定性，这是被动进化的部分。往深层看，进化的本质就是学习（图23），它的目标就是在不确定的环境中求存。

无论是主动进化还是被动进化，实现的结果都是向外界环境学习，基于收到的外部信息不断建立处理模型，基于处理模型的处理结果在环境中获得反馈，根据反馈再进行迭代改进，以此实现了不断的发展。

生命体在跟外界环境相互作用的过程中，不仅自己在变化，也在不断地改变环境，从而使得外部环境变成了更适应生物生存的生态系统。我们可以从学习的视角来进一步理解进化。

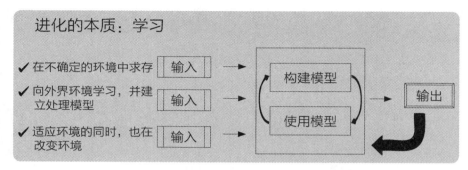

图23 进化的本质：学习

为了应对发展过程中的不确定性而从环境中获取信息，建立与之相适应的处理模型，使用模型进行处理，获得反馈信息，对模型进行迭代，这就是企业不断发展变化的过程。

抓住未来确定性的部分，就是我们如何预测未来。我们通过回顾过去来预测未来，就是存储能够长期适用的处理模型，把它作为构建新模型的基础。

进化战略既是对生物进化论的继承和发展，也来自中国古代先贤的战略智慧。

《孙子兵法》是写于两千多年前的军事战略著作，其中就体现了进化战略的思想。《孙子兵法·始计篇》中说，要想获得胜利，首先要预测未来的确定性："夫未战而庙算胜者，得算多也；未战而庙算不胜者，得算少也。"

战争环境是极端复杂的，即使做了预测，也未必能取得胜利，还得应对过程中的各种不确定性，这就是《孙子兵法·军形篇》中所说的："昔之善战者，先为不可胜，以待敌之可胜。"

《孙子兵法·军争篇》还说，"故其疾如风，其徐如林，侵掠如火，不动如山……此军争之法也"。孙子所提到的"风林火山"，我们在商业环境下赋予其一些具体含义，作为进化战略的模型化表述。

"风"与"林"共同构成了"预测未来的确定性"。

不变（或缓变）的"林"（"其徐如林"），代表战略支点，指明了战略锚定的方向，对应用户底层的真需求，是必须紧紧抓住的长期不变的确定性要素。

快速变化的"风"（"其疾如风"），代表战略机遇，是造成需求具体形态变化的关键要素。

未来是极端复杂的，充满了不确定性，但是我们并不需要预测未来的全局，可以在某些特定的维度上对未来进行一定程度的预测。我们所预测的未来=变化的"风"×不变的"林"。

其意义是透过快速流变的现象层，抓住深层不变或缓变的规律，从而预测未来的确定性，决定战略的方向。

扩张性的"火"（"侵掠如火"）与岿然不动的"山"（"不动如山"），共同构成了"应对过程中的不确定性"。

"山"代表战略根基，指的是锚定用户的真需求，企业投入的战略性资源所形成的核心能力，是企业竞争优势的来源，是安身立命之本；"火"代表战略纵深，"山"本身只是能力，但仅凭能力不能生存，需要围绕"山"形成的一个或多个变现业务，这就是"火"，是企业的生存空间。

"山"对火赋能，使得星星之火可以燎原，"火"的发展又会助推山变得更扎实，增加"山"的高度，成为崇山峻岭。"火"可以突破公司边界，形成内外部生态，随着"火"的进一步发展，又会推动企业的升维进化。

"山"与"火"的关系，也体现了企业战略与产品战略之间的关系。"山"对应的企业战略，是关于企业如何长期生存发展；"火"对应的产品战略，是企业如何生产出符合用户需要，给用户创造价值的产品（或服务）。

如果脱离企业战略看产品战略，那么就成了东一榔头西一棒槌，缺乏长线思维；如果脱离产品战略看企业战略，就成为高高在上无法落地的虚幻。

依托企业战略构建产品战略，让每一个产品成为企业战略落地的基石，产品战略的综合就是企业战略，每一个产品都可以促进企业战略向前推进。

"风林火山"既代表战略的四大基本要素，又构成了一个不断迭代的学习模型。

"风、林"是企业需要获取外部的关键信息，"山"则是基于所获取的信息构建的处理模型（核心能力），"火"则是应用所述处理模型得到应对结果的业务系统（即产品或服务），产品或服务投入市场，获得信息反馈，推动下一轮迭代改进。

下一章中，我将用"风林火山"模型来分析腾讯公司是如何从一个初创企业不断进化为一个千亿级公司的。为何腾讯会推出赛马制？腾讯为何一度被千夫所指？腾讯又为何先后与阿里巴巴和字节跳动打得不亦乐乎？背后都和其战略有关。

第十一章 腾讯进化论：千亿级企业是如何炼成的

11.1 腾讯的"风林火山"

自从人类历史上第一家公司——荷兰东印度公司诞生以来，公司与国家这两个不同量级的人类组织就形成了交织发展的状态。国家的崛起，说到底是这个国家大量公司的崛起，而一个国家代表性的公司的兴衰，一定程度上反映了国家的兴衰。

正因为如此，彼得·德鲁克将毕生精力投入探索公司治理的理论和实践，初衷在于为人类社会的发展探索出未来可能的路径。

在《华为崛起》中，我曾说过华为就是中国的一个分形，华为崛起的历程也是中国崛起历程的缩影。与华为长期斗争的思科，则如同缩小版的"美国"，华为与思科之间的长期博弈，一定程度上预示了中美博弈的走向。

美国模式指的是：基于静态的固定型思维，利用自身优势占据价值链的战略制高点，实现自身利益最大化；中国模式指的是：基于成长型思维，掌握产业发展所需的所有要素，通过创新促进整个产业不断繁荣发展，在系统繁荣中获益。

上述说法只是为了便于理解做了概念上的简化，实际的中国并非完全遵循"中国模式"，美国也不是百分百的"美国模式"；中国也有更偏向美国模式的公司，美国也存在偏向中国模式的公司。

接下来要讨论的腾讯公司，其发展模式具有鲜明的特点，可以将其类比为商业领域的"美国"。

腾讯的生态，包含了三圈结构。首先是中间的核心圈，包含了基础的连接业务。具体来说，QQ和微信连接人与人，腾讯云连接人与产业，这些连接服务产生了巨大的线上流量。

第二圈是扩展圈，它是内容服务，主要包括游戏、视频、音乐、文学等，它满足了人们对各种休闲娱乐的需求，它的作用是增加腾讯整体的生态黏性，进行流量变现。

再往外是联盟圈，它主要是金融和流量的数据赋能的其他业务，其中金融投资合作伙伴，流量是用流量优势跟数据能力去赋能合作伙伴，而这些合作伙伴反过来又巩固了腾讯的强势业务，同时扩大了腾讯的生存边界。

如果用"风林火山"模型来拆解，很容易看明白腾讯的基本逻辑。

首先，腾讯战略中长期不变的要素，也就是"林"是什么？腾讯的战略始终围绕着"人对于社交的需求"，这是腾讯的核心战略方向。

腾讯战略中变化的要素，也就是"风"的部分是什么？不同的时代与社交相关的技术会发生变化，以及人群的社交偏好会发生变化，这些都会影响甚至改变社交的具体形态。腾讯必须紧跟"风"的变化加以应对。

腾讯战略中的"山"，指的是社交流量背后的那些关键要素，其中包含了产品、运营等方面的核心能力。这是腾讯必须掌握的优势能力。

腾讯战略的"火"又是什么呢？通过各种方式把手中掌握的流量资源变现，产生的各种变现业务，就是腾讯的"火"。这是大家看到的腾讯各种各样的赚钱的业务和生态合作伙伴。

总结一下腾讯战略中最重要的四个方向，不变的"林"是社交；变化的"风"主要是技术，引发社交形态变化的技术变革；"山"包含了产生社交流量的产品及运营能力；围绕流量形成了各种各样的变现业务，就是腾讯的"火"。

接下来我们可以看到，就是这样一个简单的逻辑，驱使腾讯从一棵创业幼苗逐渐发展成现在如森林一般的复杂生态。

腾讯的历史超过22年，全部描述又是一本书。腾讯历史上进行过五次最主要的组织调整，这五次调整分别发生在2001年、2005年、2012年、2014年和2018年，本案例主要聚焦于其中的三次，也就是2005年、2012年和2018年这三次调整进行阐述。

2005年组织调整的主要标志是BU（业务系统）化，2012年的标志是BG化，也就是事业群化。2018年，腾讯全面转向了产业互联网。每一次组织变革的本质都是因为战略发生重大转型，需要对组织进行相应调整。

我们看一看，在这三次重要的战略转型的背后，腾讯公司是如何决策的，我们从中能获得怎样的启示。

11.2　生存危机

首先，我们回顾一下腾讯是如何诞生的。腾讯起家，说实话是来自一个意外，马化腾因为要投标一个项目，编写了QQ这样一个社交软件。

一开始QQ诞生的时候，马化腾自己也不知道这个东西有什么用。QQ迅速聚集了低成本的流量，但是缺乏变现的手段，难以独自生存，甚至马化腾因为流量的压力，导致不堪负担服务器的费用，想以很低的价格将其卖掉，只是当时很难找到买家。腾讯陷入这样一种尴尬的状况，又不得不苦苦支撑着，直到出现了移动梦网业务。

2001年组织调整之后，腾讯的架构分成了三个主要部分，市场部门、研发部门和职能部门。整个的组织架构，实际上就是为移动梦网业务提供增值服务，整个公司就是为这样一个项目服务。腾讯变成了一个项目型的公司。

这是绝大多数初创型公司的普遍情况。

就是这样一个简单的业务，当时给腾讯带来了巨大的红利。2001年底，腾讯的移动梦网项目收入达5000万，这家初创公司终于找到了生存的基础。

2004年6月，腾讯公司在香港上市。上市的时候，它仍然是一个项目型公司。这次上市对于腾讯的重大改变，在于它的核心团队引入刘炽平担任首席战略投资官。刘炽平的到来，使这家没有战略远见，只知道做产品的公司第一次出现了负责仰望星空的人，他对公司的发展产生了深远的影响。

刚刚加入腾讯不久的刘炽平做了一件事，就是从博大买来了Foxmail，以及一起打包购入的20个人的团队，团队的带头人叫张小龙。这件事为后来腾讯发展带来了深远的影响。

2004年年底，当时的QQ活跃用户大概是1.35亿人，全年营收是11.4亿，电信增值业务仍然是腾讯所有业务中的第一大块，占据了总收入的6成。

2004年10月份，腾讯面临一个重大的变化，我称之为变现危机。

之前中国移动其实并不太在意腾讯，随着腾讯的上市，中国移动突然发现，这是一只下金蛋的鹅，中国移动开始不满原先15%的分成比例，要求和腾讯重新拟定分成比例，即五五开，这样就导致腾讯的收入锐减。同时，移动运营商在持续清理不活跃的用户，导致腾讯的付费订阅用户数下降，也对腾讯的业务造成了重大的影响。腾讯感受到了自身的命门掌握在别人手里的痛苦。

2005年10月24日，腾讯发布文件，宣布要进行组织架构调整，也就是BU化（业务系统化）。它的主要内容是：把原先围绕移动梦网项目的研发线跟市场线替换为五个新的业务部门和三个服务支撑部门。这就产生了著名的赛马制，谁提出谁执行，一旦做大，独立成军。

腾讯为什么会提出赛马制？

腾讯QQ拥有巨大的流量资源，而且在开发过程中形成了强大的产品能力，这是腾讯的核心能力。它所欠缺的是什么？是如何把这些资源和能力进行变现。

赛马制的目的，就是依托自身的核心能力，去探索这些变现业务，随后开始涌现出大量的变现业务。比如QQ秀、QQ空间、QQ游戏、QQ农场，还有它的钻石会员体系，等等，这些业务反过来又推动了QQ流量的迅猛增长。

用风林火山模型来看的话，就是基于山（流量和产品能力）产生了火（各种变现业务），而这些火出现之后，它又反哺山的成长，使得腾讯的战略纵深（火）在不断扩张的同时，又夯实了腾讯的战略根基（山）。

举一个例子，QQ农场是当时腾讯非常热门的一个项目。我们都知道，最开始农场类的项目是开心网做的，但是QQ农场做出来之后，由于腾讯有自身的流量基础，使得QQ农场的销售收入迅速超过了原先的开心网。

根据《腾讯传》的描述，"QQ农场给腾讯带来的收入，是一个从来也没有公开过的秘密……但是可估算，每月收入在1亿元左右……这无疑是一个非常保守的估算"。在当时的整个中国互联网行业，这是一块非常巨大、非常诱人的蛋糕，这里面体现了腾讯天量的社交流量，它的变现能力是极为强劲的。

这次战略变革之后，腾讯迅速摆脱了困局，迎来了高速增长期。

根据公司财报显示，2005年总收入14.3亿，同比增速从2004年的56%大幅下滑至25%；其中电信增值服务收入5.2亿，同比下降19%，占比从59%下滑至40%；互联网增值服务收入7.9亿，同比增速达到79%，占比从41%跃升至60%，首次超越电信增值服务收入。2006年，互联网增值服务收入大增至18.3亿，同比增长132%。

总体而言，就是腾讯的互联网增值收入超过了原先的电信增值业务，成为腾讯的第一大业务，同时使腾讯告别了对中国移动的依赖。从此之后，腾讯走上了快速发展的快车道。从2005年到2011年，它的毛利润从9.6亿增长到185.7亿，涨了18倍。

11.3　全民公敌

金庸的武侠小说《书剑恩仇录》中有一句话，"慧极必伤，情深不寿，强极则辱，谦谦君子，温润如玉"。这句话说的是为人处世之道，就是你不能过于刚强，如果过于刚强，也就是你遭受挫折的开始。这样一句话，恰如其分地描述了2011年前后腾讯的处境。

腾讯有三板斧，叫作"相似产品、流量加持和红包补贴"。它凭借自己的产品能力，看别人哪个产品做得好，便会做出一个相似的产品，加上它自身的流量导入，以及财大气粗地进行红包补贴，就会迅速地打败原创产品，成为市场头部。

腾讯走别人的路，让别人无路可走，吃相太难看，引发了众怒。

2010年7月的时候，《计算机世界》杂志刊登了一篇文章，文中把腾讯作为互联网公敌进行批判，把腾讯推上了舆论的风口浪尖。当时腾讯的战略态势是，整个中国互联网各个方向上都有腾讯的布局，它在四面开战。

当时的互联网还处于拓荒时代，得流量者得天下，手握天量流量的腾讯优势非常明显。当时的新浪主编老沉评论道："某网站贪得无厌，没有它不染指的领域，没有它不想做的产品，这样下去物极必反，与全网为敌，必将死无葬身之地。"这体现了当时腾讯成为全民公敌的处境。

当时爆发了一个重要的事件，这个事件深刻地改变了中国互联网的发展格局，就是3Q大战。360的创始人周鸿祎，看准形势振臂一呼：天下苦腾讯久矣，彼可取而代之。这就像当年陈胜吴广看到暴秦的状态说，既然你失去了天下民心，那么我可以揭竿而起！

从战略角度思考，上述现象的背后反映了一个什么问题呢？

如果我们把商业看作宏观生态的话，一个企业和它的利益相关者之间可以形成"山"与"火"的关系，这样的关系包含了两种不同的发展可能性。

一种形态叫作得道多助。企业自身作为"山"，拥有核心能力或资源，可以用自己的能力或资源去赋能相关的企业，让他们发展得更好。发展的过程，又会反过来促进核心企业自身的发展，大家共同形成"命运共同体"，这也是中国模式的真正内涵。

另一种形态叫作失道寡助，也就是说企业发展得过于强势，它的发展戕害了其他的企业，损坏了他人的利益，就会变成一个全民公敌，其他企业就会群起而攻之。这种情况就很像19世纪的拿破仑帝国，现在的美国也逐步走向了这样的一种状态。

当时腾讯所面临的战略困境，就是要进行道路的选择，我要选择实现拿破仑式的辉煌，还是要实现长久的发展？马化腾进行了长时间深入甚至痛苦的思考，最终马化腾给出的回答是：我们选择做最受人尊敬的公司。

在马化腾亲自撰写的《打开未来之门》这篇文章中说道：

"过去，我们总在思考什么是对的。但是现在，我们要更多地想一想什么是能被认同的。过去，我们在追求用户价值的同时，也享受奔向成功的速度与激情。但是现在，我们要在文化中更多地植入对公众、对行业、对未来的敬畏……腾讯的梦想，不是让自己变成最强、最大的公司，而是最受人尊敬的公司。"

这篇文章指出了腾讯未来的发展方向，不做拿破仑，要做命运共同体。直到现在，腾讯员工食堂的餐巾纸上还印着这些字：反思我们离最受尊敬还有多远？腾讯的这次深刻反思，也影响了后来腾讯一系列的战略选择。

2010年左右，腾讯面临的战略态势发生了一个重要变化：智能手机的出现，使得线上社交方式将出现革命性变化。用"风林火山"这个模型表述的话，新的"风"出现了，这使得腾讯的"山"受到了威胁。

2009年8月14日，新浪微博开始内测，迅速度过了破局点，用户数以月均千万的速度飙升，成为移动端的第一大流量分发平台。雷军也敏锐地看到了这一风口，在2010年12月推出了米聊，这两个APP都有可能成为未来移动互联网的战略杀手级流量平台。这就导致腾讯战略的"风林火山"面临着巨大危机。

首先，我们看看腾讯与新浪在微博这个战场的攻防战。

腾讯模仿新浪微博做了腾讯微博，各个方面都模仿新浪微博做了一系列的工作，投入了大量的资金、精力和运营资源。到2011年2月5日的时候，腾讯对外宣布，历经十余月的发展，腾讯微博注册用户数突破了一亿大关。

当然，我们现在都知道，虽然腾讯投入了大量的资源，但腾讯微博最终还是死掉了，为什么财大气粗的腾讯无法逆转乾坤呢？因为社交工具包含一个非常重要的效应，叫作"网络效应"，也就是"强者越强、赢家通吃"的马太效应，使得头部产品聚集了大量的资源，而追赶者想要模仿的话，是非常困难的，甚至几乎是不可能完成的任务。在PC互联网时代，腾讯QQ一直坐享网络效应的红利，大杀四方，无往而不利。但如今，它终于感受到了刀刃朝向自己的森森寒意。

在跟米聊的竞争过程中，我们都知道最终是张小龙单骑救主，腾讯涉险过关。

微信是如何力挽狂澜的呢？难道是张小龙一出手，立刻就尘埃落定了吗？

其实并不是这样。我们来仔细看一下，在关键的那个夏天到底发生了什么。从2011年4月到6月，米聊的APP Store排名始终高于微信，到微信2.0版本的时候，微信用户数只有400万，而米聊有1000万，是微信的2.5倍。

不仅用户数落后，微信在功能上也是落后的，只能不断追赶模仿米聊。两款APP在半年内几乎同时经历了三次改变，免费短信类、类Instagram服务及语音短信，而这些功能基本都是米聊先推出，然后微信紧随其后。

米聊的开发人员在论坛上说，"这是我们米聊新上的功能，截个图放在论坛上立帖为证，微信几天后就会抄我们"。果然，在一周之后微信就抄了新功能：语音短信。

腾讯能够凭借强大的产品快速迭代开发能力模仿米聊，但是靠模仿能成为冠军吗？微信最终超越米聊，撒手锏到底是什么？

还是要回到"风林火山"模型去分析。

"林"（战略支点）表示用户长期不变的需求。对于腾讯来说，除了社交这一功能性需求之外，还需要深刻地洞察社交之下，用户底层真正的心理需求到底是什么。

微信的撒手锏，就是深刻洞察了人的心理需求。

雷军是一个少年得志的人，他在非常年轻的时候就成了中关村的大佬。他是一个成功人士，他的世界非常拥挤，他的时间极端宝贵，他对于社交的需求就是提升和熟人间的沟通效率，没有需求去认识一个陌生人，因此米聊就定位为熟人社交。非常巧合的是，后来阿里巴巴主导开发的社交APP来往也是同样的逻辑，因为马云是跟雷军类似的人。

但是微信的开发者张小龙，相对比较内向，他是一个体验过孤独和弱势的人，所以他有和陌生人建立连接的需求，并且对与陌生人交往过程中的心理压力点有亲身的体验。这就体现在微信的一系列体验细节之中。

比如说，微信从来没有开屏广告，永远都是一个孤独的背影，面对一个硕大的地球，这里面包含了一个强烈的心理暗示，我们每个人都是孤独地来到世界上，我们渴望接触更多世界，认识更多的人。这就抓住了人的一个基本心理需求，惧怕孤独。

微信2.2版本增加了查看附近的人这个功能之后，微信的用户数从400万迅速上升到2000万，与仍然专注于熟人社交的米聊拉开了差距。在随后的发展过程中，微信3.0推出了摇一摇功能，微信的用户数迅速上亿，而米聊的峰值永远停留在了3000万左右。

也许有人会问，难道做陌生人社交就一定会胜过熟人社交，走向成功吗？历史很有意思，给我们提供了一个非常好的对照样本。就在微信发布"查看附近的人"功能的同一天，另外一款和它几乎一模一样的产品在APP Store上线了，这个产品叫作陌陌。

专注于陌生人社交的陌陌后来的发展远不如微信，这又是为什么呢？

这里面体现了张小龙对于人心的精准把握。当你周围的朋友很少的时候，你有拓展社交圈、结识更多陌生人的需要。但是随着时间的推移，当你的通讯录变得越来越拥挤的时候，人的心理又会回归熟人社交。微信又发布了朋友圈的功能，以及对部分群组可见的功能，这里面都体现了张小龙团队对于大众社交心理的深刻洞察。只做其中一端，也就是陌生人社交的陌陌，最终被主流人群所抛弃。

总结一下，在这场争夺移动流量入口的大战中，"林"（战略支点）永远是人的需求，但需要精准地洞察用户的心理需求。最终是微信成功把握住了"林"，成为中国互联网流量的王者。

接下来，腾讯进行了历史上非常重要的一次战略调整，我称之为"强化山，缓和火"。

2012年5月8日，腾讯公司宣布原有的业务系统模式被取消，架构更迭为事业群制。围绕着微信跟QQ的双社交平台搭建生态，同时推进开放的战略。整个业务重新划分了多个事业群，这样的事业群划分使得腾讯明确了有所为有所不为。

微信和QQ是腾讯最核心的"山"，围绕"山"构建用于变现的"火"，"火"形成了内部和外部不同的生态，这些生态又会反过来加强腾讯的"山"。

内部生态的意思是，我所擅长的内容我自己来做，比如纯粹的互联网内容，游戏、音乐、文学等，这些是腾讯自身的领地，将流量变现。用不完的这些流量怎么办？去形成外部的生态联盟。

这样的变革，使得腾讯的流量优势进一步得到巩固和加强，摆脱了原先成为全民公敌的不利境地。在形成外部联盟的同时，也加强了内部的协同，减少了组织的内耗。

11.4　帝国时代

从2012年到2018年，腾讯的收入又翻了几番，它的多元化发展非常成功，各个方面的业务都有了长足的进步。腾讯变成了一个千亿级的大公司。

2012年到2018年腾讯的战略围绕不变的"林"还是社交，我将社交称为"倚天剑"，社交成为腾讯的撒手锏。而围绕"林"，腾讯始终在持续投入资源，依靠它的产品和运营形成流量，这是腾讯牢牢掌握的"山"。

围绕"山"形成了一系列用来变现的"火"，体现在腾讯内部生态跟外部生态的不断扩张。"风"是有可能改变社交形态的技术，这是腾讯时刻保持密切关注，并随时跟进的，这就形成了腾讯整体的战略态势。

腾讯掌握了倚天剑，阿里巴巴手里握着的就是屠龙刀。阿里巴巴瞄准的不变的需求是人们对于交易的需求。交易需求跟社交一样，是人最根本的核心需求之一，也是互联网上最强的变现方式，所以我称之为"屠龙刀"。

围绕交易的需求，阿里巴巴所构建的"山"，就是围绕电商的种种支撑技术，这是阿里巴巴所要牢牢掌握的战略根基。

围绕战略根基，阿里巴巴的"火"（战略纵深）是什么？它要找到各种各样的流量，并将其引进来，使变现发生。阿里巴巴在"火"这方面的布局比较有特点，它把整个经济循环从B端到C端，包括支付、物流，甚至舆论宣发，等等，都纳入进去，形成了经济的循环，使得这个"火"能够越烧越旺。

"风"是导致交易形态变化的技术，阿里巴巴对于技术发展的态度要比腾讯更加积极，如果腾讯是一种积极跟随的态度，阿里巴巴就发展为主动引领的态度。

为什么会有这样的区别？随着大家对"风林火山"这个模型不断地深入理解，我们在后面的案例中还会进一步展开论述。

《倚天屠龙记》里有一句话："武林至尊，宝刀屠龙，号令天下，莫敢不从，倚天不出，谁敢争锋。"在中国的互联网江湖上，就展开了这样一场"倚天屠龙记"。

腾讯跟阿里巴巴两个巨头，互相进入了对方的势力范围，犬牙交错，形成了阿里巴巴跟腾讯分庭抗礼的格局。双方都想深入对方的核心领域，阿里巴巴做"来往"最终失败。腾讯涉足电商领域也失败了，最终把整个电商事业群砍掉，并入了京东。

这一过程体现出，阿里巴巴和腾讯两家公司各自对"山"的投入都极为充分，形成了非常扎实的战略根基，另一巨头想要侵入对方的主场，基本都是徒劳无功。任何一家企业在市场中生存，首先要看的就是在自身"山"的方面，是否投入了足够资源并且效率足够高，并形成非对称的优势。

在这个阶段，腾讯战略发生了重要的变化，一是"火"从原先自身的变现业务变成了开放的生态。二是原先腾讯和谁都要打，如今腾讯开始建立统一战线，针对阿里巴巴构建一个反阿里巴巴的包围网，阿里巴巴进入的领域腾讯都要进入，与阿里巴巴分庭抗礼。

腾讯的合作方式，叫作"半条命交给了合作伙伴"，是一种去中心化的赋能。

马化腾说："我知道马云也提过赋能，我想趁机讲一下两者之间的不同。赋能者，我觉得是要看最终格局是被赋能者的安全程度。如果是一个中心化的赋能，你百分百的渠道都在别人的生态里的时候，基本上你的命运就掌握在别人手上，你的利润也掌握在别人手上。什么时候想把你的利润拿过来，一句话。"马化腾讲这段话，一定是基于早年腾讯与移动梦网合作所吸取的深刻教训。

马化腾强调腾讯是去中心化的赋能，对于生态伙伴不进行控制，背后的本质是什么？

腾讯赋能的本质，是流量资源的再利用。也就是说，腾讯自己构造了一个巨大的社交流量，就如同一个金矿，腾讯自己不能把金矿的价值完全发掘出来，它就把资源传递给合作伙伴，共同去发掘金矿，实现流量资源的再利用。

微信作为腾讯的"山"，是腾讯社交流量的核心来源，它在对外赋能的同时，自身生态也在发展，微信自身又形成了一套"风林火山"。微信辐射线上跟线下的不同场景，覆盖了不同的领域，变成了一个寄生型操作系统，逐步成长为移动互联网时代的一个超级平台。

由于处于流量资源过剩的状态，一方面，腾讯对合作伙伴非常宽容，甚至常常让人感到有点佛系；另一方面，如果谁对于它的"山"造成了威胁，对于这样的对手腾讯是坚决打击的。字节跳动发展起来，威胁到腾讯核心的社交流量的时候，腾讯的打击是雷厉风行，毫不手软。

2018年，外部的"风"又发生了10倍速的变化，导致腾讯再次面临危机。这一轮危机包含两个方面：

首先是腾讯的"火"，也就是它的变现业务遭遇了寒流。2018年中国对于网络游戏政策的收紧，使得整个游戏行业增速出现下滑。腾讯作为中国乃至全球最大的游戏公司，首当其冲受到冲击，生存空间被压缩。

其次就是"山"的部分面临挑战。

"山"面临的第一个挑战是，腾讯没有抓住短视频的风口。虽然现在看，短视频平台对腾讯造成了一定威胁，还不能完全颠覆腾讯的基本盘。但是随着5G技术成熟，即将大规模商用，下一个超级社交APP大概率是基于视频进一步发展的VR场景，而短视频很可能成为下一个时代的入场券。在入场券都没有抓住的情况下，腾讯能不能发展到下一步，这就产生了一个疑问："微信老矣，尚能饭否？"

腾讯虽然在短视频赛道屡败屡战，但仍然不断投入资源打造短视频APP，微信也在积极开发视频号，都是基于这一逻辑。

"山"面临的第二个挑战是，自然增长极限的问题。腾讯在C端社交领域持续耕耘了20年，无论从深度还是广度来说，都已经到了扩张的极限。下一个大风口是什么？大家都看到的方向是产业互联网，但是缺乏B2B基因，腾讯能否抓住下一个十年，这也是对腾讯的拷问。

2018年，腾讯又做了新一轮的战略调整（图24），核心任务就是寻找新的"山"，以迎接未来变化。腾讯看到产业互联网是未来的发展趋势，所以要基于已有的"山"——C端社交产品能力，拓展出新的"山"——B2B跟B2G[①]的连接器。

图24　腾讯第三次架构改革

11.5　艰难的抉择

在遭遇业绩增长瓶颈的时候，腾讯没有选择在自己最熟悉的游戏领域跟广告领域来提升商业价值，而是选择了一个陌生而艰难的新战场。

这里面存在一个巨大的疑问，腾讯为什么要做这样艰难的战略选择？头条既然已经证明了信息找人的模式，腾讯为什么不去搞C端的数据加算法的智能推荐，这背后体现了腾讯怎样的战略考量？

从商业和技术本身，我们都无法找到答案，只能回归到产品的底层逻辑去思考这个问题。

---

① B2G：B2G 是从 B2B 衍生出来的一种划分，企业面向的客户为政府或相关事业单位。

头条系的产品虽然表面看起来千变万化，实际上它背后有一个不变的底层逻辑：上瘾模型（图25）。（该模型出自《上瘾：让用户养成使用习惯的四大产品逻辑》，作者：［美］尼尔·埃亚尔 /［美］瑞安·胡佛）

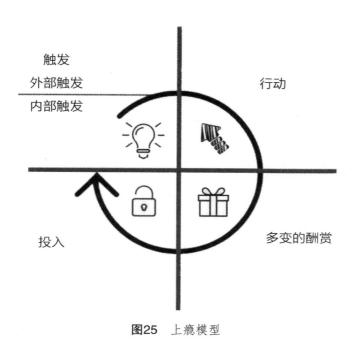

图25　上瘾模型

上瘾模型告诉我们，人们对于什么样的事情会产生上瘾性依赖，从而不断投入。它包含了触发、行动、多变的酬赏和投入，以及上述过程的循环。这反映了字节跳动和腾讯对于用户需求存在不同的理解。

头条的基本逻辑是什么？通过这样一个上瘾模型，打造让人上瘾的产品，吸引人沉浸其中，不断在其中插播广告，从而实现变现。

微信的基本逻辑是什么？微信的基本逻辑是成为人们生活中的助手。用完即走，是张小龙在不同的场合反复强调的一个基本的价值观。

腾讯，尤其是其战略根基级的产品微信，对于广告是极为克制的。但也正是因为微信极为克制的设计："我不去打扰人"，成为人沟通的得力助手，反而使人越来越依赖微信，这是腾讯商业成功的根本奥秘。

头条开发的信息找人模式，它在满足用户需求的同时，也隐含了一个深层陷阱。

这让我想起德国作家歌德创作的名著《浮士德》。浮士德是一个满腹经纶的博士，但是他跟魔鬼签订了一个协定，魔鬼让他不断看到内心的愿望，然后不断地满足他。浮士德的故事可以看作信息找人这种业务逻辑的隐喻，头条与用户的关系就是魔鬼和浮士德的关系。

头条本质上是一个贩卖多巴胺的生意，可以看作AI对人脑的驯化。上瘾模型实际上利用了人性的弱点，不断地在脑内创造出引发大脑快感的多巴胺，迅速快乐，迅速兴奋，迅速满足，让用户欲仙欲死，欲罢不能，然后再持续投入，持续依赖。这种模式下，还怕不会财源滚滚吗？

这样的事情腾讯完全可以选择跟进，但是它最终选择不这么做，这体现了深层的战略思考。腾讯的选择，跟它在2010年前后遭遇的战略危机有很大的关联。

腾讯当时选择不做"拿破仑"，避免成为全民公敌，要做更有益社会、造福更多人的事情。所以说腾讯选择"有所为有所不为"，保持一个可持续发展的态势，成为解决社会问题的伟大企业。头条这种模式虽然短期内赚取了大量的现金流，但是长期来看，它对用户可能会造成负面影响，对于企业的长期发展可能是有威胁的。

2019年5月4日，也就是五四青年节这一天，马化腾首先在自己的朋友圈发布了腾讯的新使命：用户为本，科技向善。翻译成大白话是："我想选择做一个好人。"

腾讯将"科技向善"这个价值观意味很重的表述，作为一个公司的根本使命。腾讯的价值观具体包含了正直、进取、协作、创造。

马化腾对使命愿景价值观的阐释，其中非常明显地体现了进化战略的基本思想。

"'合作'升级为'协作'具有明确的价值导向，就是要'开放协同，持续进化'。对内要大家放大格局、打开边界，以开源的心态与各组织协同，用符合互联网思维的方法和工具进行协作；对外要广泛协同伙伴和生态力量，共创更大的价值。"

"'创新'升级为'创造'则指向更高的要求，意味着'超越创新，探索未来'。这就需要我们不断突破现有思维，保持对前沿和未来领域的关注和投入，以更有分量、更具结果的导向去创造更大的价值。"

这样的愿景当然非常宏大、非常美好，但是腾讯的发展也因此会面临一个非常巨大的挑战，因为这需要腾讯跨越非常巨大的非连续性鸿沟。

首先，腾讯是一个长期以来从事B2C业务的公司，未来的发展就要求腾讯成为B2B、B2E[①]甚至B2G的公司。所谓的B2B是它向企业提供服务，B2E指的是它要构建经济生态的基础设施，B2G指的是它要跟政府有更多的连接与合作。

第二，腾讯原先是擅长做产品的公司，现在要求它转型成做服务的公司，从产品思维转向服务思维，对于企业的核心能力跟心智模式都产生了非常巨大的挑战。

第三，腾讯原先是产品主义者，它专注于做好一个个具体的产品，但是未来的腾讯要变成一个长期主义者，它要向着远大的长期战略前进。

腾讯面临的更大挑战是，不仅自己要做巨大的变革，而且在新的赛道上，有已经持续耕耘多年的巨头，如阿里巴巴、华为在那儿等着它。

最后对腾讯的20年进化历程做了个总结。

掌控C端社交，这是腾讯战略中的战略支点（林），不断加强产生社交流量的能力，这就是它的战略根基（山）。基于流量这一战略根基，腾讯衍生出各种变现业务，这是它的战略纵深（火）。对于可能导致社交需求变化

---

① 企业对雇员（bussiness-to-employee），指企业与员工之间通过因特网进行服务及信息的交换。

的相关要素，要保持高度关注，这就是战略机遇（风）。腾讯的进化，是由"山"跟"火"的不平衡性驱动的。

腾讯推出赛马制的根源在于，它的"山"十分强大，它的"火"相对比较弱势，所以它为了弥补相对弱势的"火"，推出了赛马制来探索不同的变现业务。而腾讯后来成为全民公敌，是其战略发展的一个必然结果，因为它的"山"（流量资源及其能力）过于强势，它如果想不断地基于"山"构建变现业务的话，它必然会抢夺其他互联网公司的蛋糕。

由于腾讯过往过于强势，导致在"火"的方面遭遇了舆论危机，成了失道寡助的"孤家寡人"。与此同时，新的技术导致新的需求形态出现。微博和米聊的出现，导致腾讯在"风"的方向上有可能面临被颠覆。在战略的两大方面同时遭遇危机，导致腾讯公司面临非常危险的情形。

通过腾讯的案例，我们大体理解了"风林火山"这个模型中各个要素的含义，以及它们之间的相互关系。但这还远远不够，还有一系列深层问题等着我们解开。

在下一章中，我们将围绕"风"和"林"这两个要素进行深入探讨。

"林"锚定的用户真需求到底是什么？需求的发展变化规律是什么？

"风"具体包含哪些要素？我们如何用"风"、"林"结合的方法，分析行业格局，确定企业的战略方向？

第十二章　如何预测天时：进化战略中的
变与不变

12.1　需求魔力公式

中国古人将一件事是否能做成功，归结为天时地利人和。"风林火山"模型中的"风"和"林"，代表"预测未来的确定性"，对应天时；"火"和"山"代表"应对过程中的不确定性"，对应地利；与战略配套的组织建设和领导力建设，对应人和。

图26非常形象化地表现出"风"和"林"的含义。这是一片风吹过的树林，树林还是树林，但是在风的作用下，树林的表现形态发生了变化。底层需求的实质没有改变，但是在其他变化的要素作用下，需求的具体形态发生了变化，这就是我们预测未来的基本方式。

关于如何预测未来，亚马逊的创始人贝索斯有一段被引用非常多的表述："我常常面临这个问题：'在未来十年什么将会发生改变？'这是一个非常有趣的问题，也是一个常见的问题。但我从未面临这个问题：'在未来十年内什么将保持不变？'而我想说的是，第二个问题才是最重要的问题——因为你可以针对一段时间内稳定的事物而制定商业策略。"

贝索斯表达的意思是：我要看未来什么是不变的，我才知道如何制定战略。

图26 "风林火山"模型中"风"和"林"的含义图

小米的创始人雷军，也有一段被引用得非常多的表述："创业能否成功要靠命。所谓命就是在合适的时间做合适的事，创业者需要花大量时间去思考，如何找到能够让猪飞起来的台风口，只要在台风口，稍微长一个小的翅膀，就能飞得更高。"

雷军的意思是：创业要看什么变，变化中才有机会。

可能很多人就会有疑问了，贝索斯跟雷军一个说变，一个说不变，他们谁说的对，难道他们在逗我玩吗？

两位企业家说的都对。

未来是什么？未来是不变的"林"乘以变化的"风"。

不变的"林"，代表着用户长期不变的底层的真需求。"林"连接过去与未来，是使公司穿越时间的关键要素。要理解这个问题，需要回归商业的本质。

公司因何而存在？公司存在的唯一理由，就是满足了用户的某些需求，从而创造了用户价值。如果想让公司长期存在怎么办？很简单，就要长期满足需求，这也是商业战略不变的落脚点。

长期满足需求这件事其实很难，但如果把这个表述换一下，假设能够满足一类长期不变的需求，就相当于始终能够找到战略支点，这就能让公司穿越时间，不断地跨越周期。

既然公司生存的根源是用户的需求，那需求又是什么呢？

中国有句成语叫作"知足常乐"，需求则来自"不知足"，也可以表述为用户的期望跟现实之间的落差。很多情况下，用户不知道自己的需求是什么，需要进行需求发现。

所谓需求发现，就是让用户产生期望的过程，当期望与现实拉开了差距，需求就出现了，也就意味着这里存在企业的生存空间。任何企业，无论是现有企业，还是新创企业，能够生存的前提就是存在这样一个生存空间。

这里面存在一个对于需求的终极拷问，需求的本源是什么？人的期望与现实之间的落差会永远存在吗？这里面涉及非常多的心理学问题及人类发展的深层问题。由于需求问题非常重要，是商业战略的核心问题，有必要花一点时间深入探讨一下。

人类探究的所有问题，都是对如下三个终极问题的展开，这三个终极问题分别是：

第一，宇宙的起源是什么？

第二，生命的起源是什么？

第三，意识（智能）的起源是什么？

这三个终极问题在本质上可以归于同一个问题，也就是复杂系统的演化问题，或者说进化。桥水基金的创始人达利欧在《原则》中写道："进化是宇宙中最强大的力量，是唯一永恒的东西，是一切的驱动力。"一个东西要"好"，就必须符合现实的规律，并促进整体的进化，这能带来最大的回报。不进化就是死亡。从这个终极问题出发，可以推导出人类的终极目标是和宇宙合而为一，就是空间上的无限和时间上的永恒。

东方和西方对此有不同的表述。东方人追求天人合一，西方人追求与上帝同在，而上帝是无时不在、无所不在、无所不能、无所不知、无所不有的。虽然表述不同，但底层意思是一样的。

"天人合一"这样一个终极圆满的目标，可以理解为人期望的上限。当原有的期望得到满足后，人很快就会产生新的期望，在达到上限之前永无止境。这些底层需求在很多场合就会表现为人的基本欲望，它的基本特点就是阈值会不断提升，几乎不存在上限，是一个永无止境不断发展的历程。

当原始人生活在山洞里的时候，他每天想的是，如果饿的时候有东西吃就满足了。但是当吃的基本需求满足了之后，就会产生更多的需求，光靠自己或周围人的力量无法满足这些需求，于是产生了最原始的商业。今天的我们已经处在琳琅满目的商业世界中，我们的物质生活得到了极大满足。但是需求仍然没有止境，又会产生更高层次的需求。

贝索斯对用户的需求，进行过如下表述："我喜欢客户的一件事，是他们总是不满足。他们的期望从来都不是一成不变的，而是不断增加，这是人的本性。人类从狩猎—采集时代发展到今天并不是靠'满足于现状'。人们对更好的生活方式有着贪婪的胃口，昨天很神奇的事情很快就变成了今天的平凡。"

正是追寻人们对于需求的不断提升，才造就了亚马逊这家公司。

雷军对于人们的需求同样有一个表述，雷军将其浓缩为"性价比"这个关键词。他说性价比是同样的性能，价格最便宜；同样的价钱，性能最强，它不是讲的绝对价钱。雷军其实也是讲人对需求的不断追求。当你支付了同样的价格时，你总希望它的性能更好；当你获得了同样的性能时，你总希望价格能更低。这两个方面不断发展，导致我们永远都会追求性价比，这是一个永无止境的追求过程。对于C端的需求来说，性价比只是其中一个方面，但是对于B端的需求来说，性价比基本就是全部。

马斯洛的需求层次理论把人的需求分成了若干层次，在商业上应用时，没必要把颗粒度分得这么细。我将需求分成两个大类，一类叫作功能性需求，也就是人们为了实现生存，必需的一些功能。第二类叫作心理需求，人们追求在功能之上更多的心理需求，包含个体性的心理需求及群体性心理需求。前者我将其称为情感性需求，后者称为社会性需求。

人的需求不是前一个满足了才会要下一个，而是"我全都要"，是功能性需求和心理性需求的复合，只不过每个人的需求偏好不一样，用公式表达如下：

需求=功能性需求×情感性需求×社会性需求

从进化心理学的角度来看，人的各种基本心理需求，其来源也是在长期进化的过程中所形成的有利于基因，以及种群延续的心理倾向。在漫长的进化过程中，人类的大脑中已经形成了特定的模型来产生相应的脑内激励回路酬赏，驱使人产生相应的心理活动和行为。

比如我们天生就喜欢脂肪与糖混合后加热的味道，虽然这会让现代人迅速发胖并得一些慢性病，但这是在长期食物匮乏的进化历程中形成的，对于追逐高热量食品的本能偏好。再如，人天然就会对异性的外貌和身材形成固定的偏好，形成特定的对异性审美的心理，而这些心理的起源都在于，这样的容貌和身材的异性代表着发育良好、身体健康、体格强壮，是繁衍后代的合适伴侣。

此外，人类对特定的色彩（搭配）、形状、质地、声音韵律、气味、触感的审美偏好，无不是在进化过程中形成的。这些都成为人类心理需求的原点。比如，人之所以喜欢黄金等金光灿灿的东西，最初起源可能是对阳光照在水面波光粼粼的样子形成的心理反应，因为这就意味着找到水源，而水源对于四处迁徙捕猎的猿人来说就是生存的希望。至于社会性需求，则是从有利于群体生存与繁衍的角度，形成的特定心理需求。

基于需求层次理论，我们可以得到一个推论：

在供过于求的买方市场，功能性需求只是基本标配，决定胜负的是心理性需求，也就是情感性需求和社会性需求。

比如，当我没有台灯的时候，我希望有一盏灯能够照明，满足基本的功能。当台灯不是稀缺物品的时候，我就不再满足于原先比较简单的外表，希望它能够符合我更多的心理需要。不同的人对台灯的心理需求可能完全不同，所以就会出现更多式样的台灯。

再如，我们已经解决了温饱问题，让人填饱肚子这一功能需求已是标配。美团所说的"让人们吃得更好"，主要围绕满足人追求安逸方便的心理需求而展开。因此在美团外卖发展早期，就开始集中资源布局数据调度平台，以便实现更加方便、精准、快速的匹配与配送。但是其竞争对手"饿了么"，从名字上看还是冲着基本的功能需求去的，忽视了对用户心理需求的把握。因此这是一场高维对低维的降维打击，美团外卖虽然比饿了么更晚，但是后来居上成为外卖的领头羊。

此外，美团还特别强调企业的社会价值，给骑手和商家做免费培训，向贫困地区和小商家倾斜，为稳定社会做出贡献。注重社会价值也让整个社会都成为助推美团发展的动力。可以看出，美团是在功能需求满足的基础上，把心理需求和社会需求作为企业战略的核心战场。

心理需求和社会需求虽然处于更高维度，但两者都是从功能需求衍生出来的，并且根植于功能需求，不能随意嫁接，尤其要避免相互之间发生冲突。

比如，有的软件推出顺路车，除了满足图便宜这一心理需求之外，还有满足人们社交甚至异性交往的考虑。但是，顺路车让不特定的陌生人处于封闭空间，可能引发安全问题，这与人生存的基本需求相抵触，因此这项业务存在重大安全隐患。除非采用切实有效的手段对这一问题进行代偿，否则不可轻易尝试。

未来的商业竞争，不再仅仅是在功能性需求这个单一平面上竞争，而是多维度的立体竞争，它包含了功能性需求、情感性需求跟社会性需求的组合。对于具体产品而言，其所包含的情感性需求和社会性需求可以有多个，因此需求维度将变得比以前复杂得多。再加上所有的需求形态都会被当时的技术所改变，比如说马车和汽车满足的都是出行需求，但是形态完全不同。考虑到上述种种因素，用户的需求将如同大海中的游鱼，复杂而多变，甚至千人千面。

在快速流变的现象背后，更需要洞察不变或缓变的本质，否则我们会无所适从。前文说到，需求来自对圆满的不懈追求，自人类诞生之始就已经存在，一定存在一些长期不变或缓变的底层真需求，各种需求形态只是这些底层真需求在现象层的映射。

12.2　七宗罪与贪嗔痴

既然捕捉表面的需求形态将变得越来越不可能，这些底层真需求就成为战略的真正锚点。

洞察人的底层真需求，历史上那些做得最好的人具有统一的称呼，叫作教主。在我们今天这个时代，有一类职业就是靠洞察人的心理需求吃饭，这个职业叫作产品经理。苹果的创始人乔布斯是这个世界最伟大的产品经理，有的时候我们也管他叫作"乔教主"，就是向他所达到的职业高度致敬。

西方文化认为，人生来带有原罪，原罪具体来说分成七项，因此又被称为七宗罪。这七宗罪分别是暴怒、色欲、贪婪、懒惰、妒忌、饕餮和傲慢，七宗罪的表述，听起来好像是人类需要克服的负面。抛开宗教含义不谈，七宗罪描述了人的七种永远无法摆脱的欲望，也就是基本心理需求。

围绕这七个基本心理需求，诞生了七类成功公司。

乔布斯高屋建瓴，苹果公司直接锚定七宗罪之首——傲慢，意思是说苹果的产品在满足用户心理上的优越感。我们刚才反复谈到的亚马逊，它根植于人的基本需求就是贪婪。懒惰对应的是美团，它的成功根植于人们对于更安逸、更舒适的需求。色欲对应的公司是国外的一些社交软件，都跟这个需求有关。而微信的朋友圈，在很大程度上利用了人们妒忌的心理需求。

很多的新闻媒体尤其是自媒体，利用了人们的暴怒，你会发现，越是能够激发群体愤怒的新闻或文章，越能获得更大的流量。比如说公众号曾经的流量天后咪蒙，就是洞察了这一点。

抖音和快手这些短视频平台对应饕餮，这里面将饕餮理解为其引申意义，即人们对于感官享受永无止境的追求欲望。

七宗罪告诉我们，人的基本心理需求都有哪些，从哪些方面去抓住人的心理需求。接下来的问题是，怎么才能抓住这些需求？

我们看看中国最牛的产品经理张小龙是怎么说的——"佛教认为有三个基本的约束力使得普通的人不是佛，就是贪嗔痴：贪是贪婪，嗔是嫉妒，痴是执着。我们要洞察这一点，因为我们的产品对用户产生黏性，就是让用户对你的产品产生贪，产生嗔，产生痴。"

《西游记》讲述了唐僧带着三个徒弟取经的故事，这里面包含了一个深层的隐喻。唐僧的三个徒弟代表了人心理的三个方面，猪八戒代表贪，沙和尚代表了痴，孙悟空代表了嗔。

贪嗔痴是如何共同作用于人的心理的呢？

痴代表了人的基本心理状态，按照美国著名的心理学家丹尼尔·卡尼曼在《思考快与慢》这本书中的表述，人的大脑有系统一和系统二。系统一是自动化运行的思维模式，代表人的痴，不需要深入思考，自动让人用本能或习惯性的思考方式运行。

使人痴要激发两个方面，首先激发人对于得到或潜在收益的欲望，这就是贪，其次是激发人们心理对失去或潜在危害的本能恐惧，这就是嗔。这两方面共同作用，使得人的需求不断上升；而贪和嗔不断地被激发，又会使人更加牢牢地陷在痴的状态中不能自拔，他的需求就会变得更加旺盛。

宗教的传教模式，就是这样一个贪嗔痴的模型。首先让被传教者处于较为熟悉、舒适放松的状态，然后想方设法激发他对于天堂的向往（贪），以及对地狱的恐惧（嗔），其中后者的力量要远甚于前者。最后给出让他避免堕入地狱，还有可能升入天堂的途径，就是入教。

我们可以据此构造出一个贪嗔痴的产品模型。如图27所示，横坐标表示人心理的两种系统，系统一是指人脑自动化运行的状态，系统二是指人脑进行深入思考的状态。

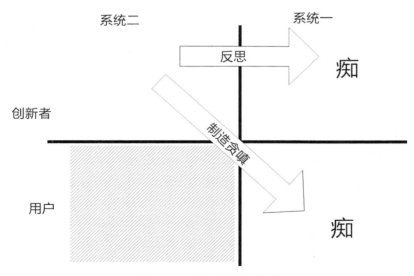

图27 贪嗔痴的产品模型

用户跟创新者处于不同的维度，作为创新者来说，他要始终警觉并反思自己是不是处于痴（系统一）的状态，让自己保持在系统二的状态。保持在系统二的目的，是他要制造出贪和嗔去满足用户的痴。对于用户而言，产品的基本逻辑都是防止用户去调用系统二，让他停留在系统一的状态中，从而持续地制造贪嗔，使得用户处在痴的状态。

具体的行动步骤如下：

第一步，让用户处于一个自在、舒适、放松的状态（痴）；

第二步，激发用户对于拥有的渴望（贪）；

第三步，唤醒用户对于失去的恐惧（嗔）；

第四步，当贪和嗔两方面都被激发出来之后，用户需求的渴望就产生了。这时候就可以提供一个解决方案，来满足用户需求，让用户实现自身的圆满。

上述概念阐述大家可能觉得有点抽象，下面用商业案例来加深理解。

基本上所有成功的产品广告，背后都是这样一个贪嗔痴的逻辑，只不过荣获2011年戛纳广告节平面类全场大奖的新秀丽广告《天堂与地狱》，用具象的方式将其表现了出来。

这个广告的上半部分就是贪的部分，告诉你在旅程中，你会经历一个天堂般美好的过程，使得你对旅程的美好特别向往。而下半部分就是嗔的部分，让你对你的行李经历了怎样的过程产生一种深深的恐惧，你会害怕你的宝贵行李被破坏、被丢弃。这样就产生了一个潜在的需求，然后抛出一个解决方案。如果想获得这样一份美好的旅程，只要用我们的行李箱，你就能获得完美之旅。

贪嗔痴的激发往往不需要这么复杂，下面再举一个例子。这句话在营销学上是一个经典，"不要让孩子输在起跑线上"。为什么这句话的作用那么强？因为这句话里面，引发了用户所有的贪嗔痴。人们的贪婪和恐惧都被这句话激发起来，所以根本不会有太多的思考，就会乖乖地把钱交给这些培训机构。

这一部分结束前，给出几点郑重告诫：

1. 引诱用户纵欲确实可能挣很多钱，人类大部分即时满足的需求都是很难被抑制的，因此具有极大的商业价值，但是这些需求（欲望）被过多满足，对人有害无益。公司要时刻想到社会需求，保有一颗慈悲心，想到如何能让用户变得更好，才能成就伟大的产品。本书第十一章提到的腾讯公司的战略方向，就在这方面选择了保持克制。

2. "魔由心生，一念成佛，一念成魔"，产品经理越能洞悉人心，就越能够操控人心，也就意味着力量越强，如此便要懂得克制，否则很容易堕入魔道！

比如，快播的创始人王欣是一个杰出的产品经理，能够洞悉人性，但是他在放纵用户的欲望上走得太远，也不懂得克制。如果他今后一直不克制，注定不会有太大的成就。

再如，把粉丝当作韭菜的李笑来，同样善于洞悉人性，但是由于不懂克制，如果未来也不加以克制，那么他的成就注定是受限的。

从更宏观的角度看，美国华尔街虽然力量强大，但是其发展模式注定是受限的，因为它为了一小部分人的利益，损害了国内外太多其他人的利益。

12.3 如何抓住战略机遇？

前面这一大段我们都在讲关于"林"的部分，也就是人的基本需求。我为什么如此强调"林"？

"林"（用户长期不变的底层真需求），是连接过去与未来的关键要素，它是企业能够穿越时间的根本依仗。"风"则代表了"林"与当下的连接，这两者相结合，就成为一个企业能够跨越周期非连续性发展的关键。它的底层原理是：变化的要素不会改变真实需求，但是会让满足需求的具体方式发生变化。

比如说华为公司所抓住的底层需求，永远都是人们对于通信的渴求。我们总是要追求更好、更方便的通信，在不同的历史阶段，人们对于通讯的满足有不同的形态，需要在洞察长期不变需求的基础上，抓住每一个具体的形态，实现持续向前发展。

"风"主要指能够作用于人的底层真需求，导致需求形态发生变化的关键要素。能够显著改变需求形态，那么这个要素一定是发生了显著的变化，我们通常将其称为十倍速变化。这里不是说一定变了十倍，而是强调它不是10%左右的缓变。

影响商业世界的首要要素是技术。特别是我们这个时代，最大的趋势就是信息技术的变化趋势，数据的采集、传输跟处理技术，包含了大数据、云计算、5G人工智能、区块链等等，这些技术日益将世界连成一个整体，物理世界与虚拟世界相互转换这样的深刻变革，会影响几乎所有的需求形态。

"所有的行业都值得重做"，阿里巴巴的CEO张勇说。社会经济跟生活全面走向数字化的大趋势，是不确定性中的高度确定性。

排在技术趋势之后的是社会趋势。尤其是中国，随着经济的增长，人们的需求层次向着更高的维度不断发展，用户需求不断向着更为多样化的潮流发展。

环境因素的重要性也在与日俱增。为了人类自身的可持续发展，人和自然日益成为一个和谐的整体，对于环保的要求就会与日俱增。

我们当下面临的重大国际形势的变化，中美之间的摩擦，"一带一路"为背景的第二次地理大发现，在对原有模式造成冲击的同时，也造成了巨大的新的发展机会。

常用的分析变化趋势的分析框架叫PESTLE，是六个英文单词首字母的组合，包含了政治、经济、社会、技术、环境和法律这样一个分析框架，基本可以把对一个商业组织造成重大影响的关键外部要素都纳入进来。

在具体分析的时候，一定要注意外部要素分析，千万不能眉毛胡子一把抓。关键是抓住其中最重要的一两个要素。

第一，不同行业，重点要素是不一样的，所有行业大家都用同样一套框架来分析，肯定会失去焦点。

第二，对于同一个行业，不同时期的分析重点是不同的。

第三，要围绕重点方向进一步细分，找出影响行业、影响公司的最重要、最核心的具体要素，切忌用大而空的框架去套。

除了找到这些关键要素，找到这些要素变化的节奏也很重要。华为的创始人任正非常说过这样一句话："提前半步是先驱，提前一步成先烈。"找到关键要素只是基础条件，理解变化的基本规律才是关键。

绝大部分要素的变化趋势都是非线性的（图28），它的特点是前期变化相对比较缓慢，过了临界点之后，它的上升趋势会变得非常陡峭。我们人类的大脑通常是一种线性外推的思路，这就会导致在前期对于变化估计不足，后期又会对变化无法有效地应对。

马云说："很多人输就输在，对于新兴事物，第一看不见，第二看不起，第三看不懂，第四来不及。"背后的原因就在这里。

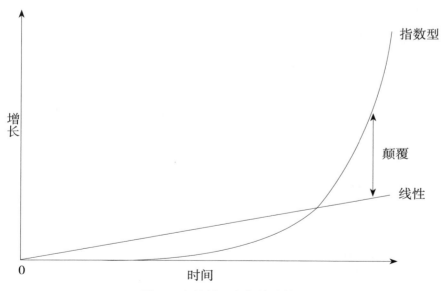

图28　线性增长与指数型增长

商业系统真实的演化历程，又不是完全的指数变化规律，更多的是遵循S型曲线的变化规律，变化曲线最开始非常平缓，然后突然陡峭，但是到了后半段曲线会慢慢变得平缓，最后下跌。老的系统发展到极限之后必然会衰亡，只能通过构造新的系统进一步发展。

S型曲线在不同场合有很多不同的表述形式。比如说，产品具有生命周期（图29），一个典型的产品发展过程，会经历一个先平缓再快速上升，然后趋于停滞的过程。大家耳熟能详的创新扩散曲线（图30），指的是创新的事物被人们接受的变化过程，接纳该创新产品的用户数会形成S型曲线，其实可以看作创新扩散曲线的一个积分。

在当下快速变化的时代，产业发展常常会形成如同N型的过山车曲线，N型曲线可以看作两个S型曲线的结合。

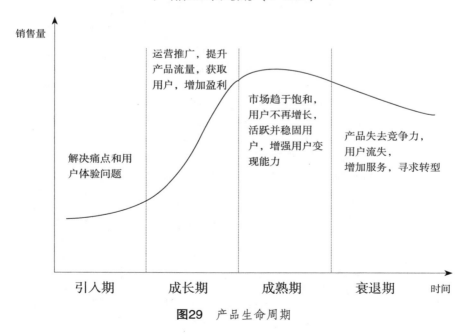

图29 产品生命周期

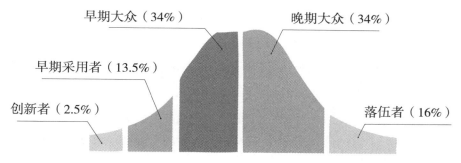

早期大众（34%）　　晚期大众（34%）

早期采用者（13.5%）

创新者（2.5%）　　　　　　　　落伍者（16%）

图30　创新扩散曲线

任何一个新的技术变革出现之后，首先是一条非常陡峭的S型曲线。这是由于概念的炒作，热钱的投入，会使得这个行业出现一个快速发展，又快速过热的阶段，然后出现了泡沫再跌落下来。这个阶段人们通常是在旧系统上嫁接新技术，但本质还是旧系统。由于没有打破原有的范式，跌落是必然的。跌落下来以后，人们真正地去反思新技术会带给自己什么，基于全新的逻辑构建一个新的系统，然后再形成一个相对平缓但是更加扎实的S型曲线，不断向上攀升。

互联网的发展历程，就经历了典型的过山车，其中2000年互联网泡沫是第一个S型曲线的顶点。区块链、人工智能与相关产业的发展，也都经历了典型的过山车历程。

12.4　如何分析行业的战略机会？

理解了"风"和"林"的真正含义之后，可以基于这两个要素构造行业分析工具，我将其称之为行业战略分析地图。

可以画成这样的一个坐标图，横坐标代表"风"，把未来一段时间该行业所有相关的关键变化要素都放进来，最常见的就是技术变化跟社会消费趋势变化。纵坐标列出该行业最相关的功能性需求和心理性需求，如健身行业、美容行业、医疗行业等，除了基本的功能性需求之外，各自包含了若干心理性需求。

同一个行业、不同的公司可能抓的需求又不太一样。同样是短视频赛道的两家公司，抖音和快手抓的人的根本需求存在一些差异，前者更关注内容的精彩性、观赏性，后者则更关注创造内容的人的生活状态。

通过行业战略分析地图，可以分析出行业中大家重兵布局的赛道在哪里。如果大家都往那个方向去，你是不是可以找一个被大家忽视的新方向，发掘自己公司的战略机会，这样就可以对整个行业的战略态势及本企业的战略方向进行综合分析，从而找到真正适合自己的战略支点和战略机遇。

尤其需要指出的是，这里的行业划分跟通常大家认知的行业具有重大不同。我们是从需求聚类来划分行业，而传统认知的行业是从供给侧的形态划分的。用传统视角看，方便面行业和外卖行业是完全不同的行业。但是这两个所谓的不同行业，都是满足用户随时随地方便就餐的需求，从需求来看，它们具有明显的竞争关系。

用我们的行业战略分析地图，可以很容易打破原有的分析盲点，提前预判跨界打劫的到来，以及自然而然地实现所谓的跨界发展。

给大家简单展示一下，我们之前做过的Keep的行业战略分析地图（图31、图32、图33）。第一张图是把"风"和"林"与Keep的发展历程结合起来，可以看出，在不同阶段，公司抓住的"风"是不一样的，满足的基本需求点也是有迁徙的。第二张图分析Keep的竞争对手所瞄准的需求差异，以及他们抓住的核心变化要素的不同，从中可以看见大家重兵布局的部分及被忽视的部分，被忽视的部分有可能会成为新的蓝海。第三张图将一些运动相关的硬件公司也包含了进来，这样可以发现潜在的跨界打劫者，可以提前做好防御或进行战略合作。

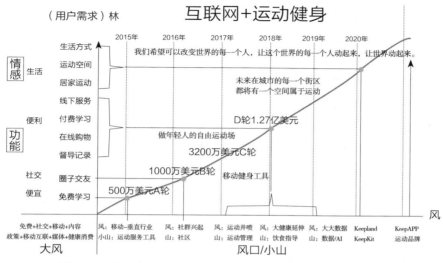

图31 风林分析——企业发展趋势（本图作于2019年9月）

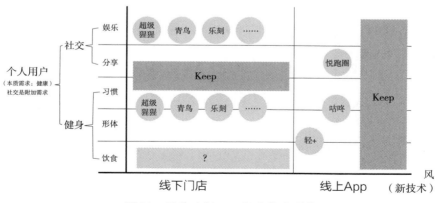

图32 风林分析——行业战略形势

需求行业分析 （基础假设：流量足够，变现难，故基于现有流量定位于大众项目）

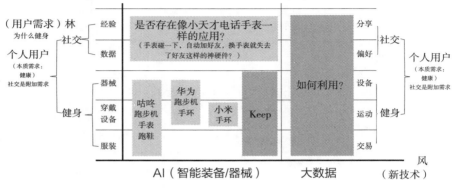

图33 风林分析——潜在战略机遇

最后做一下总结，进化战略的战略支点锚定的是人们长期不变的基本需求或欲望，这是进化战略的"林"。那些影响了需求具体形态的变化的关键要素，则成为进化战略的"风"。如果我们将"风"与"林"结合，可以预测需求的具体形态变化，以此为依据，分析行业的战略形势，发现潜在的战略机会。

下一章将讲一个具体的案例，看看农牧行业的一家创业公司，是如何利用"风"和"林"，获得跨越式发展的。

第十三章　奔跑的草原领头羊：新物种如何借势发展

13.1　中国羊肉市场的困局

中国羊肉消费市场的基本现状是，中国的羊肉供给无法跟上消费者需求的上涨，再加上羊肉生产周期长、繁殖率低，只能依靠进口羊肉来填补缺口。行业的基本特征是生产高度分散，没有头部品牌，羊肉价格存在明显的季节周期性。与欧美发达国家比较，中国的羊肉消费量年均不到每人每年4千克，是欧美人均羊肉消费量的1/10。

这样的市场现状意味着巨大的增长空间，但是，这个行业目前的情况可以说乱象丛生。

首先，上游高度分散，渠道商占据了主要的话语权，劣币驱逐良币的现象极为严重。

具体来说，老老实实做养殖的挣不到钱，特别是想做出精品好羊肉的企业，成本更高，市场上却不认，亏得一塌糊涂。

其次，羊肉消费具有明显的季节周期性。因此，销售渠道往往是利用压货来挣周期差价。在这个行业里，大量的低劣肉品充斥其间，除了消费者常常碰到的用其他肉类调味冒充羊肉，即便确实是羊肉，也存在大量的调理加工肉。由于其成本低、利润空间大，踏踏实实做良品肉的反而竞争不过。

所谓调理羊肉，通常是被淘汰的高龄产毛的绵羊肉，由于肉质老、口感差，欧美市场没有销路，打着进口羊肉的旗号进入中国，通过机械滚揉、添加调味剂等方式改善口感。

中国的羊肉市场是一个典型的大型蚂蚁市场，总量很大，年均3000亿交易额，但是高度分散，头部企业年产值仅20亿，在整个行业里面也就占到了0.6%。产品非标，生产方式原始，但羊肉市场增长速度良好，而且符合消费升级的趋势，市场前景还是可以期待的。怎么才能找到一种好的增长方式呢？这就是摆在从业者面前的一个难题。

13.2　如何抓住"风林"实现快速发展？

对于这样一个市场，首先我们看需求（林）。消费者需求长期存在，行业痛点十分明显，但是行业原有的利益格局（价值网）已经根深蒂固了。一个创业企业扎到原有体系中，没有力量撼动现有的利益格局，只能借助外部新的要素去寻找新的战略机遇，再结合消费者的需求，找到企业新的发展空间。因此，基本判断是"等风来"，也就是出现外部关键要素的变化，来撬动行业的变局。

从宏观产业格局上看，羊肉行业是餐饮的上游行业（相当于制造业上游原材料与终端产品的关系），餐饮行业的快速变化必然会带动羊肉产业格局的变化。

在2008年，外部要素的变化，使得餐饮行业出现了新的战略机会，带动羊肉行业也出现了战略性变局。

首先看供给端，国家出台了八项规定、六项禁令等政策限制，严格限制三公消费，这就意味着公款吃喝、奢侈消费的现象得到遏制，整个餐饮行业都要向普通消费者敞开大门，因此中端供给大量出现。

其次看消费端，80后、90后的年轻群体逐渐成为消费的主力。这一批年轻人刚刚进入社会参加工作，他们希望享用方便快捷、性价比高的餐饮服务，餐饮也成为他们社交的重要场合，这些需求将带来巨大的市场机会。

看完了宏观环境，我们再看行业环境。餐饮行业出现了一个新的物种叫作连锁火锅，以小肥羊、呷哺呷哺为代表的连锁火锅快速发展。其中小肥羊诞生于内蒙古包头，2008年6月12日在香港上市，是中国首家在香港上市的品牌餐饮企业，也被誉为中华火锅第一股。连锁火锅的出现，代表着羊肉新兴消费需求的出现。

连锁火锅出现，背后到底代表了怎样的羊肉消费需求？

中国羊肉市场（需求）		市场人群								
		80后往前			80、90后			00后		
		高端	中端	低端	高端	中端	低端	高端	中端	低端
用户诉求－功能场景	居家									
	户外									
	火锅					连锁新派火锅				
	烧烤									
用户诉求－情感诉求	健康									
	身份									
	口感					新口感				
	价格					平价				

图34　中国羊肉市场需求图

图34横行是不同的市场人群，具有不同的消费主张。纵列包含了用户不同类型的需求，其中第一部分是功能性场景，其中火锅作为一种社交属性很强的餐饮形态，出现了快速的发展。情感需求方面，新兴的年轻消费者要求更好的口感，适中的价格，食材卫生、安全，就餐过程更加方便快捷。

连锁火锅店与传统火锅店存在显著差别。如果对火锅进行拆解，主要包括锅底、火锅锅具、蘸料、荤素配菜这几项要素。传统火锅店通常采用传统的木炭铜锅，锅底和蘸料采用秘制独家配方，配菜则是从批发市场采购，在后厨进行加工。连锁火锅店对上述各个环节进行标准化处理，尽可能减少后厨的工作强度，就餐环境尽可能地突出方便、快捷、卫生。

这就产生了一个突出区别：传统的羊肉供给形态是大包整块羊肉，需要饭店自己去采购，然后由店里的师傅进行分割切片。连锁火锅店出于大批量标准化的需求，需要预加工的标准羊肉卷，直接可以上桌。

案例企业草原领头羊原来是饲草供应商，给养殖户供应草料，算是羊肉行业的上游。创始人看准这一机会，从产业链上游切入了羊肉行业。羊肉行业的供给侧包含饲草、养殖、屠宰和包装几个主要环节，草原领头羊针对连锁火锅店的需求，推出新的产品形态——羊肉卷。这种新的产品形态，就给案例企业切入羊肉市场带来了战略机遇。

羊肉卷这一新品的背后，体现的是整个供给链条。首先是包装，产品直接采用分类小包的形式。出于保证品质的需要，屠宰在大型的屠宰场进行，养殖采用集中养殖的方式，再配合专业草场，形成了区别于现有供给形态的一整套供给结构。

总结一下，由于新的消费需求催生了连锁火锅，进而导致标准化便利平价的新需求，围绕这一全新的需求重构了整个供给结构。草原领头羊在2008年成为小肥羊的供应商，2014年成为呷哺呷哺的供应商。草原领头羊抓住"风林"形成了新的战略机遇，赢来了一轮快速的增长。

2015年左右，外部形势又发生了显著变化。80后、90后的人群此时逐渐成家立业，他们的消费需求需要进一步升级。原先只是年轻人的聚会餐饮需求，现在升级为家庭的日常饮食消费需求。随着移动互联网的普及，使得零售形态出现了标志性的事件。以盒马鲜生为代表的新零售物种的出现，打开了生鲜农产品新的发展空间。

盒马构建了一套生态战略，基本的思路是要实现共生协作，在生鲜农产品的每个上游行业选择至少一个战略合作伙伴。新零售获得的这些线下销售的数据，经过大数据处理之后反哺给战略伙伴，战略伙伴就能够更清晰地知道用户的需求变化。

农产品最大的痛点就是难以预测市场的需求状况，从而给生产带来巨大风险。盒马鲜生反馈的需求数据的精细度，比以往得到的数据有了数量级的提升，使得上游战略伙伴能够更好地组织自身的生产，进行产品定制。这样一来，又使得盒马的产品更加符合用户的需求，拉动用户数量和GMV①进一步增长，形成良性循环。盒马的生态战略通过为战略伙伴赋能的方式，实现伙伴与自身的共同繁荣。

新零售浪潮的兴起，背后是新中产人群的崛起带来的新兴消费需求，具体落实到羊肉这一块，就是他们要追求一种更健康、货真价实的羊肉。他们对于自身的身份标识比较敏感，产品要符合他们新中产人群的身份定位，包含新的口感及新的产品形态，同时价格还不能太贵。

围绕这样一类新的需求，草原领头羊构建了一个更加完善的羊肉供应链体系，整个供给结构没有太多的变化，但是在产品设计上出现了更多的精细化变革。

我们把整个羊肉产业链分成供给、连接和需求三端，由于需求侧发生了重大变革，那么在供给侧就要围绕新的变革进行重构，中间的连接端采用新零售的门店大数据，实现供给跟需求之间更加高效的连接。

草原领头羊有意识地学习借鉴了小米的产品方法论，即高端品质、中低端价格打造极致爆款的产品逻辑，来构建自己的产品战略。

在前期发展过程中，草原领头羊已经形成的供应链优势，成为进化战略中的"山"（战略根基），其产品战略就是围绕自身的战略根基来构建进化

---

① GMV：GMV（Gross Merchandise Volume），主要指网站成交额，包括付款金额和未付款金额。

战略的"火"（战略纵深）。

草原领头羊的目标，就是要在新兴价值网中占据优势份额，也就是做"池塘里最大的鱼"，这样就可以最大程度地借助新兴价值网不断扩张的势能，实现自身的增长。具体来说，草原领头羊的目标是占据盒马鲜生羊肉70%以上的份额，成为绝对的头部。这就是《跨越鸿沟》这本书中推崇的跨越鸿沟战略，首先占领一个有对外影响力的细分市场，然后再进一步向外拓展。B站、抖音也都是遵循同样的跨越鸿沟逻辑。

草原领头羊的产品形态变化，也反映了同时代各种消费品整体的需求趋势变化：从功能至上到用户体验为王。产品形态越来越多地围绕用户的体验来进行设计。苹果手机战胜诺基亚手机，其实就已经代表了这样一个趋势变化。

以下举例说明，草原领头羊一系列的新产品到底点起了怎样的火。

第一把火：新口感。

我们通常所吃的羊肉卷都是纯粹的肉，涮火锅吃口感比较绵软。那么能不能创造出一种新的口感呢？

草原领头羊围绕着新口感的可能性进行研发，最终他们找到了一种新的产品叫作脆骨肉卷，把羊的脆骨跟肉结合到一起，除了能吃到羊肉的新鲜之外，还有一种爽脆的新口感，这样一种全新的口感体验是之前的产品从来没有的。

这种新产品不仅创造出一种用户更喜欢的新口感，更重要的是，羊脆骨在整只羊身上的产量非常之少。如果将其做成爆款，就实质上垄断了市场的羊脆骨供应，竞争对手如果想做类似的产品，却得不到相应的原料来源，也就无法实现有效竞争。

第二把火：贴合新中产家庭的饮食习惯和饮食需求。

首先，中国新中产家庭结构通常比较小，因此产品都采用小包装，一顿就可以吃完。其次，产品设计成用户不用动刀，已经分割成合适的大小，开包简单烹饪后就可食用，而且配送了调味料及菜谱。对于非常忙碌的新中产人群来说，可以在家里非常便捷地做出美味的羊肉菜肴，满足家庭的饮食需求。

第三把火：传统产品的口感再升级。

羊肉卷是草原领头羊起家的产品，他们对羊肉卷这一传统产品也做了革新。传统的羊肉卷的厚度是1.3毫米，长度为6厘米，他们通过一系列的实验发现，如果把厚度变得更薄，同时加大羊肉卷的长度，可以获得更好的口感。这样一个小小的创新反映在产品销量上，就是在2018年这一款单品在盒马的销售量接近300万盒，充分证明了由于适应了人们对更好口感的追求，创新产品成为市场爆品。

第四把火：反共识创新。

人们通常认为，消费者主要在冬天吃羊肉，夏天则很少吃。草原领头羊反其道而行之，专门推出了夏季的单品羊肉串。在这样一个时间点，市场供应非常之稀少，突然出现这样一个性价比很高的羊肉串单品，消费者是非常认可的。

竞争对手观察到这一点也很快跟进，但是竞争对手的模仿没有得到章法，一下子推出了32种口味。如此复杂的品类，很难在用户的心智层面得到很好的认知，市场反应平平。

第五把火：IP打造社会化传播。

最近几年快速兴起了一个叫作江小白的白酒品牌。江小白的兴起告诉我们，现在的年轻消费群体对于消费品的需求更多地看中情感方面的表达。草原领头羊也借助了这样一种消费趋势，构建了自己的IP叫作武小咩，构建了一系列IP化营销内容。

围绕这一系列的创新，在羊肉市场普遍低迷的情况下，草原领头羊凭借新零售带来的新兴价值网，迎来了高速的增长（图35）。

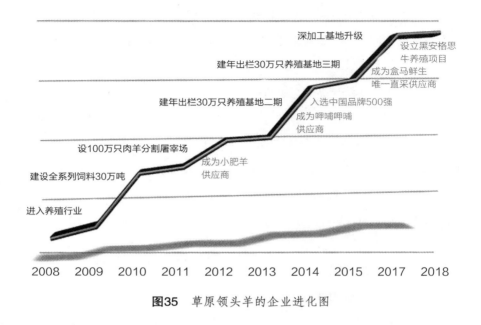

深加工基地升级

设立黑安格思
牛养殖项目

建年出栏30万只养殖基地三期

成为盒马鲜生
唯一直采供应商

建年出栏30万只养殖基地二期

入选中国品牌500强

成为呷哺呷哺
供应商

设100万只肉羊分割屠宰场

成为小肥羊
供应商

建设全系列饲料30万吨

进入养殖行业

2008　2009　2010　2011　2012　2013　2014　2015　2017　2018

图35　草原领头羊的企业进化图

13.3　基于战略逻辑推演未来

新的发展很快带来了新的痛点，销量快速增涨，导致供给跟不上需求，产能扩大，发展出现了瓶颈，怎么办？

草原领头羊本身始终围绕着专业草场、集中养殖、大型屠宰场的供应链扩张，这种自营为主的供应链的好处是品质可以得到很好的保证，但属于重资产投入，扩张受到严重限制。

这个行业存在大量闲散供给资源，没有得到很好的整合，这些闲散资源包括小型屠宰场、连锁养殖企业，以及散养羊的农户，等等。是否可以把企业自身已经形成的供应链能力中台化，将行业中其他中小企业甚至农户作为生态伙伴，向更多的生态伙伴赋能，来进一步整合整个行业？

成为行业赋能中台，是草原领头羊下一步发展的目标。

早在2016年7月，草原领头羊就已经成立了一个叫作肉生鲜的互联网平台，从最开始的B2B电商平台，慢慢扩展到一站式信息化仓储加工，第三方物流、供应链金融、大数据服务，向整合行业的产业互联网的方向发展。肉生鲜平台的本质，就是把企业自身作为整个行业的"山"（战略根基），把自身能力对外赋能，培养外部的"火"（战略纵深），从而实现更大规模的生态型发展。

最后我们来简单预测一下，草原领头羊未来将会如何发展。

展望未来，我们还要回到"风林火山"这个模型。草原领头羊未来的发展仍然要围绕一个不变的"林"，这是公司的使命，就是让中国人吃上优质健康的牛羊肉。

它要借助的"风"是什么呢？在过往的发展历程中，草原领头羊主要是借助新技术和新消费趋势的风口实现快速发展，未来肯定也主要围绕这两方面发现新的战略机遇。

具体来说，新消费人群会对更好的产品产生更多的心理需求，新的技术包含产业互联网、区块链技术等。

关于未来的发展方向，它一定是要走上产业互联网的发展道路。借助新零售革命形成的新生态，自身成为行业的"山"，向上整合中国牛羊肉的全产业链，构建牛羊肉行业的子生态，成为农牧产业的互联网领跑者。

由于对更多外部要素的整合超出了它自有的范围，如果进行进一步的生态扩张，需要克服相互信任的问题。如果能够借助区块链技术，提供牛羊肉的供应链金融解决方案，就成为可能的发展方向。

当然在一些具体改进方面，比如如何更好地关注用户的需求，如何跟用户建立更多更密切的连接，进行产品IP化，进行互动传播裂变，探索短视频吃播等，有无限的想象空间。

最后对本案例做一个总结。

在草原领头羊发展初期，羊肉行业现有的价值网根深蒂固，呈现出一种劣币驱逐良币的状态。草原领头羊没有深入主流价值网进行搏杀，而是抓住新的风口，通过战略合作伙伴和消费人群的变革撬动新兴价值网，迎来了快速发展。

通过"风"、"林"结合预测天时，借助新兴价值网顺势崛起，在发展过程中逐步构建自身的"山"和"火"。在发展过程中，它围绕自身形成的"山"，也就是优质羊肉的供应链体系，去打造一系列的创新产品，我们称之为"火"。

这个案例带给我们一个很好的启示。中国的一大特点就是产业链齐全，这也意味着各种传统行业中，存在大量类似羊肉行业这样的蚂蚁市场。在新的消费趋势变化及互联网向纵深发展的趋势之下，这些行业可能都会像羊肉行业那样迎来爆发式的发展机遇。草原领头羊的发展之路可以成为很好的借鉴。

下一章中，我们将具体剖析进化战略中的"火"与"山"。企业发展如何赢得地利？如何应对发展过程中的不确定性？如何构建内外部生态？如何实现专业化与多元化的辩证统一？

第十四章　如何构建地利：高筑墙，广积粮

14.1　"战争是由忍耐和煎熬组成的"

仿照第十二章的开头，本章也引入了一个具象画面，就是一座正在喷发的火山。"火"和"山"代表了一种生态式的发展战略，之所以要构建"火"和"山"，就是为了应对过程中的不确定性。当"山"足够高，也就意味着"火"足够旺；而"火"够旺，也就使得"山"的根基更加深厚。

提到生态战略，我不得不提贾跃亭的乐视。

当年乐视比较火的时候，它也构建了一个非常庞大的生态系统，以用户的需求为核心构建了一系列的生态，我还记得宣传语叫作"生态化反让你窒息"。

乐视的生态系统最终没让我们窒息，它自己反倒先窒息了。那么，为什么乐视的生态会窒息呢？大家可以带着这个问题去思考，当读完这一章之后，你再回过头来看一下，不知道你得出的结论跟我的结论是否相同。

美团的创始人王兴，对于企业经营有一个深刻的洞察，他说："战争不是由拼搏跟牺牲组成的，而是由忍耐和煎熬组成的。"

这句话说的是在企业经营过程中，会碰到各种各样的困难、考验及风险，最关键的是能够战胜这些考验，活到未来。

对于企业来说，最核心的问题就是如何活下来。如果连活下来都成问题，再宏大的商业愿景也只是空中楼阁而已。

如何才能够最有效地提高存活率呢？这成为每一个企业必须思考的核心问题。

元末农民战争的时候，当时朱元璋只是一股割据一方的小势力，他为如何能在乱世中活下去而感到惶恐不安。这个时候有一个谋士朱升到他面前，说了九个字："高筑墙，广积粮，缓称王"。

就是这样一个策略，使得朱元璋不仅活了下去，而且越活越好，成为最终的胜利者，开创了明朝。

"缓称王"，指的是不要让强大的竞争对手过早地发现自己，趁着宝贵的时间窗口期尽量发展壮大。"高筑墙"和"广积粮"，则是提高生存率的不二法门。

在新中国成立初期也有类似的表述，在那个年代靠筑墙无法挡住核武器，所以叫作"深挖洞、广积粮、不称霸"。改革开放之后，基本国策变为"韬光养晦"，其实背后仍然延续了"深挖洞、广积粮"的意思，只是这时候注意力已经引申到构筑全产业链，增强综合国力的意思上。

在商业上也是同样的道理。企业要为自己争取相对宽松的发展窗口期，不断地积聚实力，才能在未来有所发展。

对于一个具体的企业来说，"高筑墙""广积粮"到底是什么意思呢？

华为最大的特点，就是它是一个很善于高筑墙的公司。华为的"高筑墙"，是在自己的战略方向上持续性地投入战略性资源，通过厚积薄发来构筑自身的战略优势，再利用战略优势去抓住最大的商业机会。

同时，华为也有它的"广积粮"策略。我们现在都已经知道，华为早在十年前就开始进行战略布局，使得华为能够从容应对美国的封杀。华为的广积粮，就是围绕自身产品上游产业链的各个环节，构建相应的冗余备份，也就是俗称的"备胎"，使得自己在极端不确定性的情况下，仍然能够维持生存。华为的高筑墙和广积粮，告诉我们应对不确定性应该有的正确姿势。

所谓的"高筑墙"，就是构建"山"（战略根基），在某一个细分领域重度地投入资源，获得能力上的非对称优势。

所谓的"广积粮"，就是拓展"火"（战略纵深），指的是围绕战略根基形成的多个变现闭环，可以将其理解为用于实现商业变现的产品或服务（背后的一整套价值创造环节）。"火"使得企业能够获得更多的生存空间。所有生存空间的发展，又有助于战略根基进一步的扎实，从而"山"与"火"之间形成相互促进的良性循环。

14.2 野草战略与流水战略

"火"与"山"代表了一种基于生存主义的战略，我将其形象地称为"野草战略"。如果没有"火"和"山"，仅仅是"风"和"林"，那就是一种基于机会主义的战略，可以将其称之为"流水战略"（这一说法来自混沌领教李云龙）。

奉行野草战略的企业，始终在追求不断扎深自己的根基，获得更大的能力优势，但是其发展过程会显得比较漫长。流水战略通过在市场上不断寻找新的机会来获得发展。当市场繁荣的时候，这两种方式可能都能够获得很好的发展，相比较而言，流水战略可能还更有利，因为它尽可能地利用了外部红利，杠杆用得比较足。

但是当经济环境陷入萧条，或者竞争加剧，不确定性快速增长的时候，只有采用野草战略的企业才能持续发展，因为根扎得足够深。严冬来临之时，尽管遭遇了重大打击，但是企业根基还在。当春天来临之时，因为其他企业大量死亡，空出了市场空间，奉行野草战略的企业就能够获得超常发展。

用一句古诗形容，野草战略是"野火烧不尽，春风吹又生"，而流水战略是"众里寻他千百度"。

某互联网公司，所有的互联网风口几乎都参与过，但是由于抱着机会主义的心态，总是浅尝辄止，浪费了大量战略性资源，最重要的是浪费了大量时间，坐视后起之秀如美团、字节跳动的崛起。

美团的创始人王兴，他的创业奋斗史就是非常典型的从流水战略到野草战略的发展历程。

从清华电子系毕业后，王兴到美国念博士，念到一半看到互联网创业机会风起云涌，于是辍学回来创业。王兴那个时候就是个典型的机会主义者，他不断跟随市场上的风口，做了一系列的项目，后来都失败了。

2005年模仿Facebook创立校内网，2007年模仿Twitter创立饭否，是较为有影响力的两个项目。所有这些业务都是看到市场上有相类似机会，然后跟风，包括美团最开始创立的时候，也是在模仿美国出现的Groupon。

美团遭遇了著名的千团大战，在残酷的厮杀中存活了下来。在激烈的市场拼杀中，美团形成了自身独特的战略根基：地推铁军，基于大数据和人工智能的高效配送调度能力。

从此之后，美团的战略就变成了野草战略，它不断地夯实自身的战略根基，同时获得更大的生存空间。

今天美团的业务框架，包含了一纵一横。

一纵就相当于我们所说的"山"，就是围绕外卖餐饮这条线，不断夯实相关的能力，把这条线给彻底打穿，从基于地理位置的快速匹配调度，扩展为围绕餐饮产业链的资金流、物流和信息流的高效服务能力。一横就是我们所说的"火"，围绕上述核心能力，扩展到本地生活服务的各个相关领域，因为这些服务之间具有很多的共性，可以迁移应用上述能力。

14.3　多元化战略的迷思

这里需要问几个问题。首先，为什么企业的战略根基一定要聚焦为一个，可不可以形成多个战略根基？

答案是不可以，理由包含两点。

首先，从业务角度来看，大企业也好，小企业也好，资源总是相对有限的，只有聚焦才能够获得局部的优势。

任何一个企业都要让自己去做宽1米、深1万米的事情，在很窄的面上投入的资源比竞争对手多得多，从而获得压倒性的局部优势，这样才有与其他企业竞争或者合作的基础。如果企业有多个"山"，那么在资源有限的情况下，到底优先向哪个"山"投入呢？随着市场竞争越来越激烈，全力以赴还力有未逮，三心二意就是在给别人创造机会。

华为强调"压强原则"，任正非说华为几十年如一日朝着一个城墙口冲锋，就是表达这个意思。

其次，从组织角度来看，任何一个组织都需要把大家的力量凝聚在一起，才能保持旺盛的生命力，关键就是要做到大家具有利益共同点。这就是所谓的"力出一孔，利出一孔"。

一个企业聚焦在同一个"山"，意味着企业中所有人的生存都要围绕这个"山"才能起作用，"山"发展得越好，所有人的利益才能越大，因此就能够实现"利出一孔"。

如果企业包含了多个战略根基，那么就成为"利出多孔"，大家自然就会围绕不同利益格局，划分为不同的派别，相互扯皮，争夺资源，企业就会陷入分裂和内耗之中。

这里并不是说企业内部要避免竞争，恰恰相反，"火"的生态化意思就是不同子业务之间要有良性竞争，但前提是必须具有共同的"山"（战略根基）。由于大家的根本利益是相同的，竞争会保持在良性范围内，竞争的结果也使得"山"越来越扎实，有利于所有人的发展。

进化战略中"火"与"山"的相互促进关系，与传统的多元化战略具有显著区别。

多元化战略在20世纪60年代开始盛行，指的是在原主导产业范围以外的领域从事生产经营活动，其目的也是对冲不确定性风险，获得更大的市值。典型的多元化战略的企业如通用汽车，在2008年深陷危机。背后的原因就是通用汽车借助传统的多元化战略不断扩张，但是这样的扩张会导致公司的资源被大量地分散和消耗，最终导致公司的核心优势不足，无法应对环境的不确定性。

进化战略的"火"与"山"与多元化战略的"火"与"山"，有哪些不同呢？

多元化战略将市场看作平面分割的马赛克，用不同的业务去填充不同的格子，业务之间缺乏相互促进的互动。

即使是与进化战略最为接近的"同心多角"型多元化，指的是复用企业现有的专门技能和技术经验、产品系列、分销渠道或顾客基础，推出不同的产品，其中也只是强调了资源复用，却没有说这些产品的发展会反过来促进企业自身能力和资源的进一步加强。

多元化战略提出于工业时代，当时的主流组织管理形式还是科层制，信息技术能力也远远比不上现在，受其时代发展局限性的限制。

进化战略中"火"与"山"的相互促进，对于跨部门协作的要求要比传统多元化战略高得多，超出了传统企业的能力范围。其中不仅涉及观念上的转变、组织管理形式的转变，还需要以信息技术为基础。

更重要的是，"火"反过来促进"山"的夯实，其中隐含了复杂的系统世界观的基本观点：创新的本质，是复杂的系统要素相互作用过程中的秩序涌现。

落实到商业实践中表现为：在业务落地过程中，在与用户的交互过程中，发现新的需求和痛点，推动新一轮研发。但是工业时代，价值链的各个环节被认为是相互独立的，相关信息数据的采集是不现实的，研发过程也是单向链式的，无法实现"火"对"山"的促进。

14.4　从野草到榕树林

如何判断"山"是否足够扎实？我给出一个最核心的判据就是时间。

任何一个企业的生存都要靠壁垒，最难跨越的壁垒是时间。

这些年，很多创业公司都逃不过投资人的一个灵魂拷问：如果BAT做你这个方向，你有什么机会？

针对这个问题，最让人信服的答案是：BAT做我这个方向，它仍然要投入大量时间，因为我已经形成了一个很难被超越的战略根基，具有生存的可能。

锚定底层的真需求，持续投入资源，形成不断加强的战略根基，是竞争中取得胜利的终极法则。构筑"山"一定要与时俱进，越来越强。最怕的就是打一枪换一个地方，其他人注意到同样的方向，只要稍一发力就会超过你，那就没戏了。

说完了"山"，那么"火"的注意事项是什么？

"火"是围绕战略根基，形成了各种变现通道，具体来说就是公司的各种产品和服务。一个公司的"火"可以包含多种业务，这些业务在发展过程中还可以继续分形，形成新的"风林火山"。

字节跳动的快速崛起，其基本逻辑就是夯实自身的"山"，即信息获取跟信息分发方面的核心能力，围绕核心能力在各个方面形成产品和服务。正是由于"火"与"山"的高效联动，字节跳动的新产品研发效率特别高，被称为APP工厂。

字节跳动崛起的同时，像360这样的老牌互联网公司，为什么影响力慢慢下降了？360没有持续不断地去夯实自己的"山"，只是在不同的方向去抓机会。客观地说，360仍然保持着初创时期的优良基因，对市场机会具有很好的洞察能力，信息流、短视频产品的推出速度并不比字节跳动慢，只是为什么时间上领先，却竞争不过后者？因为缺乏围绕"山"构建"火"，

"火"又反过来夯实"山"的机制。360的游击队模式只能是起个大早赶个晚集，不幸沦为新市场机会的侦察兵。当需求被验证之后，字节跳动带着武装到牙齿的正规军杀到，游戏结束。

随着野草战略的企业不断发展，它也会进化出高级形态：榕树林战略。

榕树最初只是一棵树，当它生长到一定程度，会生出新的气根落到地面，成为新的树干，这样不断地向外扩展，最终这棵树甚至会长成一片森林。一个企业依照进化战略不断发展，不断拓展它的生存空间之后，有可能会发展成榕树林的形态。具体地说，基于进化战略，企业会形成点线面体的升维进化路线。

点企业：创业者看到市场上存在一个"风"和"林"的结合点，也就是一个具体的需求形态，创业成功成为点企业。

线企业：不断地完善产品和服务，具备了竞争优势，打通价值创造的多个环节，从点连成线，这个时候就有了一个初步的"山"。上一章的案例企业草原领头羊，就是经历了这样的发展历程。

面企业：接下来一部分企业的发展就会向面升级，变成一个生态平台性的企业，围绕山去布局更多的"火"。这个"火"有可能是内部孕育的子业务，也有可能是跟外部的伙伴合作孕育的生态，这样就慢慢变成了一个平台型的公司，可以形象化地称之为"风林焱山"。腾讯公司就是一个典型的面企业。

体企业：随着这些"火"不断发展，慢慢形成了各自的战略根基，这就成为相互关联的多个面组成的多维复杂生态系统，可以形象化地称之为"风+林+焱+垚"。

体企业凤毛麟角，绝大部分公司都发展不到这个阶段。目前来看，阿里巴巴是最有可能成为体企业的公司，它已经形成购物、支付、物流、媒体多个平台，而且这些平台之间相互联动，构成了完整的经济闭环。

依照进化战略，任何一个企业都会经历点线面体的升维进化（大部分企业未必能走完这个历程，而是停在某个阶段）。同一时间，市场上同时存在点线面体不同维度的企业，低维企业生存在高维企业提供的生态位上。这些企业相互交织，形成了复杂的生态系统。

14.5　"风林火山"与"临在当下"

进化战略模型"风林火山"包含两个主要方面。

"风"和"林"是一个方面，用来洞察未来的确定性。"火"和"山"是一个方面，用来应对过程中的不确定性。其中"林"是锚定那些长期不变的需求，它是企业的战略支点，而"风"指的是导致需求形态变化的变化要素，它代表着企业的战略机遇。"山"是企业不断构筑的核心能力，是企业的战略根基。"火"则是围绕战略根基形成不同的变现的产品和服务，是企业的战略纵深。

战略最终是关于时间和空间的游戏，"风"和"林"是寻找未来的方向，而"火"和"山"保证企业足够健壮，能够活到未来。"风"是乘风破浪的助力；"林"是穿越时间迷雾的灯塔；"火"是顺境下占领的地盘，逆境下生存的保证；而"山"是随着时间的累积不断增强的实力。

"风"和"林"两个要素，代表了企业与时间的关系。

"林"代表着过去和未来，它指向时间上的永恒；"风"代表着现在，"风"和"林"结合，意味着企业只有做好每一个当下，才能穿越时间。

"火"和"山"两个要素，代表了企业与空间的关系。

"山"要聚焦足够窄的领域，才能形成战略优势，只有"山"足够扎实，才能繁衍出更多的"火"，代表着企业扩张到更大的空间。

无论是人还是企业都想追求无限和永恒。"风林火山"模型告诉我们，想成为永恒，必须立足当下；想扩展到无限，首先必须要聚焦。这与禅宗"临在当下"的哲学观是相通的。

牛顿将时间和空间看作完全不相关的两类要素，爱因斯坦则认为时空是统一的。我们也需要将时空要素结合起来看。

"山"这个空间要素跟"林"这个时间要素之间具有对应关系，"林"是目标锚点，"山"投入的方向跟"林"的高度相关。"火"这个空间要素与"风"这个时间要素也有相互作用。"火"如果要烧得更旺，必须借助"风"势；"火"烧得足够旺之后，自身又会产生新的"风"，我称之为"煽风点火"，火借风势，火涨风威。

举个例子，5G对于绝大多数企业来说，都是需要关注的"风"，但是对于华为来说，5G就是它的产品和服务（火）带来的结果。

由此引申出一个推论：进化战略的低阶形态，企业跟随风势而演化；高阶形态则是企业创造出进化的场域，推动自身和生态伙伴共同进化，这部分内容将在第二十一章展开。

应用进化战略，必须要做到如下几点：

第一，要夯实战略根基。山必须在新"风"面前岿然不动，稳如泰山。

第二，"火"必须要聚焦主航道。"火"可以包含很多业务，但是所有的"火"都要直接或间接地服务于"山"，如果偏离太远就要灭掉或者分离出去。

第三，要保证战略安全。"火"的构建是能够应对各种风险，甚至应对极端情况。

深入理解了"风林火山"这个模型之后，我们回过头来再看，乐视为什么失败？答案一目了然。它的问题就出在"山"与"火"之上。

乐视以视频内容为战略根基，内容却是靠花钱买来的版权，它没有形成一个随着时间不断累积，不断扎深扎实的"山"。

因为"山"没有根基，所以它的"火"无法形成合力助推"山"的夯实，"山"也无法更好地赋能"火"，反而变成了吞金窟窿。最终的结果就是整个系统缺乏造血的能力，只能靠讲故事融资来摊大饼。贾跃亭的心思总是在别处，从来没有"临在当下"。一旦这个故事圆不下去，整个商业帝国就垮塌了。孙宏斌评价："主要就是老贾（贾跃亭），他犹犹豫豫的，该卖不卖，不坚决，前几天开股东会还说，七个子生态一个都不能少……都这时候了，还一个都不能少，你能做好一个就不错了。"

14.6　"风林火山"战略会

围绕着"风林火山"这个模型，可以进行企业的战略规划。

战略规划围绕着德鲁克三问来进行。

首先是通过"风"和"林"，理解我们该干什么，它的背后就是德鲁克的前两问：我们的事业是什么？我们的事业到底是什么？

接下来通过战略复盘，理解我们过去干了些什么，我们有什么，我们已经形成的核心优势在哪里。

最后，"火"和"山"就代表德鲁克的第三问，我们的事业将会是什么？也就是我们的未来战略需要投入什么资源，以及业务发展方向。

基于"风林火山"模型，可以召开企业核心高管级别的战略会来构架企业战略。包含历史、全局、未来、收敛及计划五部分。

第一步看历史，通过系统性的复盘工具回顾公司发展历史，盘点资源和能力。

第二步看全局，用行业战略分析地图总览全局，看行业全局与生态位，确定战略支点，寻找战略机遇。

第三步看未来，通过自身能力与外部战略机遇相结合，来构建未来的战略图景。

第四步回到现在，通过战略聚焦分析提炼接下来需要做的关键步骤。

第五步落实到计划，通过这些步骤来设置关键性的战役，形成OKR方案，指导我们去打必须打赢的仗。

第十五章　向死而生：从链家到贝壳

15.1　居住领域的"美团"？

衣食住行是人的四大基本消费需求，互联网发展到今天，在衣食行三个方面，都已经发展出了特别大的互联网平台，只有住的方面仍然没有发展出来。因此问题来了，在住的方面，会不会出现和淘宝、美团、滴滴并列的新互联网平台？

如果这个可能性成立的话，那么最有可能的候选人就是链家。

现在的链家集团是包含了多个事业部的综合性集团，它的一级平台是贝壳，不再是链家。在贝壳之下包含了不同的业务，其中链家是贝壳平台下的直营业务，德佑代表了加盟的第三方业务，还有很多加盟不改名的地方品牌，此外还包含了链家集团自持的自如业务。在贝壳平台之上，还有一些相关的赋能平台，比如如视就是用新技术实现新业务探索，再如VR实景看房等。

简单看一下链家的发展历程（图36），链家创立于2001年，到2019年已经有接近20年的发展历程。首先第一条曲线是链家，其中包含了一个巨大的转折点，2008年到2009年当时遭遇了金融危机，整个行业遭遇了严重打击，但也促成了链家随后的高速发展。第二条曲线是它的自如业务，我们重点关注的第三条曲线是它的贝壳业务，这项业务发展时间并不长，从2017年开始到现在，它的业务规模已经超越了老的链家。

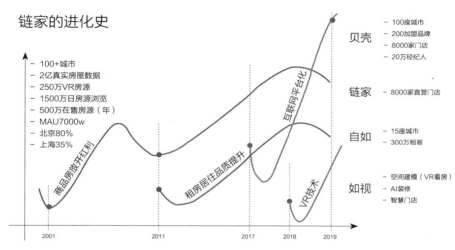

注：图中数据截止到 2019 年 6 月份

图36　链家的进化史

链家这个案例有几大看点：

一、看战略决策

19年的发展历程，链家经历了从白手起家到行业领头羊的全过程，各个阶段的战略决策都有借鉴意义。

二、看行业转型

房产中介是一个曾经蓬勃发展，如今遭遇增长瓶颈的传统行业，对于许多面临转型的传统行业具有借鉴意义。

三、看产业互联网

居住消费流程复杂，类似产业互联网，可能会成为从消费互联网到产业互联网过渡的关键桥梁。

15.2 抓住"风林"而起

回到链家创立之初的2001年，当时中国房地产市场蕴藏着巨大的机会，无论是政治、经济还是社会方面，都预示着房地产市场将迎来一次井喷式发展。

用"风林火山"模型来看，"林"代表人们对于居住的需求，是巨大的刚需。"风"的方面，由于一系列限制条件的解除，需求将迎来井喷。

链家的创始人左晖当时是一个北漂。2000年他用卖保险挣到的钱，买了一套二手房，整个买房过程非常之痛苦，花了半年多都没有搞定，买卖双方都是两眼一抹黑，这次不愉快的购房经历，使得左晖看到了其中巨大的商机，这也体现了一个企业家拥有的素质。当遇到痛苦和困难的时候，大部分人可能只是抱怨跟牢骚，但是如果用一种解决问题的心态来看待，便可以看到其中蕴含着巨大的创业机会。

左晖的做法也非常有代表性，他看到机会之后，首先进行了MVP测试。2000年8月，左晖与《北京晚报》合作，在军事博物馆搞了一个"房地产个人购房房展会"。实际上就是在报纸上发了一个广告，说我们要搞一个购房展。

开展前一天，左晖和工作人员忙了整整一个通宵，然后就坐在军博门前的台阶上等着天亮。他回忆当时的情况："心情忐忑，不知道会不会有人来参观。"到早上8点的时候，他看到庞大的人流从地铁中涌出，场面有点像春运。这代表了强劲的二手房交易需求，也就是市场需求得到了验证。

验证了需求之后，左晖创立了链家。

当时中介服务很不到位，买卖双方仍然很麻烦。新生的链家应当如何发展？

链家选择从用户的痛点出发，解决用户实际存在的问题。

中介行业的收入来源应该是交易服务费，但是由于存在巨大的信息不对称，在利益的诱惑下，大部分的中介都选择靠吃买卖双方差价的方式来获取暴利。

左晖自述最初他也吃过差价，一套房子赚了20万，兴奋得一宿没睡，在房间里翻来覆去地数钱。但是越数心里越不踏实，这钱赚得太容易了，并不利于企业长期发展。

2004年，链家首先打破行业潜规则，宣布不吃差价，买卖双方见面签订三方协议，进行阳光交易。这种模式极大地抓住了用户的痛点。虽然此后链家两次宣布上涨费率，但是仍然迎来了稳步增长，在强手如林的北京市场站稳了脚跟。

当时间线走到2008年，美国次贷危机传导到中国，A股从2007年的高点6124点一路下跌到1664点，火热的房地产市场如同被泼了一盆凉水，迅速降至冰点，房地产遭遇严重危机。在危机面前，大部分同行都选择裁员关店，来减少开支应对危机。

但是左晖的思考方式跟大多数人都不一样，他回归行业本质来思考。也就是思考这个行业的"林"（用户的真需求）是不是还存在？

左晖的判断是，眼前的困难只是暂时的，中国楼市的黄金时代没有结束，在这个阶段，其实是企业发展的好时机。链家选择在同行裁员的时候逆势扩张，2008年链家实现了对我爱我家的追赶；2009年链家的员工激增到1万人，成为北京乃至全国最大的中介机构，并一直保持到今天。

回顾这两次关键的战略决策，链家都是回归到"林"（用户需求）这一本质问题，做出了与同行截然不同的选择，从而迎来了自身的超常规增长。

15.3　构筑"火与山"

在发展过程中，链家的"山"（战略根基）慢慢现出雏形，就是对服务质量的把控。

房产中介是一个纯粹的服务业，用户的服务体验是价值核心。与其他的中介选择"自营+加盟"的模式不同，链家始终坚持自营，因为只有自营才能够实现对服务更好的把控。差异化服务成为链家能够逆势扩张的关键。

左晖自己的表述很有意思，大意是说不是我很优秀，全靠同行衬托。他的原话是这样的："中国大多数行业看竞争没什么意义，太多的是20分30分，你比其他好没有意义，满足用户的基本要求就是60分。我对企业服务品质上要求不太高，核心的要求就是不要提供差的服务，也就是我们的服务的方差要尽可能小。"

这段话的潜在意思是，我要提供一个满足用户痛点的标准化的服务，就能够与竞争对手区别开来。

中介这个行业我们大家都接触过，行业的痛点非常之明显。

行业的核心弊病就是缺乏信任引发的恶性循环。缺乏信任存在于各个层次之间。首先是经纪人和客户之间缺乏信任，经纪人担心客户私下交易，行话叫作"飞单"，客户又担心经纪人吃差价。公司内部不同的经纪人之间也缺乏信任，大家都担心同事撬房源、挖客户、抢业绩，相互之间像防贼一样防着。公司之间更缺乏信任，所有的中介公司都担心同行抢客户，相互诋毁抹黑，然后用虚假的房源引流。所有这些恶性循环之下，导致整个中介行业乌烟瘴气，客户怨声载道。

左晖对此感到痛心疾首，"尊严离我们这个行业太远"，"低劣的竞争手段到最后损害的只能是中介本身，顾客被骗一次，绝不会再被骗第二次"。作为行业领头羊，他决定带头改变这种现状。

链家的对策是什么呢？既然整个行业的痛点是缺乏信任，应对之策就是重建信任。重建信任需要一系列的举措，我把它归结为两点：

第一是重建公司内部信任，主要做法是建立信息中台。

2007年，链家引入了SE系统（Sale Efficiency），保证经纪人完成从房源录入、过程管理到成交撤单的所有环节，让公司对整个过程进行监督和风险管控。2010年6月9日，链家宣布与IBM结为战略合作伙伴，启动国内中介行业销售转型，以透明、真实、详尽且及时的信息服务体系为核心，耗资5000万进行链家服务体系再造工程。通过内部信息透明化，使得整个公司内部建立信任的机制。

第二是重建外部的信任，主要做法是推进真房源行动。

所谓"真房源"，就是房源真实存在，房屋真实在售，房价真实有效。通过打掉行业的信息不对称潜规则，来建立客户对中介的信任。

真房源在当时的整个中介行业都是稀缺资源。链家收购了深圳中联地产后，结果发现中联地产信息系统中的十万套房屋信息，大约九万套都是虚假房源。"真房源，全中国所有的经纪人，所有的互联网平台，除了链家没人能做到。"左晖断言。

"真房源"这事听起来十分美好，但是真正做起来困难重重。因为大家都在用假房源引流，假房源的特点就是售价很便宜，很容易吸引客户到店里询价。客户到店后，再想办法把用户转到真房源上，实现交易。如果你直接挂出真房源的话，你的价格就比同行高出一大截，客户流量直接就消失了。这就是典型的"劣币驱逐良币"。

链家真房源行动的消息一出，同行都乐了，认为链家做到行业老大了，开始使用昏招，自寻死路。链家自己的员工也怨声载道，当月就有1/3的员工跳槽。

实际情况比预想的还要惨烈。真房源行动实施后，连续三个月没有一单业务进账的链家经纪人比比皆是，不久之后又出现了第二波离职潮，链家员工又走掉了1/3。剩下的1/3也是隔三岔五整天抱怨，人心惶惶，眼看也要留不住了。

那段日子对于左晖来说，是一个巨大的考验。三个月的时间里他几乎没有睡过一个安稳觉，他不停地问自己是不是走错路了，是不是在把公司带向了绝路？

经受考验的链家慢慢否极泰来。到第四个月，客户逐渐认识到链家的真房源是说到做到，一些准客户回过头来又找到链家的经纪人，一些已经成交的客户转介绍一批新的客户，交易量跟交易额都开始稳步回升。链家用真房源行动，逐渐赢得用户的信任。

为了赢得信任，链家进一步提出嫌恶设施披露行动。说真话有两种，一种虽然都是真话，但只说你爱听的话，很容易造成误导；另外一种是把好的坏的话都告诉你。链家规定经纪人要如实披露准客户房源的真实情况，比如说这个小区有一个没人清扫的垃圾堆。

整个真房源行动让链家经受了巨大的考验，也让链家获得了中介行业最难得的资产——信任。围绕构建信任所需的各项能力和资源，成为链家最稳固的"山"，也为链家进一步的攻城略地打下了坚实的基础。

接下来链家的扩张行动，可以总结为基于"山"扩展"火"，反过来又加强"山"。2015年链家以摧枯拉朽之势，进行了快速的扩张，扩展到所有的一、二线城市，合并了一系列的房地产中介公司。链家作为线下中介龙头老大的地位得到巩固，而这种跨区域扩张又使得链家的真房源数据得到了进一步的扩充。

15.4　左晖的价值观

链家为什么会选择这样发展，这跟左晖的价值观有非常直接的关系。

这里所说的价值观，并不是通常意义上的人的是非观，为人处世的道德准则。而是从本质思考，我们这个行业因何而存在？我们企业存在的价值又是什么？由此而衍生出的一整套是非判断标准。

左晖说："我们对机会和捷径这种'好事'有天然的排斥和厌恶感，链家会干什么活，不会干什么活，我们非常清楚。第一，我们会干难的活；第二，我们会干累的活；第三，我们会干慢的活。"

左晖还有句名言，叫作"坚持做难而正确的事"，这是构建"山"最应当具有的一种态度。

难而正确的事就把很多投机取巧，或者想走捷径的事挡在门外，真正能潜下心来一步一个脚印登山的公司，避免了过度竞争，反而会进入蓝海。

华为也是因为坚持做难而正确的事而成功走到今天。联想创始人柳传志曾评价任正非："任正非走的就是一条直接往上爬坡的路，上珠穆朗玛峰的时候，我走一百米就要大家停下来喘喘气，任正非捡一条更险的路直接就上去了，这点魄力我不如他。"

回到进化战略本身，一个公司形成"山"（战略根基），一定是难、累、慢的事。

因为有难度，就会形成技术壁垒，降低竞争强度。因为累，所以愿意干的人少，才会形成非对称的优势，不会陷入同质化的竞争。因为慢，一旦形成优势，如果别人想要颠覆，也需要花很长的时间，而这段时间我可以继续前进，形成更强的战略优势，就意味着别人可能永远也追不上你。

链家是用一种愚公移山的精神来构筑它的"山"——真房源。

最开始的时候，经纪人走街串巷，拿着本和笔进行手工记录，包括房间门牌号、标准户型图、属性信息、配套设施信息等，随后升级到500人团队的GPS+相机记录，再升级为"蚁巢"智能集采系统，用大数据技术来驱动验真管理。

据2016年的链家官方统计数据显示，其为"楼盘字典（图37）"投入约6亿元，已有房源数据覆盖了150多个城市的1.2亿套房，成为国内覆盖面最广、颗粒度最细的房屋信息数据库。这项持之以恒的长期投入，成就了链家最重要的核心竞争力。

到今天，链家的楼盘字典已经成了一个非常复杂的数据采集和分析系统，在底层起支撑作用的是一系列的信息采集系统，包含蚁巢系统、如视系统、诺亚系统等等。信息采集系统采集的数据构成了包含400多个不同维度的楼盘数据库，该数据库对外提供各种各样的应用接口，为链家自身的各项业务提供赋能，以及为外部的各个生态伙伴提供赋能。

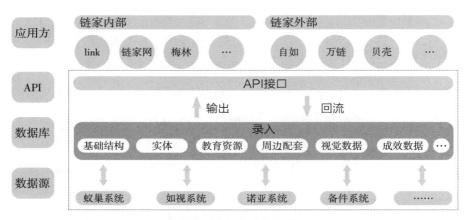

图37 楼盘字典的架构

楼盘字典相当于楼盘的终身档案，包含了楼盘各个维度的信息，也包含了房屋在不同的发展阶段经历的事件，是对楼盘特征非常精细化的刻画。其中具体包含了建筑面积、套内面积、室厅厨卫、房屋朝向、统计用途、交易权属、建成年代、产权年限等核心交易特征，也包含开发公司、物业公司、建筑结构、建筑类型、楼层类型、绿化容积、建筑占地、环线位置等开发建设运维信息，以及停车车位、单元电梯、供暖方式、热水供给、用水用电、物业费用、停车费用、供暖费用等生活相关信息。

在链家对外的营销宣传中，始终强调它的核心竞争力来自它花时间构筑的真房源，这也体现了营销工作的真谛：公司确实解决了用户痛点，创造了用户价值，营销工作只要把价值如实地传递给潜在用户就好了。

有这样一个长期积累的真房源数据库作为赋能平台，就可以推动整个中介服务的品质化。因为有了更好的真房源数据，经纪人就可以向客户提供更好、更可信的服务。更好的服务就能带来更多客户，经纪人获得更多的收入，他就愿意去投入更多的时间和精力，去不断地提升自身素质和能力，为客户提供更优质的服务，从而形成服务品质和消费者满意之间的良性正循环。

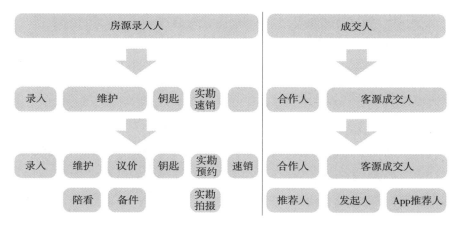

图38　经纪人合作网络示意图

另外一方面，真房源也有助于经纪人和经纪人之间的信任建立，实现经纪人合作的正循环。链家推广了一项系统工程来做经纪人合作网络（图38），就是把房屋交易拆分成若干个标准环节，分别由不同的经纪人来完成，大家通过相互协作来共同实现房屋的交易，从而提升了工作效率，同时也建立了大家对彼此的信任。

总结一下，2015年的链家形成的"风林火山"：

"林"（战略支点）：人们对居住长期存在需求。

"风"（战略机遇）：中国的城市化进程，中国的房地产政策推动的火爆交易。

"山"（战略根基）：针对房产交易当中的信用问题，投入了一系列的资源，构筑了以楼盘字典为核心的服务能力。

"火"（战略纵深）：基于上述核心能力，进行区域市场的扩张，进而扩张了链家的生存空间。

从这四大要素来看，此时的链家基本还是一家传统的线下中介公司。

15.5 贝壳背后的战略考量

2016年，链家的发展迎来了一个明显的极限点。

链家已经布局了所有的一线城市，但是在向三、四线渗透的时候，开始困难重重，阻力很大。链家自己的评价是：你在垂直领域做得越成功，你的敌人就越多。

在财务上的表现是：链家在2016年成交总额达到万亿之后，接下来连续三年几乎没有什么增长。根据左晖的判断，房产市场存在明显的长尾效应，采用自营模式，15%的占有率已经是极限了。链家当时已经基本接近了这个极限，下一步链家将如何发展？

链家为了突破自身的发展极限，采用的对策就是平台化，也就是孵化出贝壳找房平台。

贝壳平台的底层机制，是把原先在链家内部形成的中介合作网络（ACN），由内部推向全行业，把内部已经搭建的信任机制推向全行业，把自身已经做好的产品与服务变成赋能全行业的数据中台和业务中台。

链家从一个纯粹自营的公司变成赋能第三方的平台，首先要做的一件事情，就是要做一个一企两制的示范，给未来更多的生态伙伴提供眼见为实的样本。为此，链家重启前些年收购的德佑品牌，将其作为加盟模式的示范。

从链家到贝壳，底层逻辑是从竞争到共生。贝壳希望能够获得更多的合作伙伴和交易空间，而同行希望能够获得新的流量和更好的管理模式。在原有的自营模式下，链家把城墙筑得越来越高，敌我分明；但是在新的模式下，贝壳和第三方伙伴形成生态共生，相当于拆墙提供自有渠道给生态伙伴，一起来灌溉庄稼。在这一过程中，所有参与者都能获益。

链家做贝壳，除了进一步做大规模，突破发展极限，还有一个更重要的原因，是源于对未来的战略预判。

链家的内部跟华为一样，也存在红蓝对抗的战略推演，推演的目的是为了对未来进行演习，通过模拟敌我双方的对抗，判断对手可能采取何种方式来干掉链家。

他们推演的结果是，未来有两种可能的路径：第一种叫作"空军来袭"，那些拥有更大流量的互联网平台，通过发动线上力量来攻打线下。第二种叫作"农村包围城市"，对手在链家尚未布局的城市抢占先机，获取更多的房产资源，让链家处于孤岛的状态，最终通过农村包围城市战胜链家。

这两种可能性中，第一种威胁最大。这一判断基于消费互联网流量红利见顶的大背景。那些拥有更大流量、更大资本、更大平台的跨界竞争者磨刀霍霍，迟早会杀入房产交易市场。

这一推演不仅仅是链家的战略想象，它正逐渐变成现实。阿里巴巴、腾讯、京东等互联网公司，都在不同的场合表达要进军互联网与传统行业深度结合的产业互联网领域。阿里巴巴和京东甚至已经开始了互联网卖房的尝试。

链家的战略扩张，是为了让自己赢得更多的生存空间。按照链家高管的说法，"最好的防御是进攻，别人还没有出拳，我们先打出去了"，"现在不做平台，以后很可能就是死。现在做了，以后起码可以和对手形成割据"。

贝壳的"风林火山"跟链家存在一定的差别。它所瞄准的长期不变的需求（林），相对于链家是一种升级，变成了人们追求更美好的居住体验。贝壳的"山"跟链家有继承的关系，仍然是围绕着已经构筑基于信用的数据平台来实现赋能。被赋能的对象除了自营业务，还扩展到整个行业的更多的合作伙伴。贝壳的"火"就从单一的房产交易服务，逐渐扩展为以居住为核心的全场景服务。

15.6　贝壳的进化

左晖说："我们是在和旧的理念和思维模式竞争，而不是和具体的哪个对手。""贝壳必须干掉链家。"如果说贝壳真的针对谁，那也不是针对链家的同行，而是那些可能跨界打劫的互联网公司。

但是链家的同行们可不这么想，他们认为链家这么做就是在针对自己。链家的扩张很快就引发了同行的疑虑。我爱我家集团董事长兼CEO谢勇评价道："我们需要的是真正的平台，如果一家自称是平台的企业，既做线上，又做线下，既当裁判员，又当运动员，这在商业伦理上和操作逻辑上是绝对不能被接受的。"

同行不由自主地会怀疑，链家会不会是利用平台优势来撬他们的客户，以推动链家自身的快速扩张？

链家要想打破这种疑虑，实现从自营业务到平台化，需要向亚马逊学习。亚马逊已经实践过如何从自营平台向第三方赋能型平台的转变。具体包括三个方面：

第一，平台必须能够做大蛋糕，既然要引入更多的生态伙伴，就要通过赋能，让他们获得更大的利益；

第二，平台的规则必须足够公平公正，不能歧视第三方玩家，要让自营业务与第三方业务在同一个起跑线上生存和发展。

第三，自身足够强大，如果这些合作伙伴现在不来参与共建的话，将来链家发展得更为强大，自己可能就会处于不利的境地。既然迟早要参与，那还不如早点加入，还能获得更好的收益。

这三个方面缺一不可。当然，所有这些方面都要围绕链家自身的"山"，以"山"不断地做深做实为前提。

其中最重要的抓手，是自营业务的示范带动作用。我们可以看一下亚马逊自营业务是如何发展的。

自营业务在整个亚马逊平台的作用不单纯是营收贡献者，而是成为整个行业的标杆，像一条鲶鱼一样推动整个生态变得更加"多快好省"。亚马逊自营业务不断提升自身服务水平，第三方商家也必须向亚马逊自营业务看齐；在这一过程中，它们就必须依靠亚马逊平台对它们进行赋能才能实现，于是产生了彼此需要的结果。

为了当好标杆，链家自营业务原先的60分原则就不够了，链家必须对自营业务提出更苛刻的运营标准，培养更多的明星房产经纪人来改造全行业的生态。

链家开始启动一系列升级自身服务标准的行动。

首先，建立了一整套经纪人提升计划，提高底薪吸引更多高品质的人才加入，提供完善的培养与晋升机制，以及更灵活的利益分配机制，来培育更多的优秀经纪人。

通常的中介公司为了降低成本，都是低底薪招一些低学历的员工，链家却反其道而行，它的基本要求是大学本科毕业。通过招高标准的人才，并建立完善的培养跟薪酬激励计划，培养出更多的高品质人才。

其次，链家对自身的服务进行了一系列升级，消除客户对于整个平台服务的疑虑。贝壳推出后，客户对于新的模式充满了疑虑，原先是链家的自营业务，出了事可以找链家，如今是平台上的第三方，如果出了事怎么办？贝壳必须给用户提供放心的承诺，给服务质量做兜底。交易过程中出现任何问题，都由贝壳来负责，先行赔付，然后再处理具体事宜。赔付项目涉及交易过程的各个环节，甚至连过户时白跑了一趟，链家都会提供赔付。

这体现了平台的真正价值，通过自身服务的提升，来消除交易过程中的各种不确定性，打消用户的疑虑，类似当年支付宝担保交易。

服务改善是一个永无止境的过程，贝壳不断升级服务体系，让用户获得更好的服务体验。这一系列发展过程中，贝壳的业务模式在不断创新，贝壳不仅是一个交易平台，慢慢地变成了一个围绕住房的生活服务平台。我称之为它开始慢慢地推动创新飞轮的运转。

这是什么意思呢？

贝壳初期的所有作业模式和流程，都是围绕应用层面的创新（火），应用创新接下来通过技术手段积淀在中台，成为技术层面的创新（山）；这些技术创新开放赋能整个平台，完善平台的生态环境，成为生态层面的创新（风）；生态创新又会激发更多新业务层面的创新。

如此一来，围绕用户的居住需求（林），出现了应用创新（火）、技术创新（山）和生态创新（风）的正反馈循环（图39），不断提升用户的服务体验。创新飞轮不断地循环推动，也使得贝壳不断地生长和壮大起来。

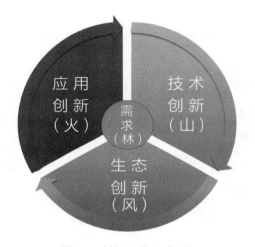

图39 创新飞轮示意图

2018年6月份，58集团召集我爱我家、中原地产、21世纪中国不动产、万科物业、麦田房产、中环互联、新环境、龙湖冠寓等房地产服务机构，建立反链家同盟，引爆了中介行业的战争。

反链家同盟攻击的点，就是链家的平台加自营的模式。58同城董事长兼CEO姚劲波说："58集团将坚持平台战略，永不自营，100年不动摇的发展方向，持续加大投放，服务全行业。"

姚劲波认为，58集团这么大的流量，再加上如此众多的联盟伙伴，战胜贝壳只是时间问题。"链家加上贝壳，只达到58集团20%的流量，在贝壳系中，95%都是链家经纪人，链家交易份额没有上升，在部分城市还在下滑，链家不足为惧。"

反链家同盟成立之后一年的时间里，58集团和贝壳展开了一系列针锋相对的军备大赛，在贝壳发力的所有环节，58集团都进行了相应投入：

真房源保障：58联盟召开"全行业真房源誓约大会"，设立理赔基金保障机制；

广告大战：在世界杯品牌战中，58集团和贝壳找房共花费上亿元，双双成为2018年世界杯央视转播赞助商；在广告代言方面，贝壳找房签下黄轩，58集团旗下安居客则在某个艺人形象崩塌后转签沈腾；

资本联盟：左晖主导链家参股21世纪中国不动产，同时自立加盟门户德佑。58集团则入股我爱我家，成为后者第二大股东。同时，我爱我家洽谈收购主打房地产经纪连锁加盟模式的南昌中环互联。

运营升级：针对贝壳找房的"如视"VR看房、楼盘字典和经纪人认证计划，58分别发布VR看房产品"临感"、房源全息字典2.0，以及房产经纪大学。

但是一年之后盘点战果，58集团不仅全面落败，而且输得惨不忍睹，为什么？

如果仅讨论这场战役的胜负，那么原因在于，链家长时间投入精力和资源打造的"山"（战略根基），其他人是难以跨越的。

一个业内资深人士的评论恰如其分："58集团系联盟松散，与贝壳有本质区别。58集团依旧属于广告商，贝壳属于平台，平台是行业趋势。"58集团的流量虽然看起来更大，但只是信息匹配平台，并没有能力提供深度服务。那些合作伙伴各自为战，与贝壳系平台赋能式的服务差得很远。

如果从长期来看，贝壳形成了创新飞轮的雏形，相对于传统企业成为完全不同的新物种，双方的竞争已经处于不同的维度，58系联盟的失败是必然的。

2019年4月23日，贝壳上线一周年，已经结出累累硕果。贝壳实现了160个品牌入驻，管理21万经纪人及2.1万家门店，楼盘字典的数目相对于一年前几乎是翻倍增涨，记录房源数量达到1.87亿套，而全国存量房总量大约2亿套，已经基本收入囊中。链家前17年的积累，让贝壳找房仅仅用了一年时间就超越了自己，看似奇迹，其实是链家长期战略的厚积薄发。

链家的战略投入换来丰厚回报的同时，链家也不再是互联网巨头要消灭的对象，而是成为战略合作伙伴。贝壳找房进入了众人羡慕的微信九宫格，成为腾讯的重要生态伙伴。或者可以说贝壳在构建自身生态的同时，也成了一个具有更大规模的生态系统的组成部分。

15.7　贝壳向死而生

贝壳的背后，隐藏着巨大的商业野心。

贝壳的战略定位，是以数据驱动的全价值链房产服务平台，其目标是构筑以住为入口的产业互联网。

2016年，是中国房地产业从制造业转向服务业的元年。中国房地产的未来是向业主和住户提供全方位的生活服务。在这样的大背景下，贝壳希望能够占据其中的战略高地。

贝壳的CEO彭永东说："物联网+大数据将奠定智能物业基础，技术+平台将重构智能居住生态。贝壳通过构筑线上线下两张网，正连接更多生态合作伙伴。用户所有和居住相关的服务，都能在这个连接、开放、共生的平台上得到满足。

"新居住时代，平台将串联起泛居住全业态。产业互联网将驱动人、物、数据在交互过程中产生关联，创造价值。"

由此看来，未来的贝壳很有可能成为本地生活服务平台美团的竞争对手。在服务力革命的时代，原有的行业壁垒都将被打破，一切供给形态都将围绕着用户需求进行重构。

居住，作为与用户连接最为紧密的需求形态，必将成为未来商业界竞争最为白热化的战场。在这一战场占据先机的贝壳，未来的商业价值不可限量。但是，贝壳面临的内外部挑战仍然不容忽视，甚至可能会导致其遭遇重大危机。

首先，外部质疑的声音还未停歇。

有人质疑贝壳存在霸王条款："在业务合规的前提下，有些楼盘开发商愿意跟小一点的品牌商签约，但如果贝壳和这个开发商的代理没有谈成，那所有入驻贝壳的品牌商，谁都不能再卖这个楼盘。"

仍然有人发出不信任的声音："链家是亲儿子，德佑是干儿子，这些小品牌是外来的小孩，不是亲人，不一样。""可能不是赋能，而是附体。"

中原地产创始人兼CEO施永青则质疑链家推广贝壳背后的动机，是用一副白手套来扩充自身实力："贝壳找房在北京、上海等地没有推广，因为链家在这里市场占有率高。大力在二、三线城市推广，这些地方链家本身也没有进驻，或者没有多少盘源，贝壳是希望中小中介去填满房源框架。"

除了这些外部挑战之外，更严重的挑战来自内部。

为了实现从传统中介公司向互联网平台转型，链家进行了一系列伤筋动骨的组织大调整，很有可能危及其自身的稳定。

最初，贝壳和德佑都隶属于链家集团，两者级别相同，不可避免地会产生内部冲突。比如说，德佑和贝壳同时看中了一个门店，德佑希望这个门店可以做加盟，贝壳的目标却是让它加入平台。"贝壳是老大，但话语权也没有那么高，德佑也不想只拿贝壳挑剩下的（门店）。"背后矛盾的根源在于，两个业务各自拥有独立的KPI系统，各自向自己的城市总经理汇报。

左晖的解决之道是贝壳升级、链家降级。2019年1月，贝壳宣布启动了新一轮的组织架构调整，左晖拍板为贝壳再次扩权，公开宣称自己是贝壳找房的董事长，显示了扩张贝壳的决心。将贝壳、德佑、链家三个管理团队合并，纳入了同一个管理平台之下，由贝壳找房CEO彭永东直接领导。调整的对象包括财、税、法，核算，线下的运营，BD、CA团队，赋能团队，以及产品运营团队，等等，好几万人的职位发生变动。

这一调整导致大批中高层骨干离职。

"如果是原来的三条线，我是德佑的城市总（经理），你是贝壳的城市总，以前咱俩是不搭边儿的，有些资源可能基本上沟通沟通就好，咱俩基本上平级。现在不一样了，贝壳城市总经理管理着包括链家、德佑在内的贝壳所有体系，你直接变成了我的上级，这是什么感觉？"有人如此说：

贝壳的模式不可能是小团队长期独立生长，还需要与原先的主营业务融合发展，新团队与老团队之间不可避免地存在心智和利益的冲突。

老团队是长期跟随左晖忠心耿耿的嫡系，是线下中介业务的行家，他们的思维模式都是中介业务那一套，更关心当下如何变现。新团队则是从百度、滴滴、美团挖来的互联网人才，精通互联网思维，习惯于先做流量，未来再将流量变现。两者的思维方式和利益考量都不一样，还要争夺公司内部的资源，相互摩擦是避免不了的。

链家集团骨干老员工大批离开，高薪挖来的互联网人才由于难以适应这种意见不合的氛围，流失率也很高。

据链家内部人士评论："虽然目的是一致的，大家都是希望按照互联网的方式做平台，但大家拥有不同的文化基因、不同的做事方法、不同的价值观，事情做着做着肯定就有分歧，不适应、离开的人会比较多。"

转型期的链家集团如同一个走平衡木的高手，小心翼翼地应对内外部的各种挑战，一不留神就可能坠落深渊。

彭永东对此的评价是："每年捅自己两刀式的自我迭代。"但他同时也认为，这是战略转型必须付出的阵痛，是为了奔向美好的未来，不得不付出的代价。

"本质是把原来的核心竞争优势打碎，去打造一个新的竞争优势，去登上一个更大的舞台。"

目前，全行业正处于消费互联网向产业互联网转换的大潮当中，房产交易环节众多，涉及人、财、货、信息等复杂关系，类似具有众多环节的产业链，与产业互联网有众多相似点，因此成为最后一个被互联网改造的消费领域，又是消费互联网中最具有产业互联网特征的领域。

在产业互联网大潮下，传统企业都需要对企业组织进行改造和创新，实现企业向扁平化、网络化、生态化转型。贝壳也成为这些企业学习借鉴的一个很好的范本。

我们展望一下贝壳未来的"风林火山"。

它瞄准的"林"（长期不变的真需求）是什么？是人们对于更好的智能居住体验的不懈追求。围绕这样的一个不变的需求，构筑了它的"火"与"山"。

"山"（战略根基）是进行不断的技术创新来提升其已经形成的信用优势，继续积累数据，构筑它的赋能平台。围绕这样的战略根基，赋能它的生态伙伴进行应用创新，也就是形成各种各样的"火"（战略纵深），而这样的技术平台实际上也就成了新的"风"（战略机遇），因为它将成为新的开放生态，构筑新的生态环境，成为未来的"风"。

贝壳未来的"风林火山"，形成了以不变的居住体验的需求为核心，应用创新、技术创新和生态创新，相互循环驱动的创新飞轮。

深耕中介行业多年的链家走出了一条典型的进化之路，链家选择了难慢累的道路，反而使得其战略根基难以撼动，发展的步伐越来越坚实。链家的发展历程始终在夯实自身的战略根基，然后围绕战略根基来发展火，从内部生态走向外部生态，最终诞生了贝壳，成为居住领域产业互联网的先行者，对中国产业互联网向纵深发展提供了借鉴意义。

链家的战略在天时和地利方面都做得可圈可点，但是在人和方面仍然欠些火候，因此链家宏大的战略愿景是否能够成为现实，目前尚存疑问。

我对贝壳的期待是：有可能成为消费互联网过渡到产业互联网的关键桥梁，但这一切要看链家在组织文化和人才梯队建设方面，能否交出一份满意的答卷。

第十六章　生命不息，进化不止

16.1　进化的内在动力

我们再来回顾一下"风林火山"模型，它包含了两个主要的方面，首先是"风"和"林"，它代表着洞察未来的确定性，也就是预测天时的部分。"林"是战略支点，代表长期不变的用户需求；"风"是战略机遇，代表对需求形态产生影响的变化的关键要素。

"火"与"山"代表应对过程中的不确定性，也就是构建地利的部分。"山"是战略根基，代表锚定长期不变的用户需求，不断投入资源形成的核心优势；"火"是战略纵深，代表围绕战略根基形成的各种变现业务。

用"风林火山"模型指导公司的发展，就会使公司产生进化的内在动力。

通常的视角是将公司视作一个整体，进化动力来自对外部环境变化的应对。公司要保持进化状态，就需要密切关注外部环境的变化。这也就意味着，如果外部环境不变，那么公司也就失去了进化的动力。

"风林火山"模型将公司业务分解成两个相关的维度："山"和"火"，这两个维度之间的相互作用，就会成为推动公司不断进化的内在动力。这也就意味着，公司的发展过程会自然推动公司不断进化，如果没有

"风"就自己造"风"，使得公司始终处于进化状态。

如何实现内驱的进化？包含三个不同的阶段：

第一步，"山"为"火"赋能，推动各种变现业务更好地发展。

举个例子，淘宝平台打造赋能中台，推动各种商家业务的发展，使得这些业务有效发展壮大，这是第一阶段。

第二步，"火"助推"山"进一步扎实，不断加深优势。

同样举淘宝的例子，当各种商家业务不断发展繁荣之后，对于中台的赋能能力又产生了新的要求，就倒逼阿里云的诞生。

第三步，两者之间循环促进，形成"风"势，促进两者螺旋上升。

当阿里云诞生之后，它的能力溢出又会催生更多新业务，比如说智能推荐，而所有新业务的产生，又会倒逼赋能中台的进一步发展。

公司的内驱进化动力，来自业务的二维化。二维化不是简单地将公司业务分解为两个维度，关键在于这两个维度之间要相互影响、相互促进。

下面列举公司二维化的几种常见形式：

第一种，获客能力和变现能力的二维化。

互联网商业模型可以称为流量+变现，其实就是获客能力与变现能力的二维化。

第十一章的腾讯案例，巨大的流量资源和相对孱弱的变现能力之间的不平衡，推动了腾讯的进化，就是这一类二维化的典型代表。

第二种，核心技术和产品能力的二维化。

比如说字节跳动和华为，他们都有自身的核心技术，围绕着技术与产品的相互促进，推动了公司的不断发展。

第三种，软件能力与硬件制造的二维化。

比较典型的例子是小米生态链。它的软件是供应链管理、社群营销一系列软能力，软能力对外赋能各种IOT（物联网）终端硬件，推动整个生态系统不断发展。

16.2 进化与升维

系统升维指的是系统增加了新的关键要素，具备了原先没有的新功能，扩展了系统的应用领域。

比如说，从功能手机发展到智能手机，就是在原先打电话、发短信的通信维度之外，增加了类似于电脑功能的新维度。这一新维度的增加，使得整个手机系统的构建逻辑发生了彻底的变化。这不是原有系统中要素的简单扩充，而是系统的升维。

系统升维和系统破界，是系统非连续性创新的一体两面。非连续性创新是破而后立的过程。系统破界，是从"破"的角度而言，当旧系统发展到极限后，打破旧系统的边界，就会获得新的发展空间。系统升维则是从"立"的角度而言，打破旧系统之后，构建新系统是通过升维的方式实现的。

从升维的角度，更能理解系统非连续演进的过程。系统的非连续性演进，并不是一个全新的系统取代了原先的旧系统，而是旧系统发生了升维，旧系统仍然以某种形式存在于新系统中。

比如从单细胞生物进化到人类，这中间发生了翻天覆地的变化，但是人的身体仍然可以看作是由单细胞生物组成的社会，人体内肠道菌群的生存方式与原始海洋中单细胞生物的生存方式没有太大区别；人体细胞与单细胞祖先也有很多相似之处，其中相当一部分基因还来自单细胞祖先。甚至人体的每一个器官也体现出这种层叠累进的升维进化过程，比如人的大脑从内而外可以大体分为爬行脑、哺乳脑和理性脑，分别对应爬行动物祖先、哺乳动物祖先和猿人祖先。

再如人类社会的演进，从封建主义社会到资本主义社会再到社会主义社会，并不是一种全新的社会形态取代原先的社会形态，也是社会形态的升维演进过程，旧社会的某些形态仍然存在于新社会当中。

企业的两个维度之间不断地相互作用，使得企业不断进化的同时，还会使得企业升维，这是为什么呢？因为"火"与"山"的相互推动过程中，"火"作为一个子系统，存在自身的发展极限，当其不能适应"山"的发展需求的时候，就必须突破原有系统，实现升维。反之亦然。

比如第十五章中提到，链家为了克服中介行业固有的弊病（信用缺失的问题），投入了大量资源打造房源字典，也就是它的"山"（战略根基）。当"山"的赋能作用超出链家自营业务的需要，为了实现进一步的发展，就必须通过建立贝壳平台建立外部生态，这就是"火"的升维。为了适应外部生态的进一步发展，贝壳进行了一系列的服务升级，又实现了"山"的升维。在升维过程中，科技成为越来越重要的因素，因此链家不再是一家传统的中介公司，而变成了一家科技公司。

我们下面回到最常见的互联网模型"流量+变现"，来具体讨论进化过程如何实现一步步的升维。

我们需要先理解一个重要现象。在互联网时代，我们越来越多提到升维进化、降维打击这些概念，但是在前互联网时代很少提及，这是为什么呢？

这是互联网时代商业模式的重大变革造成的。

互联网出现之前，企业跟客户之间的连接效率非常低下，企业通常会抓住宝贵的连接机会，立刻形成变现。那时企业的商业模式是一维模式，叫作"连接即变现"。比如说商业街上的一家服装店，客户进了店门就是一次宝贵的连接机会，商家会抓住机会当下形成交易，因为错过这次机会，下次同一个客户进门，不知道要等到什么时候了。

互联网极大提升了连接的效率，并且使得连接关系长时间保持成为可能，从而使得连接与变现在时空上实现了分离，这就实现了企业的二维化。

典型的互联网玩法是这样的：

第一步，通过业务A实现低成本获取流量，成本越低越好，流量越大越好。

第二步，通过更高维度的业务B促成交易，将流量变现。

以腾讯为例，腾讯的基本业务模式就是通过QQ聚积了低成本的流量，再通过其他业务，比如游戏，实现变现。

互联网的"流量+变现"模型听起来好像很现代、很时尚，其实它是古老商业逻辑的延伸，我们可以把它理解为"虚拟商业街"（这里面也体现了升维的概念）。

比如《清明上河图》中，描绘了古代商业街的繁荣景象，流量代表大街上川流不息的人流，变现则是街上各个店铺。当流量和变现出现不均衡的时候，就会促使这条商业街不断进化和升维。当人流太大，一定会促使人们开更多店铺或者店铺升级；当店铺开得太多人流不够，店家一定会想办法采用各种措施来引流，如同水多了加面，面多了加水。

互联网相对于过去的商业，存在一个重大的变革，就是过去我们无法创造出"街"，我们只能通过商业持续繁荣，许多商家共同创造出这样一个生态。如今最大的不同是，可以通过互联网业务来创造出"虚拟商业街"。

有了基础的"流量+变现"模型之后，越来越多的新玩法陆续出现。

比如互联网时代大名鼎鼎的三级火箭模型，包含了三个维度：

第一步，搭建一个高频的流量业务；

第二步，在形成流量的过程中，沉淀商业场景，筛选潜在客户；

第三步，促成潜在客户的交易，完成商业闭环。

此外还有更加复杂的升维形态——流量池模型（该模型来自杨飞所著《流量池》），基本逻辑如下：

首先通过业务A形成流量，只不过流量形成的过程中，不是直接去变现，而是通过"养"（用户关系维护）的过程，让原先的普通用户沉淀下来，慢慢变成品牌的粉丝。这些粉丝具有强大的势能，能够实现更多转化、更多复购及更多裂变。

当企业从一维变为二维之后，不仅是增加一个维度这么简单，而是出现了质的变化。

一个一维形态的企业，就会停留在一维形态上，很难继续发展。但是一个二维形态的企业，就不会长时间停留在二维形态上，而是会不断地从n维升到n+1维，从而实现不断的升维进化。

美国的六大互联网巨头FANGAM（Facebook、苹果、亚马逊、奈飞、谷歌、微软），都是从一个简单的逻辑出发，不断升维进化，发展成现在的商业帝国。

Facebook类似于腾讯，可以称之为美国版腾讯。苹果公司看上去像是一家硬件公司，但它的商业模式可以称为硬件领域的腾讯。苹果通过抓住用户体验的需求，来构建硬件终端的流量，然后基于该流量，实现自身和盟友的变现。

亚马逊就像一个加强版的京东，奈飞像一个长视频会员制的抖音，谷歌比较特殊，它是一个双核心战略，类似于百度+微软的模式，既有搜索业务产生的线上流量，还包含了安卓操作系统形成的基于硬件的流量。

以上六大公司都可以用"风林火山"模型分析其发展逻辑，感兴趣的读者可以自行分析一下。

16.3 巨头的进化逻辑

阿里巴巴跟腾讯升维进化的底层逻辑是什么？虽然同样是互联网巨头，但如果用"风林火山"模型去分析就会发现，两者的进化逻辑是不同的。

阿里巴巴与腾讯分别抓住了互联网最核心的两个要素，腾讯所专注的社交，是互联网流量的最大来源，因此我们将其称为"倚天剑"，阿里巴巴抓住的是线上商品交易，是互联网最强的变现通道，我们将其称之为"屠龙刀"。

阿里巴巴存在一个长期以来的心病，叫作流量饥渴。阿里巴巴是从电商起家，电商是线上天然最强的变现手段，因此阿里巴巴不愁变现，关键是要有源源不断的人流，所以阿里巴巴扩张的动机非常简单粗暴，就是要导入更多流量。有更多的流量导入，就能让阿里巴巴更加繁荣昌盛，越少的流量留在体系之外，也就减少阿里巴巴被他人颠覆的风险。

为什么拼多多会崛起？实际上就是阿里巴巴忽视了相当一部分下沉人群的流量，说白了就是阿里巴巴犯了当年老蒋犯过的错误，目光盯着城市，忽视了广大的农村根据地。

如果用金庸武侠做比喻，阿里巴巴的进化逻辑很像《笑傲江湖》的主角令狐冲。

阿里巴巴有两个基本套路，一是"吸星大法"，向体系内导入外部新的流量。就如同令狐冲的吸星大法，吸取他人内力。

阿里巴巴看其他任何业务都在想，是否能给自己带来新增的流量，如果是就坚决去做，甚至不惜赔钱去做。只要流量上去了，迟早能把前期的投入赚回来。对于阿里巴巴来说，流量是紧缺资源、生存命脉，绝对不能把命脉交到他人之手。

二是"易筋经"，修炼自身的硬实力，以驾驭这些流量。

令狐冲的吸星大法给他带来很大的麻烦，因为吸取来的异种真气相互冲突，不仅难以驾驭，弄不好还会被反噬。令狐冲只好从少林寺方丈那里学习易筋经，来炼化这些异种真气，为他所用。

阿里巴巴也面临同样的问题。为了凝聚这些四处收集来的宝贵流量，阿里巴巴必须有足够的硬实力技术去消化它们，因此阿里巴巴要竭尽所能地打造阿里云平台，为更多的流量端赋能，把这些外来导入的流量变成能够为自己所用的流量，进而成为自身"内力系统"的一部分。

这就导致了阿里巴巴生态的一个鲜明特点，叫作封闭协同。阿里巴巴是一个封闭的系统，内部一致性强，协同性好，体系内生态环境好，但另外一方面，它在外部就容易树敌。愿意进入阿里巴巴体系的其他企业，要么是遭遇了很大的困难，不得已退场，比如饿了么；要么就是创始人没有太大野心，早早变现离场，享受生活去了。

因此，阿里巴巴帝国很难引入一流的人才，典型案例如曾在阿里巴巴跟腾讯间摇摆的美团。对于像王兴这种既有战略远见又有商业野心的企业家，他很难甘心成为阿里巴巴体系中的一员，叛出阿里巴巴的门庭是必然的。

腾讯的心病正好跟阿里巴巴相反，它是变现焦虑。

腾讯从社交软件起家，通过社交工具获得低成本流量是其看家本领。对于腾讯来说，流量从来不是问题，它所焦虑的是，有了流量之后如何变现。

腾讯的进化逻辑，很像金庸小说《倚天屠龙记》中的主角张无忌。

腾讯也包含两个基本套路。一是"九阳神功"。腾讯通过研发并运营社交类产品带来了巨大流量，始终保持其优势，并享受网络效应的红利。就如同张无忌修炼九阳神功便有了充沛的内力。

二是"真气灌顶"。对于腾讯相对有限的变现能力，腾讯始终处于流量资源过剩的状态，因此它可以很大度地把这些过剩的资源拿出来，交给生态伙伴去变现，大家一起来共同做大这个蛋糕。就如同张无忌把内力输给别人，增强他人功力，让他人成为自己的帮手。

说到这里大家就更能理解，为什么阿里巴巴表现得进攻性十足，咄咄逼人，而腾讯大多数时候表现得很佛系。因为腾讯就像家里有矿的富二代，不像其他互联网公司到处抢流量，打得头破血流。自己创造出来的流量都用不完，当然不会表现出太多的进攻性。

马化腾所说的"半条命交给合作伙伴"，其实没有那么悲情，实际意思是家里矿太多，自己挖不完，分给大家一起挖，一起发财。

腾讯生态的特点也跟阿里巴巴正好相反，它是一个开放性的系统，好处是扩张性强，能够吸引最优秀的一流人才，内部联合和竞争同时存在，整个体系生机勃勃。

但是缺点同样明显，因为这样纳入体系的联盟部队，它只是友军，不是我军，内部协同性远远比不上阿里巴巴。甚至腾讯内部也是一个小联盟，各个事业部各自为战，缺乏底层数据平台的协同，不仅造成很大的资源浪费，当真正挑战到来的时候，也很难对外发挥出全部力量。

因此我们看到，腾讯在与比自己体量小一号的字节跳动较量的时候，占不到什么上风，因为后者的内部协同性要比腾讯强得多，在局部战场上反而是字节跳动占据优势。

总结一下，阿里巴巴是流量吸纳逻辑，它通过打造内部的经济循环闭环，闭环产生牵引力，牵引体系外的更多流量进入，来打造自身的商业版图。腾讯是流量耗散逻辑，它通过社交工具创造出大量的社交流量之后，通过一层一层的变现业务实现变现。这两者的本质都是"火"与"山"之间强弱失衡，这种失衡成为推动它们进化的强大动力。

图40的表格对阿里巴巴和腾讯的表观差异进行了对比。腾讯的优势在于流量，它凭借自己的核心优势，形成了一种开放、去中心化的联邦结构，这种生态特点有点像美团。美团的王兴、京东的刘强东、拼多多的黄峥及快手的宿华，都是具有极大商业野心的枭雄人物，都成为腾讯联邦中的一分子。

阿里巴巴的核心优势在变现，生态模式更加封闭，好处是凝聚力更强，价值观更统一。为了弥补难以吸纳外部人才的缺陷，打造了强大的人才培养体系，依靠自己培养的嫡系部队作战。但是体系内培养出来的将军，无论如何也无法跟王兴这种从死人堆里爬出来的一流统帅对抗。

表观差异	腾讯	阿里巴巴
核心优势	流量	变现
核心需求	社交	交易
核心矛盾	变现焦虑	流量饥渴
生态模式	开放，去中心化、联邦	封闭，中央集权
优点	扩张速度快，一流人才加盟	凝聚力强，价值观统一
缺点	协同性弱，容易分裂内斗	扩张性差，容易激起反对，难以培养出一流人才

图40 腾讯和阿里巴巴的差异

最后做一个总结，"风林火山"模型中"火"与"山"之间的互动，是驱动企业进化的内在动力。就互联网企业而言，流量+变现模型，是驱动企业进行点线面体升维进化的底层逻辑。

同样是升维进化，也存在高下之别。下一章通过短视频赛道——腾讯与字节跳动的战争，分析一下升维进化过程中需要躲过哪些坑。

第十七章　大企业的进化魔咒

17.1　产品思维禁锢

在上一章中讲到，企业二维化之后，企业就存在进化的内在动力。那么接下来就有一个疑问，具备内在进化动力的企业，是否都能够实现升维进化？

二维化只是升维进化的必要条件之一，是否真的能实现不断升维进化，占领市场先机，还需要具备另一个必要条件，那就是克服认知上的障碍。本章所要阐述的，就是这样一个典型案例。本案例探讨的内容是，为什么腾讯在短视频赛道的表现远不如其竞争对手，与它的江湖地位完全不符。

首先需要明确，短视频并非一个无足轻重的边缘战场，而是争夺互联网流量的兵家必争之地。腾讯并没有战略性地放弃或忽视短视频战场。

短视频兴起于4G时代，已经成为现在最重要的互联网流量来源之一，而且可能会成为未来5G时代流量之王的资格证。因此，无论是对腾讯还是字节跳动来说，短视频都是不容有失的必争之战。这两家公司的创始人对此心知肚明，平时表现得风度翩翩的马化腾甚至亲自上场，与张一鸣进行火药味十足的网上论战。

在互联网领域存在十分明显的网络效应，这是一个非常残酷的赢者通吃的竞争局面。当初跟微信竞争的即时通信工具，今天几乎都已经销声匿迹了，短视频也是一样，"要么数一数二，要么销声匿迹"。因此，这是两家公司谁也输不起的一场战争。

微视作为含着金汤匙出生的富二代，背靠腾讯这棵大树，要钱有钱，要人有人，要流量有流量，而且还占据了市场先机。微视诞生的时候抖音还不知道在哪，但为什么小弟弟抖音最后成了短视频一哥，而微视的月活不到前者的1/10，一定是哪里出了大问题。

马化腾自己也对这件事做了反思，他说："每一个身处互联网的人都会有一种巨大的危机感——这里产品和用户需求变化太快，即使是腾讯，也感觉有点跟不上节奏。我现在年龄大了，感觉自己越来越看不懂年轻人的喜好，这是我最大的担忧。"

马化腾将问题简单归结于"代沟"，实际上问题并不是这么简单。

在现实世界里我们看到的马化腾，是一个登高望远的行业领袖，但是在逻辑的世界里，他仍然是坐井观天的井底之蛙。

我们就来看一看，腾讯面临哪些思维禁锢。

第一重叫作产品思维禁锢。

《淮南子·原道训》中说"夫善游者溺，善骑者堕，各以其所好，反自为祸"。你擅长什么，往往也会被擅长的东西所限制。

我们都知道，腾讯是一家擅长做产品的公司。社交软件的特点是以用户体验为王，必须围绕用户需求和体验小步快跑，快速迭代，不断打磨产品和服务，所以造就了腾讯以用户价值为依归的价值主张。从下到上的产品驱动，对用户体验的极度关注，形成了腾讯极强的产品思维。

为了追求极致的产品迭代速度，腾讯的产品开发模式将人类的体能和精力压榨到极限，被内部人戏称为"回转寿司"模式。

腾讯产品经理的上班时间很特别，是下午五六点钟。上班后产品经理搜集产品运营数据，和研发团队开会到八九点。研发团队下班，产品团队继续开会，研究用户需求，研究产品需要迭代改进的点，一直开到凌晨，形成产品需求文档。研发团队上班后根据需求文档进行产品开发，如此周而复始。

有一句话叫作技术看百度，运营看阿里巴巴，产品看腾讯。产品能力是腾讯最为看重的核心能力，也是腾讯在过去获得成功的重要依仗。但是，短视频这个平台本身就是一个升维的战场，它同时包含了技术、产品跟运营的三维竞争。

短视频平台必须具有强大的技术。短视平台拥有海量内容，如何让用户看到自己喜欢的内容，必须依赖强大的AI匹配算法。除此之外，短视频对带宽的要求很高，而且同时上传和下载的数据量极为惊人，为了让不同终端、不同网络环境的用户都能够获得良好的体验，必须具备强大的技术能力。

短视频平台的产品体验必须要好。用户是来休闲娱乐的，用户的体验必须流畅，操作要符合人性，而且不用动脑。无论对于内容的产出者还是观看者都是如此，这背后是强大的产品设计能力。

短视频平台还得依赖强大的运营能力。微信几乎不需要强运营，只需要制定规则，但是短视频平台必须依赖强运营。绝大多数内容生产者一开始都不会拍摄有质量的视频，需要平台给予相应的指导和赋能，还需要平台举办各种活动，来提高他们的积极性。为了实现运营活动，需要提供各种好用的AI滤镜，又需要产品和技术能力能够跟上。所以看起来简单的短视频平台，它需要技术、产品、运营都出类拔萃，而且还要实现三者有效协同，才能够实现极致的用户体验。

在短视频战场的残酷搏杀中，其实不仅仅腾讯失败了，上一代的互联网巨头BAT几乎全军覆没。腾讯系至少还有一个能叫上名字的微视，阿里系死掉的那些短视频产品，甚至连个水花都没留下。

在第十一章腾讯案例中，我们说腾讯三板斧"相似产品+流量导流+红包补贴"曾经令人闻风丧胆，为什么如今不管用了呢？

归根结底一句话：大人，时代变了。

任何一个新行业的出现，都相当于商业领域的"地理大发现"。我们先回顾一下历史上的地理大发现。1492年，哥伦布发现了美洲新大陆，从此揭开了地理大发现的序幕。最开始的时候，新大陆到处都是处女地，只要是十几个人带着七八条枪的游击队，就有可能征服一个帝国，开拓一片巨大的国土。

但是随着时间不断推移，竞争越来越激烈，原先的游击队不管用了，慢慢变成正规军，然后连普通正规军都跟不上节奏，过渡到集团军的作战。到地理大发现的收尾阶段，第二次世界大战时，连一个国家的军队都不够用了，变成多个国家组成的军事联盟的较量。

在这一过程中，竞争在推动物种不断升维进化，物种进化又反过来加剧竞争的激烈程度。

我们再回过头来看，老牌互联网公司BAT诞生于互联网的地理大发现初期，他们都是从游击队起家，虽然已经发展到今天如此庞大的规模，仍然保留了一些游击队的特性。美团、字节跳动、拼多多新一代的互联网公司，它们出生的时代竞争已经极为激烈，因此它们从一开始，就是集团军的作战模式。

具体而言，字节跳动从非常早的时期，就形成了"山"与"火"之间的紧密联系，形成大中台和小前台的组织结构。小前台相当于特种部队，负责探测用户需求，根据需求快速迭代，大中台负责提供炮火支援，一旦发现重大敌情，重兵压上。老一代的互联网公司虽然也有"山"和"火"，但是两者之间的关联相对松散。腾讯虽然现在已经不太提赛马制，实际上仍然处处保留赛马制的痕迹，这就是一种游击队作战的方式。

战场已经升到更高维度，思维方式却仍然停留在过去的低维空间，就像腾讯仍然执着于其擅长的产品思维，与抖音相比，几乎落后了一个时代。

17.2　资源思维禁锢

"你拥有什么，就会被什么所拥有。"

在一次腾讯的总办会议上，马化腾等高管层给腾讯"会诊"：腾讯的核心能力是什么？16个高管当场作答，最后确定两个答案，一是流量，二是资本。

这两项是腾讯的巨大优势，但也会限制腾讯进一步向前发展。

有一个名词叫作荷兰病，它的意思是丰富的自然资源是经济发展的诅咒，而不是祝福。大多数自然资源丰富的国家，经济比那些资源稀缺的国家增长得更慢。这个特征在荷兰这个国家身上体现得尤为明显。

荷兰曾经是一个经济体系非常完善的资本主义国家，但是当荷兰发现了大量的天然气之后，油气行业迅速发展起来，同时其他行业慢慢就凋零下去，相应的人才、技术不断流失。这样一种畸形的发展模式，导致荷兰整体经济不断下滑。

荷兰病的内涵是：丰富的资源会让人产生对资源的依赖，反而导致能力下滑，最终导致发展受阻。

企业都希望自己的"山"（战略根基）足够强大，但是"山"过于强大也未必是好事。腾讯的资源诅咒，表现为对它的"山"过于依赖。

QQ和微信创造了巨大的流量，游戏和广告等变现业务收割了大量的现金，使得腾讯坐拥他人羡慕不已的流量和资金两大金矿。这两大金矿对腾讯过去的发展可谓无往而不利。

所以，腾讯习惯于利用流量和资本两大资源，拉升新产品的流量，攻城略地，无往不利，使得腾讯不可避免地形成依赖自身资源优势的思想。曾经的成功经验，更使得腾讯在耕耘新战场时，不去注重战略战术，而是相信"大力出奇迹"。

腾讯的资源诅咒，集中表现在微视跨越鸿沟的阶段，缺乏对商业基本规律的敬畏心，以为还能大力出奇迹。作为对比，抖音的发展历程，则可以看作教科书般跨越鸿沟的典范。

"跨越鸿沟"这个概念，来自被称为"高科技营销魔法之父"的杰弗里·摩尔的著作《跨越鸿沟》。所谓的鸿沟，是指创新产品在被市场接受的过程中，在创新者到早期大众之间的明显鸿沟，大量的初创企业都会倒在鸿沟面前，这也是杰出企业能够脱颖而出的奥秘。比如苹果公司几乎很少推出完全原创的产品，iPod并不是最早的MP3播放器，iPhone也不是最早的智能手机，但是苹果总是能在跨越鸿沟的关键时刻脱颖而出，一鸣惊人。

跨越鸿沟的理论告诉我们，不仅产品本身要聚焦单一要素，而且面对的目标市场也必须是单一细分市场。首先要瞄准一个细分市场，洞察精准用户的需求，然后集中精力做产品，制定战略，最后发起入侵。

在抖音爆发之前，短视频赛道经历了一个相对漫长的孕育期来开发早期市场。2016年左右，短视频开始进入爆发期，这个时候抖音才刚刚进入市场。这就是典型的跨越鸿沟前的阶段。

首先，抖音选择了一块细分的前沿阵地。抖音在上线之初，明确定位为音乐短视频社区，目标人群为时尚、追求个性的年轻人，这是一个很小的细分市场。针对这样明确的定位，抖音团队用内容、产品、运营三个维度进行立体化的打造。

内容方面，基于短视频的特点，抖音没有把音乐对口型作为主要的玩法，而是以创意舞蹈为主。

产品方面，由于深知中国年轻人注重外表形象的诉求，所以抖音投入大量资源放在滤镜和特效上，让用户不需要化妆，就可以自信地进行创作，如此吸引了大量年轻人积极参与。

运营方面，抖音通过强运营手段组织了一系列官方活动，让产品的调性不会偏离最初设计的酷潮、年轻、高颜值、高格调的方向。

由于定位明确，产品特性显著，抖音引发了年轻群体的追捧，用户数迅速增长。当抖音的月活用户突破一亿的时候（意味着中国时尚年轻受众的潜力已被挖尽），它的Slogan悄悄地发生了变化，从最初的"让崇拜从这里开始"变成"记录美好生活"，从最初的细分人群扩张到更广泛的受众。

同时它做了一系列大众传播动作，植入了"中国有嘻哈""这就是街舞"等节目。随着节目的热播，抖音进入了大众视野，与此同时它的内容也在不断扩展，从一个小众潮流人群的产品成长为大众平台，包含了越来越多的内容，这个时候的扩张就是一个顺势而为的过程。

我们再反观微视是如何做的。微视从诞生一开始，就采用了腾讯惯用打法，"相似产品+流量导入+红包补贴"，通过大把撒钱来买流量。

2013年9月起，微信、QQ和QQ邮箱开始向微视导入流量。2014年春节，腾讯重金邀请了李敏镐等影视明星为微视做广告，春节期间微视的日常活动高达4500万人，总使用人数达到数亿人次。

但由于微视没有做好产品体验，市场定位也极为模糊，大量导入流量就如流水过筛，很快就耗散掉了。

微视的整个团队，对于到底要打造什么样的内容社区，没有一个清晰的思路。微视当时的Slogan叫作"8秒无限欢乐"，到底谁的欢乐？怎么样才算欢乐？谁看到会感到欢乐？他们对于这些问题根本没有思考清楚。

如果没有一个清晰且合适的产品定位，就算改进，都不知道向哪个方向改进。

当别人问为什么你们要做这个产品的时候，微视的负责人说了这样一句话：因为国外有，所以我们必须有。这反映了腾讯对打造这款产品，仍然是沿用过去的相似产品的模仿策略。

微视半死不活，再加上当时短视频整体都不温不火，中间还放弃了一段时间，说明当时腾讯高层也没有把短视频当回事。

2017年5月，腾讯重启微视，这个时候抖音已经发展得有声有色。二代微视从内容到功能全面对标抖音，然而此时的抖音已经牢牢占据初始的根据地，正在努力扩大圈层，网络效应已经开始显现。微视全面模仿的结果就是什么类型的内容都要，没有明确的细分目标用户群体。

最后的结果是：想讨好所有人，可是谁都打动不了。

接下来的一幕就更加具有戏剧性，我称之为微视补贴的"烽火戏诸侯"。

当"相似产品+流量导入"不管用的时候，腾讯又拿出了老办法：红包补贴。2018年初，微视开始大把撒钱补贴内容创造者，但是很快就发现这是一个花钱的无底洞，所需要的资金量远远超出了预先的估计，后来很快就终止了。

这样反复的过程激怒了大大小小的MCN[①]。一个MCN的负责人说："微视这次把信誉消耗光了，从抖音上来的几万个头部达人不会再贡献内容！"

从微视的内部组织架构来分析，为什么会造成这样的局面？

微视的内容运营部分归属于网络媒体事业群，而微视的产品部分归属于腾讯的社交网络事业群。这是两个体系，它们之间产生了内部的撕扯和打架，没有一以贯之的战略视野。对外表现就是朝三暮四，左右摇摆。

你的对外政策一天一变，外部生态伙伴看你如此不靠谱，自然不愿意陪你一起玩。

17.3 媒体思维禁锢

前两层禁锢还是术和法层面上的禁锢，第三层是道层面上的禁锢，相对于前两者，这才是更加致命的。

媒体思维的禁锢，本质上是世界观的禁锢。我们总是站在旧世界来看新

---

① MCN：本意是"多频道网络的产品形态"，指的是将PGC内容联合起来，在资本的有力支持下，保障内容的持续输出，从而最终实现商业的稳定变现。

世界，用旧世界的规则来想象新世界，实际上，新世界的核心逻辑是完全不同的，需要完全不同的游戏规则。

短视频和长视频的差别，只是时长不同这么简单吗？

实际上，它们是完全不同的两类物种，好比恐龙跟哺乳动物，它们之间的差别巨大。腾讯仍然在用长视频媒体逻辑经营短视频平台，失败是必然的。

首先，它们生长在完全不同的环境中。

长视频生长在互联网出现之前的旧媒体网络，那是中心分发式的广播电视网络，少部分专业人士制造内容，通过单向的发送方式进行内容分发，观众被动地接受内容。短视频诞生于新媒体网络，也就是互联网社交网络，这是一个人人都可以进行双向互动的更加扁平化、更加复杂的网络，内容生产和消费是去中心化的、双向的。

因为网络结构存在根本性不同，导致了长视频跟短视频的内涵和商业模式存在根本性差异。

长视频的特点是中心分发、高门槛、少数人垄断，核心是内容。长视频的商业模式非常简单，观众进行内容的消费，而在消费的时间中，通过植入广告来实现媒体播放平台的变现。

短视频参与的人更多，门槛更低，不存在少数人的垄断，通过内容传达，实现人与人之间的信任与感情的建立，它的核心是人本身。因此，短视频商业模式和以内容为核心的长视频完全不同，它构筑的是人的社群，基于人的情感连接和关系连接，生长出各种各样的线上商业生态。

如果用"风林火山"模型来分析，则更能够深刻理解长视频和短视频的内在差异。

长视频平台的"山"（战略根基）在于内容生产。长视频的核心是营造虚幻的世界，核心能力是讲故事的能力，主要构成是专业的内容制作团队，包括编剧、导演、演员等，此外还包括内容宣发等能力。平台运营的主要工作是版权购买和内容运营。由于专业剧集制作成本高、周期长、风险大，总是希望同样的内容能让更多的人看到，因此长视频产品总是针对大多数人的喜好，看到同一个题材火了，剧集会扎堆出现，迅速导致内容泛滥。

短视频的"山"（战略根基）不在于内容生产，而在于基于用户需求的学习过程。因为短视频的核心在于记录真实的人的生活，它的核心能力是面向需求侧进行用户的大数据采集，用户行为的深度学习，用户喜好的建模，进行基于大数据和AI的内容分发，基于用户需求的内容运营，以及以上三者的循环迭代，是一个不断学习进化的过程。从内容上看，短视频是千人千面的，因此存在大量针对小众群体制作的短视频，每个人都可以在上面找到自己喜欢的内容。

因此我们也可以理解，为什么只有在智能手机普及之后，短视频才能迎来爆发。因为短视频深度依赖于移动互联网生态，或者也可以说，短视频才是一种互联网原生的媒体形态，是真正带有互联网媒体属性的媒体形态。

从"火"（战略纵深）的角度来说，长视频的战略纵深极难构筑。因为长视频的优势在于内容资源的垄断，怎么垄断？无非两条路，一是独家制作，二是版权买断。

自制内容需要巨大的资金投入，不仅风险极大，而且不能保证持续成功。这种高投入高风险的模式是电影、电视行业的固有特征，导致每一部作品都会尽可能地去瞄准更广泛的受众群体，以实现更好的变现，反而导致内容的同质化。

为什么同样是长视频平台，中国的爱奇艺、优酷、腾讯视频成不了美国的奈飞？因为两者生存的土壤完全不同。

美国作为一个世纪以来全球影视媒体的中心，培养了大量的相关人才，除了被各大传统影视公司吸纳之外，还存在大量溢出的人才资源。奈飞虽然是长视频平台，但是富有创新精神的创始团队为其打造了具有短视频精神的内核，奈飞的核心能力是基于用户需求的学习过程，基于大数据精准把握用户需求之后，再针对性地制作影视产品，相当于长视频领域的个性化定制，对于传统影视公司是一种降维打击。如今的奈飞产生了两大核心能力，其一是基于用户使用行为猜测用户喜好的AI算法，其二是影视制作能力。

基于AI算法获得用户喜好，基于喜好生产影视作品，吸引更多人付费观看；更多用户的使用数据使得AI算法更加强大，对用户的喜好定义更加精准，并且每一个细分用户聚类积累了足够的受众，值得开发新的影视作品；如此循环滚动，形成奈飞的增长飞轮。

但是，当一个企业出现了两个"山"，对企业的长期发展是不利的。表现在奈飞身上，就是位于西雅图的算法团队和位于好莱坞的影视制作团队之间的斗争和内耗不断抬头，越来越成为困扰公司决策层的大问题。另一方面，由于奈飞的封闭性，抢了其他所有影视公司的蛋糕，成为包括整个好莱坞在内的媒体行业的全民公敌。奈飞遭遇到前文中提及的腾讯在2011年遇到的问题。

奈飞生长的土壤是得天独厚的，不仅中国没有，全世界其他地方也都不具备。爱奇艺、优酷、腾讯视频仍然是披着互联网外衣的传统媒体公司，除了播放渠道借助网络，其他方面跟传统电视台没有本质不同。中国也不具备美国那么多优秀的影视制作人才，因此爱奇艺、优酷、腾讯视频烧钱制作的媒体内容，大多是跟风雷同的产品。

独家制作搞不出太多新鲜玩意儿，那就只能靠版权买断，说白了还是靠烧钱来烧出核心能力，长视频最终沦为资本的游戏。因此，中国的长视频江湖基本是按照资本的逻辑运转的。乐视选择长视频内容作为战略根基，又不像腾讯那样财大气粗，反而需要靠炒作概念往里套钱，失败是必然的。

为了保证资本回报，聪明的资本很快就找到了内容之外的变现捷径："流量明星+饭圈经济"。批量制造小鲜肉、流量明星，演技什么的都是浮云，关键是脸蛋和人设，基于社交媒体培育大量忠实粉丝，动员粉丝的力量为偶像造势、拉流量，实现消费变现。

　　"流量明星+饭圈经济"模式的出现，可以看作以腾讯为代表的传统媒体大亨，在进军短视频屡屡受挫的情况下，将资本逻辑与人际关系逻辑嫁接到一起产生的怪胎。

　　本来粉丝经济很正常，人们喜好多元，大家各玩各的，井水不犯河水，这也是内容生态繁荣的一种表现。但是资本要实现利润最大化，就要求流量影响出圈，动员少部分狂热粉丝的力量，去影响更多人的喜好。但是喜好这东西是多元甚至相悖的，"汝之蜜糖，我之砒霜"。对于其他人来说，这些狂热粉丝的举动无异于强迫自己的感官，于是矛盾就爆发了。

　　在这样一套资本游戏中，有部分流量明星不能正确认识到自己就是资本的变现工具，还以为是靠自身能力获得的成功，于是忘乎所以，就成为众人怒火的焦点。出现"肖战现象"也不足为奇。

　　与长视频不同，短视频本身就是根植于人，天然具有强烈的社交属性，随着用户数的增多，黏性越来越强，具有极强的网络效应。因此短视频的"火"跟长视频完全不同，它会随着时间不断加强。所以我们看到，在短视频平台培育起各种商业生态，包括健身、育儿、职场教育、直播带货等等，这些生态使得整个平台的生态变得越来越繁荣，变现能力越来越强，最后就会实现短视频对长视频的降维打击。

　　从内容的完整性跟真实性两个维度，对视频平台进行划分，分成了四个象限，其中短视频位于真实性高、完整性低的部分，长视频正好相反，它是完整性最高，真实性最低。

　　短视频面对更多的受众，无论内容生产方还是内容接收方，都是面向更广泛的群体，所以它的流量天然要比长视频高得多。建立在更高流量的基础之上，短视频向其他方向扩展，相对来说容易得多。

　　比如，从真实度更高的短视频扩展到微电影，以及从完整性更低的短视频扩展到完整性更高的直播，这是一个自然而然的过程。因为观众从短视频了解一个主播，他会很有动力跟这个主播进行直播互动，更真实地了解他

（她）。从制作相对粗糙的短视频到更加精良的微电影，也是产品升级的过程，用户很容易接受。这就好比人骑上自行车之后，一定会去追求开汽车一样。

但是，长视频平台发展直播跟微电影，如同逆风行船，相对来说难度要高得多。

短视频对长视频最终会造成降维的打击。奈飞成为好莱坞之公敌，其实已经提前预演了这一过程。

随着短视频平台不断发展，它积累的核心优势是AI算法，是大数据，是流量，是对用户需求的精准把握，它可以按照用户的喜好需求，去定制这些用户喜爱的长视频产品，是突破长视频内容同质化的不二法门。从短视频平台孵化出中国的"奈飞"，是更有可能的路径。

17.4 破除三障，迎接新世界

可能有人会有疑问，为什么腾讯已有的战略优势无法迁移呢？我们都知道，腾讯的优势就在于做社交，既然短视频平台很大程度上是用户的社交，这应该是腾讯擅长的战场才对啊？

虽然都是号称社交，但是短视频和微信的社交，所瞄准的底层需求（林）发生了变化，这对于腾讯来说，是陌生的新战场。

腾讯擅长的是线下社交关系的线上化，实质是把现实世界中已有的社交关系搬到网上，而短视频是社交关系网络的线上重构。

微信的用户大多是80后，我们称之为互联网的移民，而抖音的用户多数是90后或者更小，他们是互联网的原住民。两类群体的兴趣喜好、行为模式存在显著的差异。

前者把线上社交当作线下社交的一个映射，因此他们努力地在线上营造和线下一致的社交形象。后者则把线上当作一个表达自我、结交朋友的空间，他们主要的社交方式就是线上，他们更加勇于表现不一样的自我，把线上社交关系带到线下世界。

主要针对前者需求设计的微信，并不能很好地满足后者线上表达和社交的需求，即使微信携中文互联网最强的流量优势推出视频号，其前景也不容乐观。不能带动年轻人广泛参与的短视频平台是没有未来的，即使张小龙说视频号流量已经突破两亿，甚至乐观地估计很快就要到三四亿。可以预言，视频号最终会沦为广场舞大妈的展示平台。

媒体思维的心智禁锢，是如何产生的呢？

长视频诞生于旧媒体广播电视的时代。到了互联网时代之后，我们看到了新要素的出现，通常的做法就是把旧系统嫁接上新的要素。长视频平台本质上跟过去电视媒体没有什么不同，只不过把它的播放渠道搬到了线上而已，表现形式虽然变了，其实仍然是旧世界。

当新的关键要素出现后，只有把原有的旧系统打碎，基于新的逻辑重新构建整个新系统，才是新的世界，也是上一章中所说的系统升维。

这也是为什么绝大多数革命性新技术的发展历程，都会经历由两个S型曲线构成的N型曲线。第一个快速上升的S型曲线，一方面是挣快钱的资本热钱大量涌入的结果，另一方面也是因为在新技术诞生的早期，人们仍然没有打破认知遮蔽，采用将新技术嫁接到旧系统的方式，而这往往是行不通的，因此会造成一轮快速拉升，最终泡沫破灭。

在大量泡沫破灭之后，开始有人进行深刻反思，利用新的技术，基于全新的逻辑构建新系统，这个过程必然是相对漫长的。即使一开始就存在这样的人，但是由于思想太深邃、模式太先进，投资人看不懂，用户也未必感受得到，因此他们被埋在资本泡沫中无法显露出来。到泡沫大量破灭之后，这些新物种才会慢慢浮现出来，做出实际的成果，被资本所青睐，然后再一步步成长起来。

张一鸣对此评价道："当初各个公司都在围绕一些旧战场或过渡战场在

竞争，他们还是太迷恋旧的战场或者旧的事物。"正是由于字节跳动的竞争对手们没有看到，游戏的规则已经发生了深刻的变化，才让字节跳动迅速发展起来。

古有唐三藏，今有"腾三障"，腾讯面临三重禁锢，分别是产品思维、资源思维跟媒体思维的禁锢，分别对应方法论、价值观和世界观层面的禁锢。这三重障碍在佛教中也被称为烦恼障、所知障和业障。有一句偈语："愿消三障诸烦恼，愿得智慧真明了。普愿罪障悉消除，世世常行菩萨道。"

被三障所禁锢，是每个人、每个企业、每个组织都会面临的困境，这也是佛教深得人心的原因。

其实，不仅马化腾具有他的"三障"，张一鸣也有自己的"三障"。

相对于微视，抖音更加先进，但是如果与快手相比，抖音可以看作新媒体与老媒体的杂糅，表现形式是新媒体，商业模式则借鉴旧媒体，是"新媒体的瓶子装上了旧媒体的酒"。

抖音的商业模式，仍然是沿袭了旧媒体"流量+广告"的模式，尽可能培育出头部流量账号，然后让其通过广告变现。抖音平台自身就是广告代理商，所有红人要接广告，都要通过抖音平台进行。

快手却从一开始就设计为记录普通人生活的平台，因此在推荐算法、交互方式、社区氛围、价值观等方面都与抖音产生了明显的区别。快手平台不介入账号的广告生意，对长尾用户更加友好，它的目的是让整体生态更加繁荣，则自身作为基础设施的提供者和运营者，可以从繁荣的生态系统中长期获益。为了让流量更能向普通人倾斜，快手甚至将经济学中的"基尼系数"引入平台运营当中，运营目标是消除贫富差距，实现共同繁荣。

抖音这种扶植头部红人以追求更好变现的做法，长期来看会造成隐忧。用"风林火山"模型分析，短视频平台与内容创作者的关系也应当是"山"和"火"的关系，平台能力足够强大，内容创作者需要平台的赋能，如果

"火"变强，那么"山"就要更高，才能保持长期发展。

抖音的规则很容易加剧马太效应，使得流量进一步被头部红人吸走，而新人很难获得成长机会，就如同森林里参天大树太茂盛，把阳光都抢走了，其他植物就很难存活。而且由于头部红人越来越强势，流量达到千万甚至上亿量级，那么他们反过来会成为平台的支柱，他们自己反而成为不依赖平台的独立存在，羽翼丰满之后必然会出走自立门户，留下枯萎的平台生态和一地鸡毛。

说完抖音反过来看快手，它也有自身的"三障"。

CEO应当同时打造两件产品，一个是公司的产品（服务），另一个是公司。快手的CEO宿华专注于前者，对于公司建设重视不够，与始终同时重视公司和产品的张一鸣存在不小的差距。竞争的结果是，抖音具有更强大的组织建设和内部的协作能力，快手稳步前进的策略被抖音激进扩张造成的网络效应压制，国内短视频一哥宝座丢失，国际化进展也远不如抖音。

对于整个世界来说，我们每个人都是被心智束缚的井底之蛙，只有突破屏障持续进化，不断升维破界才能够拥有未来，否则你迟早被限制在某一个屏障中，无法随着外界的发展变化而发展。

每个人都有认知遮蔽，也就意味着再强大的公司也有无法克服的弱点。那么，如何看待公司存在的战略弱点，让弱点不弱、优势更强呢？这是下一章所要讨论的问题。

第十八章 弱点不弱，优势更强

18.1 正确看待战略弱点

上一章结尾说，每个人都存在认知遮蔽，每个企业都存在自身的弱点。

从另外的角度说，战略弱点是相对性的概念而不是绝对的，弱点永远存在，企图没有弱点，反而会处处都是弱点。若想样样通意味着样样松，当你平均用力的时候，就导致任何一个方向都是弱点。

如何看待企业的战略弱点呢？有三句话值得跟大家分享。

第一句"金无足赤，人无完人"，说的是对于战略弱点的一般性认识。每个企业都有自己的弱点，不可能存在无弱点的企业，哪怕这个企业发展得再强、再大。比如华为公司已经很强大了，但是它仍然存在弱点。

第二句话"弱者道之用"，这是来自道德经的一句话，说的是看待战略弱点的方式。弱点存在，指明了改进的方向，会产生进化的动力。

第三句"知雄守雌"，这是改进弱点的具体方法论。发挥自身的优势，战必胜攻必取，同时对自身弱点进行进化代偿，让对手的攻击因为没有着力点而不能发挥作用。

战略弱点到底有哪些呢？基于"风林火山"模型，我们把战略弱点分成三个不同的层次。

第一个层次是致命弱点，它通常存在于对"风"和"林"把握的失焦。这是战略方向的问题，方向错误，后面执行得再正确都没有意义。这就如同开一辆没有方向盘的汽车，引擎越好，撞墙来得越快。

第二个层次叫作严重弱点，指的是"山"或者"火"存在严重问题，或者两者都出现问题。

第三个层次是良性弱点，主要指的是"山"和"火"之间的强弱失衡，这种弱点反而会成为公司不断进化的动力。

接下来分别看一看，不同层次的弱点分别会有什么表现，以及应该如何进行应对。

18.2　不忘初心

一个公司最致命的弱点，就是战略支点不稳固。

解决用户的问题是企业存在的根本理由。如果偏离了用户的需求，变成了以企业自身利益为出发点，那么企业存在的意义也就不复存在了。

这点看似是常识，却是绝大多数企业，特别是大企业很容易出现的问题。

企业健康发展的逻辑是：企业的出发点是解决用户的问题。通过解决问题而创造价值。因为创造了价值，可以获得合理的利润回报，用利润回报来增强自身的能力，从而持续解决更多更大的问题。

在这样一个循环过程中，获得利润是企业存在的手段。但是，往往手段成型后，人们会将手段本身作为目的，这就是企业的第一大死因。

第八章中通用电气CEO杰克·韦尔奇的案例，就是对这一致命弱点的最好注脚。

杰克·韦尔奇的做法用一句话概括：用金融魔棒，以牺牲长期增长动力为代价，驱动短期业绩增长。将高回报、快速周转的金融业务作为GE的增长引擎，这的确取得了很好的效果，时间长到足以让韦尔奇在任时一直处于

"神坛"上。

但是表面辉煌的背后，是杰克·韦尔奇将企业创造利润本身作为目的，过分追求短期业绩增长，使得企业过度的金融化，为通用电气长期持续发展能力的丧失埋下了种子。

韦尔奇卸任之后，神话逐渐褪色，通用电气的盈利能力和股价持续下跌。2019年6月26日，标普道琼斯公司宣布，通用电气被剔除出已坚守百余年的道琼斯工业平均指数。

追本溯源，企业战略解决的是企业长期发展的问题，必须回答一个根本性的问题：企业到底因何而存在？

在流行的商学院教材及一般人的观念中，企业存在的目的，就是为了赚取利润，这正是源于资本主义的根本理念：一切有价值的东西，都被金钱量化为特定的数值。我们就要追求这个数值的增长，因为这就意味着可以占有更多有价值的东西，更好地满足我们的欲求。因此，所有经营活动背后都指向同一个目标：金钱的增值。

原本企业是通过资本—生产资料—产品—资本的制造循环来换取增值。但是，既然最终目的就是资本的增值，完全有更快的手段，即通过金融方式实现资本的直接增值。通用电气的衰败，就是因为走上了过度金融化的道路。这种情况在中国也屡见不鲜，比如浙江温州许多从事制造业的企业主，在获得资本的积累之后，越来越发现制造业又辛苦赚钱又少，不如炒房炒股赚钱来得轻松。

如果根本性战略方向没有搞清楚，越是有效的战略工具，反而会让企业死得更快，就好比开向悬崖的汽车，汽车开得越快也就死得越快。

货币本身是没有任何价值的，货币之所以成为人人追求的东西，取决于两个条件：

一，大家都相信货币能交换到物品；

二，有足够多的各种物品供大家交换。

然而这一切的背后，需要有庞大的系统支撑，包括生产原料、物流配送体系，大量各司其职的生产制造企业，交通能源通信等基础设施，市场法规建设等。只有整个系统保持繁荣，正常运转，货币才能够发挥其作用，交换到需要的物品，否则货币就是一堆废纸。

亚马逊创始人贝索斯有一句话叫作"stay day 1"，它把公司的状态分成了day 1和day 2两种状态，所谓的day 1就是世界开始的第一天，创业启动的状态，充满了迷茫和压力，但是充满了创造力和颠覆性的思想。这个时候的企业什么都没有，只有以客户的需求为中心，将解决客户的问题作为自身的使命，才有存在的价值。

当企业走过初期的破局点，逐渐发展到功成名就的状态，这就是day 2的状态。企业拥有了稳定的市场份额和稳定的团队，企业的目标是保持地位稳定，维持利润的持续增长。这个时候，很多企业的理念就会慢慢地从以客户需求为中心，变成以自身利益为中心。

贝索斯说，无论企业多么大，都不能忘记创业的初心，牢记企业的使命，才能让企业时刻保持活力。因此，他把亚马逊的总部大楼命名为"day 1"。

如何才能避免公司出现战略支点不稳的致命弱点呢？我给出的方法论是以使命为抓手，培育足够牢固的"林"（战略支点）。具体来说分成如下步骤：

1. 确立使命：遏制赚快钱的冲动，树立解决长期困难的社会问题的企业使命；

2. 分解使命：组织学习活动，建立企业共识，并将企业使命分解为部门使命、个人使命，让每个人都找到自己为之奋斗的目标；

3. 践行使命：定期进行"不忘初心，牢记使命"的主题教育，以及定期进行战略复盘，确认是否偏离原先的战略方向；

4. 刷新使命：持续接收不断涌现的边缘需求，必要时更新所要解决的问题。

18.3　与时俱进，快速迭代

第二类致命弱点是，在关键要素发生变化时，不能有效地应对，这是在"风"（战略机遇）的方面出现的问题。

当关键要素发生快速变化时，意味着市场洗牌的机会来临。对于创业者来说，这是难得的战略机遇，但是对于在位者来说，这意味着潜在的危机。

我们回顾一下，百度公司是如何错失移动互联网机遇的？

百度是PC互联网时代的王者，创始人李彦宏作为互联网搜索引擎技术的奠基人之一，在中国互联网开创了人找物的信息检索逻辑，并且对中文搜索做出了许多开创性的贡献。

《第一财经周刊》评论道："在PC的王者时代，百度把所有资源都投进搜索引擎，靠着专注和单一迅速崛起，而衰败也恰是从此开始。"

百度创造PC互联网时代的第一流量入口，具有巨大的变现能力。百度的精力慢慢地放在如何维持并提升自己的变现能力，维持对原有模式的不断重复之上。

到了移动互联网时代，人找物的逻辑变成了物找人，当游戏规则变化之后，百度却仍然停留在以自身利益为中心的逻辑之中，就导致它无法跟上时代的发展。

对于移动互联网，李彦宏跟张一鸣表现出完全不同的态度。李彦宏说："广告价值没有PC互联网大；电子商务优势也不及PC；游戏的收入来源是大型的客户端游戏，而手机上只能装轻量级游戏……所有这一切都使得在移动互联网时代赚钱面临很大的挑战。"

他所有的评判标准，都是基于移动互联网能不能给公司带来更高的利润这个角度出发的。

张一鸣在2011年看到智能手机的出货量是前三年的总和，这就意味着，一个新的商业空间被打开了，新的空间意味着可以解决用户更多新的问题。

这成为张一鸣辞职创业的直接动力。

如何才能抓住战略机遇，始终有能力应对"风"的变化？

第一，要始终从用户需求视角出发，而不是自身利益视角出发；积极应对，而不是消极防御。

首先还是要回到公司的使命上，以解决问题而不是赚取利润作为出发点，对于引发问题变化的要素就会保持高度敏感。在具体的方法论上，我推荐公司内部进行红蓝军的对抗，始终保持危机感，对于未来变化提前预判。

其次，构建自身的战略根基和战略纵深，即使出现偏差也有足够的反应调整时间，增强应对变化的反脆弱性。

最后，对变化保持敏感的触觉，有能力企业的最佳策略是从追"风"到造"风"，从跟随环境的变化到主动创造出环境，从而能够实现更快更好的发展。

18.4　愚公移山，夯实根基

说完致命弱点之后，接下来谈谈严重弱点。首先是战略根基的问题，也就是"山"是否会被颠覆。战略根基是企业安身立命之本，企业非对称优势之所在。如果战略根基不复存在，也就意味着企业在竞争中处于完全被动的局面，生存就会受到严重威胁。

战略根基被颠覆有两种情形。

第一，战略根基被竞争对手完全覆盖，原先的优势不再成为优势。

第二，在"风"发生变化的前提下，原本积累的战略优势不复存在。

战略根基被覆盖，就是联想目前所面临的窘境。

联想公司的战略根基是什么？联想崛起于20世纪90年代，当时中国制造能力极为薄弱，这样的背景之下，联想形成了强大的供应链管理能力，低成本高效率的制造能力使得联想发展成全球第一大PC厂商。但是，随着大量中国制造业公司的崛起，联想原先积累的战略优势不再成为优势。当IT产品越来越依赖技术创新的时候，联想在技术创新方面的积累却严重不足，导致联想陷入了窘境。与华为手机竞争的小米，也面临着非常类似的情况。

这里面给出一个很重要的启示：企业建立的战略根基应该是不断升高的雄峰，而不能只是一个有限的土丘。

随着"风"的变化，战略根基变得无关紧要，这就是腾讯在2011年前后遭遇的困境。

QQ当年无疑是中国社交网络的王者，但是其优势主要在PC端。当用户迁移到移动端的时候，原有的优势慢慢变得无关紧要，这里面也有一个重要的启示：在连续性时期稳固的战略根基（山），在非连续性时期可能变得不稳，必须加倍小心应对。类似的案例都非常的惨痛，比如iPhone出现之后的诺基亚。

这里做一个大胆的预测，当VR技术成熟后，现有院线所投入的资源都有可能变得无关紧要。这里面就进一步引申出关于"山"的稳固性的话题。

虽然"山"在非连续性时期都有倾覆的危险，但是不同的"山"表现是不一样的。有的"山"会快速倒塌，有的却需要较长时间。这样的话，后者就有了充分的应对时间。

通常来说，"山"建立时的过程越艰难，根基也就越稳固。比如，腾讯和阿里巴巴两者的"山"，在从PC时代到移动互联时代转换的时候，其实都遭遇到了挑战，但是后者应对起来相对从容得多。

这里面给出一个重要的启示：在战略根基的积累上，我们要有愚公移山的精神，要做难而正确的事。不要怕你做的是慢的事、累的事，对于战略根基的打造，慢就是快。"山"的优势积累得越慢，企业的优势也就越大。

18.5 建立生态，扩大纵深

第二类的严重弱点，"火"（战略纵深）的厚度是否足够？举一个军事的例子。"二战"中德军绕过马其诺防线逼近法国首都，后者立即投降。苏联在遭遇德军的闪电战打击之后，却可以顽强反击，最终迎来了胜利。一个重要的差别就在于两者的战略纵深完全不同。

对企业来说也是一样的道理，战略纵深就是企业生命力的表现，当拥有足够的战略纵深，企业就无法被外部敌人所战胜。

对企业来说，扩大企业战略纵深的方法就是生态化。生态化包含两方面：

第一个方面是公司内部生态，要从单一业务到围绕"山"的多业务，也就是说公司的内部要建立生态系统，公司建立赋能中台和小前台的结构。

第二方面是公司的外部生态，公司要从项目型的公司进化成平台型的公司，公司自身成为赋能中心，和生态伙伴共建外部的繁荣生态。

前文中提到过进化战略与传统的多元化战略之间的区别，这里要再强调一下，传统的多元化是指企业向主营业务之外其他领域扩张，但是这些不同的子业务之间缺乏相关性和协同性。随着多元化的开展，企业的资源会越来越分散，越来越难以形成竞争优势。

生态化则包含了赋能平台跟变现业务之间的良性互动，两者的发展存在循环促进、不断提升的过程。为什么过去大家只提多元化，而现在越来越多的人提生态化，因为生态化需要以信息技术的发展为前提，过去不具备这样的技术基础。

在这里提一个问题，如何看待滴滴公司的战略纵深？

如果从它的业务生态来看，滴滴公司的业务模式非常单一，看起来似乎纵深不够，但是仔细分析就会发现，网约车的市场与纯粹的线上公司不同，是有地域性的。考虑到地域因素的话，滴滴拥有广阔的战略纵深，竞争对手占领了南京的市场，未必能占领北京的市场，也未必能占领上海的市场，需要一块一块地去打。

但是，在突然性的疫情打击面前，滴滴暴露出了战略纵深不足的缺点，因为疫情跟其他所有的敌人都不一样，它是跨地域性的打击。

美团是一个典型的大战略纵深的公司。用"风林火山"模型分析一下这家公司，"风"是什么？是移动互联网带来的基于位置服务需求的爆发。美团的"林"，根植于人们对更美好生活的追求与向往。具体来说，所有人都追求吃得更好，生活得更好。

基于这样的"风"和"林"，美团形成了它的"山"（战略根基）——基于位置的调度和配送能力，以及供应链能力。围绕这样的"山"，它构建了各种各样的本地生活服务。

美团的"火"可以全方位覆盖各种生活服务，而且还具有地域区隔。美团的战略纵深非常大，就像当年的苏联一样，很难被闪电战打垮。

接下来看一个战略纵深分析矩阵（图41），这个工具有效地分析了不同公司的战略纵深。横轴是单一业务和多业务，纵轴是单一市场和多市场，通过这个矩阵可以划分出四类不同的公司。

图41 战略纵深分析矩阵

多市场、多业务，就像生物界的棕熊，它的食谱范围非常广泛，这样的企业拥有多业务，而且它的分布地域非常广，分布在各个州。这样的物种，很难被气候变化所淘汰，美团就是商业领域的棕熊。

多市场和单一业务的组合就如同灰狼，灰狼的食谱范围比较单一，相当于它只有单一业务，但是它分布的地域非常广泛，所以这样的物种也具有大的战略纵深，与棕熊相比差一些。滴滴公司就是商业领域的灰狼。

还有一类公司，它有很多的业务，但这些业务其实都瞄准了单一市场。这样的公司就如同非洲草原的鬣狗，它的食谱非常之杂，对应了不同的业务，但是它的分布地域相对比较单一。小米就是鬣狗型的公司，小米生态链包含很多产品，其实都瞄准了同一类人群。

最后一类就是单一业务、单一市场，这样的公司我类比为猎豹。非洲草原上，猎豹的食谱非常单一，它的分布地域也非常狭窄，虽然它具有非常强的专业化优势，但是当环境变化的时候，这样的公司很难抵御变化。诺基亚就是猎豹型的公司。

最后做个总结，我们要理性看待公司的战略弱点，对于致命弱点要尽可能规避，对于其他弱点要做好有效应对，最好将弱点作为驱动公司进化的动力。

避免战略支点"林"出现偏差，在于建立以用户需求为中心的企业使命，建构战略根基"山"的过程越难越慢，"山"的稳固性会随着时间的发展越来越强。企业要尽可能增大战略纵深，才能保证在VUCA时代的生存。

第十九章 酒旅行业争霸战：新物种的降维打击

19.1 携程的崛起

本章案例聚焦于互联网旅游行业的新物种与旧物种之间的竞争，尤其聚焦于前者针对后者的战略弱点，如何实现降维打击。我将这个案例称为果蝇型的案例。它具有三个方面的特征：

第一是长期性，由于时间跨度足够长，我们可以总结出一些规律性的结论。

第二是普适性，这是传统行业互联网转型的过程，体现了产业发展的总体趋势。

第三是典型性，该案例依赖条件较少，可以作为一个理想的观察样本。

首先，我们看看老牌的互联网旅游企业携程。携程是一家非常成功的企业，在1999年创业的那批互联网公司中，在今天依然在行业内处于领头羊地位的好像只有BATC。BAT大家都知道，指的是百度、阿里巴巴、腾讯，C指的就是携程。携程也是第一家带着盈利上市的中国互联网公司。

携程所在的酒旅行业，是包含了多个生活服务元素的综合行业，这些元素包括吃、住、行、游、娱、购，包括线上交易、线下交易和线下交付不同的环节，也包括本地跟异地不同的方式。

携程创立于1999年，当时的携程与传统旅行社相比是不折不扣的新物种。携程当时构建了怎样的战略体系呢？

携程瞄准的"林"（战略支点）是什么？出行的住宿需求，而且还要更加方便、快捷、便宜。

它所面对的"风"（战略机遇）是什么？当时高速成长的中国经济，兴起了大量的跨地区经济往来，带动了异地商务差旅、住宿需求的爆发。

携程构建的"山"（战略根基）是什么呢？连接更多的客房资源，提供需求和供给之间的连接服务。

携程构建的"火"（战略纵深）是什么呢？各种方便快捷的订票订房服务，以及旅游金融服务。

本质上，携程提供的是信息中介服务，也就是基于信息的连接服务。这种服务的特点跟链家的房产中介服务有点类似，就是以资源为王，服务至上。

相对于坐在线下门店里等着客户上门的传统旅行社来说，携程的连接效率极大提升，给客户带来巨大的便利，由于降低了成本，费用还比传统旅行社更便宜。可以说，携程由于更好地把握了"林"，实现了对传统旅行社的碾压。

19.2 携程 VS 去哪儿

2005年环境发生了十倍速的变化，这一年有一个标志性的事件，就是百度在纳斯达克上市，开启了中国互联网搜索为王的时代。同年成立的去哪儿网是一个旅游搜索引擎，中国旅行者第一次可以在线比较国内航班和酒店的价格、功能等。2013年10月2日，去哪儿网也在纳斯达克上市。

去哪儿网的本质是一个信息搜索平台，是一个流量的入口，去哪儿网跟携程的区别相当于百度和搜狐的区别。携程是橱窗式的陈列信息，陈列的是自营业务；去哪儿网是用户自主搜索全网信息，它的信息量更广泛，包含了大量的第三方信息。

从"风、林、火、山"四个维度，来分析携程跟去哪儿网的差异。

从"林"的角度看，它们瞄准的需求存在差异。携程瞄准的是商务差旅需求，是相对中高端的需求，对服务更加敏感，而价格不太敏感。去哪儿网更多是瞄准个人旅游的需求，对价格更加敏感。

两者利用的"风"（战略机遇）也不一样。携程瞄准的"风"是中国经济开始起飞，带动了商旅、电子商务的兴起。去哪儿网面对的"风"是中产阶级消费崛起，个人、家庭出游，信息搜索成为主流。信息搜索可以更加便捷，能够低成本地连接更广泛的信息来源，与个体家庭出游要求更低成本的酒旅资源正好相匹配。

由于两者的"风"和"林"不一样，那么"山"（战略根基）也会有所差别。携程针对其瞄准的商务差旅需求，发掘能够满足商旅需求的优质酒旅资源，去提供连接服务，这背后的一整套能力是携程的"山"。去哪儿网提供第三方的信息搜索引擎，把大量可以触及的酒旅信息提供给用户自主选择，酒旅垂直搜索引擎成为去哪儿网的"山"。

最后两者构建的"火"（战略纵深）也不一样。携程以签约商家中的高端酒店为主。去哪儿网则是连接更广泛的酒旅资源，从低端酒店起步，逐渐扩展到高星级。

携程服务的客户更高端，同时也更小众，价格也更高。因此，携程陷入了典型的"创新者窘境"，会被来自更低端市场更广泛的对手打击。

在去哪儿网快速发展的过程中，携程在干吗？

当时的携程CEO范敏讲过一个一碗乌冬面的故事。说日本的大阪有一家规模不大的乌东面馆，装修布置大方整洁，这家面馆的老板已经做了20年，所有的梦想都是把自己的乌冬面做成大阪最好的面条。在范敏看来，这家店包含的服务概念正是携程一直努力的方向，把简单细微的事情做到极致，这里面包含了一种精益求精的工匠精神。

但是用本书第十章给出的遗传变异四象限图来看，携程落在了"僵化的工匠"这一类，它在不断构建内部的核心优势能力，但是没有看到外部环境已经发生了巨大的变化。

为了应对去哪儿网的挑战，2013年，创始人梁建章又回来做携程CEO。他做了哪些战略调整？

我们还是从"风林火山"这个模型来看。

从"林"的角度，既然去哪儿网是针对个人旅游需求，对价格更敏感。那么携程的调整策略就是价格战，用补贴的方式来打出更低的价格。

从"风"的角度，携程抓住了新一轮外部环境的变革，就是移动互联网的兴起，携程坚决地向移动端迁移，提供更加便利的旅游服务。

携程"山"（战略根基）的转型，就是基于移动端更方便的信息连接，从"人找酒店"，变成更加方便快捷的基于地理位置信息的"信息找人"。最终携程重新构建它的"火"（战略纵深），从原先的OTA（Online Travel Agency）向平台化转型，借助新的"风"（移动互联网），以及自身的资金积累优势，携程切了更广泛的中低端市场，从高低两端夹击去哪儿网。

携程最终获得的战果十分辉煌。2015年10月，携程通过股权置换的方式，成了去哪儿网的第一大股东。2017年3月去哪儿网退市，成为携程旗下的子品牌。携程再一次一统江湖，并且疆域进一步扩展。

19.3　无界扩张者美团

美团自2010年创立以来，一直扮演着一个四面出击的挑战者形象，由于它不停扩张四处出击，对手包括了中国最强大的互联网巨头、有名的创业公司和一些老牌的互联网上市公司。有人甚至说："半壁互联网江山都是美团的敌人。"

美团根植的"林"，是人们对更美好生活的向往，按照美团对使命的表述叫作"吃得更好，生活更好"。美团借助的"风"，是移动互联网的出现，以及年轻消费人群的崛起。美团构筑的"山"（战略根基）是基于地理位置信息的连接和配送服务。基于这样的"山"，它构建了不同的"火"（变现服务），也就是全面覆盖各种本地生活服务，这些服务又会反过来加强"山"的稳固性。

图42简单地列出了美团发展历程中的一些重要节点。图43则显示出美团主要的纵横布局，以及主要竞争的战场，你会发现携程只是美团迎战的重要竞争对手之一，美团的战略逻辑又是什么呢？

图42 美团发展历程

回答上述问题之前，先问一个问题，商业的本质是什么？

商业的本质其实就是供给+需求+连接。其中连接包含了信息匹配、交易和交付这三个方面，分别对应信息流、资金流跟物流，由于信息流和资金流都可以线上化，这三者的关键问题都在于交付手段，也就是物流。

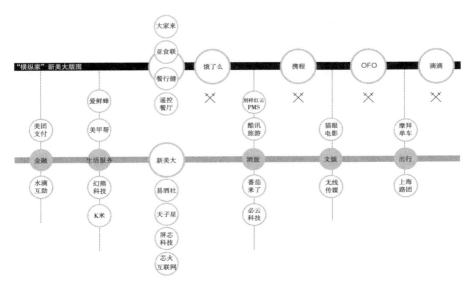

图43 · 美团的布局图

由于物流的不同，互联网公司分成了不同的类型。A类，商品本身就是信息，可以直接线上交付。B1类，商品无法线上化，但是可以通过交通网络进行远距离传输。B2类，商品无法长距离传输或者根本就无法运输，只能上门服务或者到店消费，那就必然以人的地理位置为核心。

结合用户的底层需求及商业本质，我们就很容易明白美团和携程之间的异同。

两者同样是提供以人为中心的生活服务，携程提供旅游服务，美团则是更加广泛的以人为中心的生活服务，其中涵盖了旅游的需求。因此美团是相对于携程的升维物种，携程的"火"（战略纵深）远小于美团，而且全面处于美团的火力覆盖之下。美团和携程之间的竞争，就是一个典型的大纵深公司打击一个小纵深公司的情形。

19.4　专业化 VS 多元化

在一般人看来，这是多元化的美团和专业化的携程之间的战争。美团的创始人王兴跟携程创始人梁建章，还因为专业化和多元化问题打过一场口水仗。

梁建章的主要观点如下：

首先，从大的历史趋势来看，企业的专业化程度越来越高。

这是因为随着经济的发展，市场规模会变大，社会分工越来越细，每个公司的产品和服务也会更加专业化。同样的逻辑，越是市场大、人口多的国家，产业的分工就会更细。

一个小国（如日本）最大的电商公司，可能又做旅游，还做金融。但像美国这样的大市场，分工很细。电商只做电商，旅游只做旅游，外卖只做外卖。中国未来的市场规模会超过美国，分工可能比美国更细。

多元化公司虽然规模大，但是需要和其他资本竞价投资好的企业，或者需要靠烧钱追赶创新者，所以一般来说资金回报就会较低。在风险资本不发达的年代，多元化公司具备一定的金融资源的优势，所以还能取得不错的回报。例如，日本、韩国过去的风险资本不发达，就出现了不少多元化的企业财团。

作为对比，在美国，风险资本发达，多元化公司就很难获得很好的回报。美国的GE公司是美国最好的多元化公司，但是就连GE，近几年的业绩也不如人意。最近几十年，相对于日本，美国的专业化公司要比多元化公司发展得好得多，美国整体的创新力也更旺盛。

中国的企业更应考虑专业化而不是多元化发展，因为中国的市场比美国还大，产业细分程度会超过美国。另外，中国经济还处于快速发展期，很多行业还处于创新期，这更有利于专业公司的发展。

很多美国公司取得本土市场的成功后，往往首先想到的是全球化，而很多中国公司首先考虑多元化，去投资或者进入新的业务。在他们看来，这可能和中国公司的全球化能力不强，或者公司本身的优势就不是来自创新有关。

梁建章说的话好像很有道理，而且完全符合自由主义经济学"分工提升效率"的基本假设。但是所谓的专业化，是从供给侧视角来思考，主要解决生产效率的问题。王兴所说的多元化则是从需求侧来思考。用户的需求总是多元的，从人类懒惰本性出发，总是希望对方能够提供一站式的全方位服务。

"分工提升效率"这一论断本身似乎没什么问题，实际上隐含了一个"默认成立"的假设：各个经济主体之所以能够通过分工的形式进行协作，那是因为它们通过某种机制"有机地"组合在一起。

如果将整个经济系统比作一台精密的机器，很显然，若只是把各个零件杂乱地堆在一起，它们是无法正常工作的。必须先把各个零件按照"正确方式"安装在一起，才能正常运转。

经济机器的零件到底是如何组装起来的？自亚当·斯密以降，经济学家将"经济机器"各个零件的安装过程用玄而又玄的"看不见的手"来代替，也就是所谓的市场和价格调节机制。

假设你从淘宝上买一件衣服，工厂是供给，负责制造出这件衣服。淘宝网和物流系统是连接，你从淘宝上看到这件衣服的信息，产生了购买动作，厂家接到订单后发货，通过物流系统送到你手里。这一切动作背后都有电力、交通、通信等基础设施作为支撑。

上述过程中，供给和需求是显而易见的，连接是隐藏的，经济学家往往关注供给和需求，而忽视连接这个要素。实际上经济活动能够发生，连接才是决定性的。

工业革命的标志，被认为是1764年英国发明的珍妮纺纱机。然而，在此之前，是地理大发现带来的连接革命，将广大的消费市场、原材料产地和工厂连接起来，才能促成工业革命的爆发。

连接方式的巨大变革，带来了海外巨大的棉花产地，以及庞大的销售市场。在巨大的利益面前，资本涌向可以提升纺织效率的一切环节，这才有了飞梭及珍妮纺织机的诞生。供给极大提升后，连接手段再次成为瓶颈，于是英国开始大修运河、挖掘煤炭，对煤炭的巨大需求，才催生了用于运煤的蒸汽机的出现。

蒸汽机后来又被用作火车、汽船的动力装置，从而使得连接方式进一步飞跃。由于连接方式的改进，世界各地越来越紧密地结合在一起，原本分散的局部市场越来越密切地整合在一起，从而使得供给侧可以面对越来越广阔的市场，拉动生产向规模化、精细化不断发展。

此时可以回答前面提出的那个问题："经济机器的零件到底是如何组装起来的？"

答案是：这些"零件"之间彼此连接，连接的对象越多，连接的效率越高，则越能形成广泛和高效的分工，进而越能提升经济的整体运行效率。而这种高效的连接，又使得整个经济生态演进。市场的形成、价格的传导、分工的发展，都不是自动形成的，而是有赖于连接方式的进步。

我们再回到王兴和梁建章的多元化与专业化之争上。美团和携程，作为互联网技术下的服务平台，本质上都是"连接方式"的载体。既然是连接方式，那么其内在的演进逻辑就不在于越来越细的专业化分工，而是不断连接更多对象，提升连接效率。

因此，梁建章所坚持的所谓"专业化"，其理由"提升效率"其实并不能站住脚。

所谓的专业性壁垒，其实只是一种主观上的幻觉，具体到酒旅行业，涉及用户对酒店跟目的地信息的发现，以及用户本人地理位置信息的变动，这里面与美团其他到店业务的共性也要大于差异性。对用户来说，用户的需求总是多元的，从人类的懒惰本性出发，总是希望对方提供一站式的全方位服务，具体到互联网场景，能用一个APP全搞定的话，用户绝对不会愿意安装多个APP分别来搞。专业化的本质其实是把便利留给自己，而将集成的麻烦交给用户。

十年前就有类似的案例，是一场综合电商与垂直电商之间的交战。最后，毫无例外，综合电商赢得了胜利，这就是大纵深打击小纵深的必然结果。

19.5　美团的战略优势与隐忧

除了专业化和多元化的区别，我们也可以看到进化的美团和机械的携程之间存在的差别。

美团建立在生态系统的思维之上，美团的多个生态链是相互赋能、相互加成的。比如，围绕着餐饮产业形成的"山"（战略根基），其中包含ERP服务、收银服务、供应链服务、配送服务等，可以赋能除了餐饮之外的各种类型的商家，从而促进了美团生态的繁荣，而这些生态繁荣又会加强美团的"山"。

携程是非常典型的机械式管理思维。客观地说，携程的精细化管理比美团做得更好，在这方面，美团甚至还要向携程学习，但是携程的内部事业部划分得很细，而且还要分别去背盈利指标跟KPI。

携程有一个很被人诟病的点，就是大数据杀熟。为什么会出现这种事情？

这跟携程的机械式管理思维有关。大数据平台应该是作为一个赋能中台，去赋能前台的各种业务部门更好地服务客户，它自身不应该成为一个直接的利润来源。但是，携程的条块式分割管理，使得这样一个部门也要背盈利指标，它必然会做出动作走形的行为，导致用户的服务体验极差。

美团更大的战略纵深会带来战略性优势。

对于游客来说，游客到目的地进行旅游，它不会单纯地住酒店、逛景点，通常都会品尝当地特色美食，体验当地的特色服务。对高星级酒店来说，住宿只是业务中的一类，婚宴、餐饮会议，以及其他娱乐活动也在业务范围之内。

无论消费者还是商家，美团都可以打造一站式的服务场景，不同子业务之间可以相互引流和协同。

美团与携程之间的作战，就是典型的高频打低频，以此来击穿对手战略纵深的过程。

旅游是一个相对低频的消费行为，而美团聚焦的"food"，是典型的大众刚需、高频需求，这就意味着企业在消费者的生活里建立了多个紧密的点，可以对低频业务进行引流。

美团上市的招股书上显示，2017年超过80%的新增酒旅，预定消费者及约74%的新增其他生活服务的消费者，是从餐饮外卖和到店这两个核心品类转化而来的。

在更大战略纵深的美团面前，携程20年耕耘打造的"护城河"形同虚设。短短三年的时间，美团的酒旅就超越了携程的长期积累，这是典型的升维物种降维打击的威力。

最后，我们来简单预测一下两者竞争的未来。

面对美团的竞争，携程也没有坐以待毙，它开始进行自身的战略调整，核心就是立足自身的"山"，去发展对手火力覆盖范围之外的"火"，扩大它的战略纵深。

携程多年的积累，也有美团一时覆盖不了的核心能力，就是在品牌、精细化服务及积累的酒旅资源方面，可以加大对上游供给端的影响力，实现精耕细作。

携程的"火"有两大拓展方向，首先是国际化，进行跨国并购，向美团尚未涉足的国际市场进军。其次是可以向下沉市场渗透，缩小与美团的差距。

梁建章曾多次强调，目前携程触及的旅游业还只是一小部分，携程专注于旅游，但做的是全球全方位的旅游产品，不光是酒店和机票，也不仅是火车票和租车，还有更多旅游细分产品，携程都会去做，而且是从全球范围去做。

携程在不断努力扩大战略纵深，但是它仍然自我限制在旅游这个范围内，对比美团战略纵深不足的劣势，不会有实质性的改变。

对未来做一个简单预测，对于国际市场来说，携程坚定地走出了国际化的步伐，由于中国出境游市场的火爆，会推动携程下一个增长点。四面开战的美团暂时未显露出国际化的兴趣，会继续深耕国内主战场，所以说携程仍然有足够的发展空间。

从国内市场看，短期来看也就是三年之内，携程跟美团会形成阶段性的双寡头。携程在旅游领域的专业化服务体验上有优势，而美团在消费者流量和一站式服务上有优势，但是从长期来看，一站式的生活服务平台美团很有可能会击败垂直旅游平台携程，复制当年综合电商击败垂直电商的历史。

如果国内的战场尘埃落定，美团同样会走上国际化的道路，到那个时候又会重复国内战场上的故事。

大家会问，是不是美团未来的发展就会一帆风顺呢？当然不是，美团也有自身的战略隐忧。

第一，从"火"与"山"的分析来看，美团身后还有更大战略纵深的对手：阿里巴巴。本地生活服务作为一个高频流量入口，与阿里巴巴志在必得的新零售高度重合，必将成为下一个主战场。美团将遭遇拥有更深厚战略纵深对手的降维打击。

第二，美团锚定的"林"是否稳固，美团的服务是否能够适应新的需求变化？

美团的崛起是依靠年轻人的消费需求，但是对于更年轻的一代人来说，美团APP是否也正在老化？

王兴于1979年出生，他的思维方式基本相当于80后这一代，美团的高管大多是他的同学，认知与他高度同频。在王兴的认知中，美团的使命是功能性服务，我们从美团的使命"让人们吃得更好，生活更好"的表述上就能感知到这一点。

但是，对于更年轻的一代人来说，生活不仅仅是一种功能性的需求，它首先要有趣。生活服务的竞争已经不知不觉来到了更高的维度，社交、情感、心灵需求将会慢慢地超过功能本身，成为更高维度的竞争战场。

所以说，美团所锚定的"林"并非高枕无忧。

已经有一些迹象体现出，美团对于年轻人需求的把握已经显露出力不从心的征兆。比如，小红书就体现出年轻用户之间的互动，包含了更多社交类、情感类需求。

可能对美团造成更致命威胁的还不是小红书，而是抖音、快手等短视频平台。现在在抖音、快手之上已经能够看到大量基于本地生活服务的视频内容，让人看到其成为新的本地生活服务导入的流量入口的可能性。而现在的抖音、快手正在加紧布局电商的基础设施，磨刀霍霍准备与美团、阿里巴巴混战一场。

所以，美团将处于阿里巴巴与抖音、快手前后夹击的不利态势，前者拥有更大的战略纵深，后者更能把握年轻消费者的心理需求。

第二十章　加速进化的时代

20.1　不断加速的单行道

非洲草原上生活着猎豹和羚羊，如果它们会思考的话，羚羊每天想的就是：如何能跑得更快来摆脱猎豹的抓捕。猎豹想的则是：如何能跑得更快，追上羚羊不让自己饿肚子。这两个物种都在不断地进化，但这样的进化历程既没有让羚羊摆脱抓捕，也没有避免让猎豹饿肚子，它们仍在原地不动。

生物进化论中，有一个重要的假说叫作"红皇后诅咒"，用来解释进化的动力到底是什么。猎豹和羚羊就是这个假说的现实范例，在进化的道路上，每个物种唯有加速奔跑，才能停在原地。

从物种演化的历程来看，进化是一个不断加速的单行道，物种进化总是从简单到复杂、从低维到高维。物种跟环境之间相互促进、协同进化，进化速率是一个指数形态的加速过程。

不仅生物界如此，在不同的领域我们都能看到类似的现象，整个宇宙的演化尺度也是这样一个加速的过程，而人类社会的发展，也遵循了相同的规律。在其他更小的尺度，比如说计算机集成电路领域，我们都知道存在摩尔定律，同样描述了指数加速的进化过程。

为什么说进化是一个指数加速的过程呢？

生命本质上是信息处理的过程。生存的本质，就是生命体从不确定性中找出确定性，压缩所获取信息的信息熵，从中得到确定性的结果以指导自身设计应对策略。

因此，进化必然是信息处理能力加速提升的过程。能力提升的速率必须大于环境熵增的速率，才能保证个体的生存。但进化本身又会导致外界环境的熵增，于是会导致螺旋加速的过程：进化加速了信息熵增，而信息熵增会反过来迫使进化加速。

在第十六章中我们提过，企业内在的进化驱动力在于"火"与"山"之间的互动，实际上也可以看作企业的核心能力部门与业务部门相互造成对方的环境熵增，迫使对方不断加速进化的过程。

在环境高速变化的VUCA时代，进化不再是一种选择，而是生存的必须。工业时代相对稳定的环境已经一去不复返，创新与变革不再是特定时间点的孤立事件，而是日常的工作。

原先那种占据优质资源、获得战略优势、构筑护城河的想法，在今天这个时代已经成为幻想，生存下来的唯一途径就是加速向前奔跑。

20.2　历史周期律

在系统的连续变化期，大致包含萌芽、繁荣、鼎盛、衰落四阶段，发展曲线如同S，因此也常被称为S型曲线。进化导致系统不断升维，系统的升维则表现为从一条S型曲线跳跃到另一条S型曲线，也就是系统的非连续变化。

系统是分成不同层级的，任何一个系统都是更大系统的子系统，而且其自身也包含若干个子系统。表现在变化规律上，许多小S型曲线共同构成更大的S型曲线。在许多场合特别是经济学领域，S型曲线被表述为"周期"。

周期这个词，容易让人产生一种周而复始的循环的误解，实际上是系统演进引发的连续性变化和非连续跳跃的过程，或者可以表述为螺旋式上升。

所谓企业"跨越周期"，其实更应当理解为企业升维进化的过程。

1939年，约瑟夫·熊彼特首次提出，在资本主义的发展过程中，同时存在着长、中、短"三种周期"的理论。长周期即60年左右的康波周期，熊彼特把工业革命以来的经济发展过程进一步分为三个"长波"。中周期即为十年左右的"尤格拉周期"，"短周期"则为3~4年左右的"基钦周期"。一个长周期大约包含六个中周期，而一个中周期大约包含三个短周期。

今天的经济学家大都同意，我们现在处于上一轮周期的末期，当然大部分人指的是中周期，少数人指的是长周期。我赞同当前处于上一轮周期末期的说法，但是我所说的周期比长周期（即60年的康波周期）还要长得多。

在我看来，人类目前所处的阶段，是整个工业文明周期的末期，这个超级周期大约为250年，包含了约四个康波周期。

上一轮繁荣的末期，也就意味着下一轮大爆发的前夜。这是工业文明即将结束，人类将要迈向信息文明的超级跨越。越是更大规模的周期跨越，所要经历的变化或者动荡就越剧烈。如此大的跨越，是在世的所有人都未曾经历过的事件，谁也不能精确预言将来到底会发生什么。

但是，我们可以从上一轮同等量级周期跨越所发生的事件，来推测我们将面临什么。

上一轮同等级别的超级周期更替，是从农业文明跨越到工业文明时代。该周期跨越的历程起始于15世纪末的地理大发现，导致全球市场一体化，催生了工业革命，最终完成的标志是19世纪中叶的鸦片战争，将最后一个主要的农业文明帝国卷入工业大潮，经历了大约三百年的时间。

那一轮超级周期跨越中，经历了如下几个方面的重大历史事件：

首先是从科学革命到工业革命，科学革命推翻了亚里士多德的世界观，构建了牛顿世界观，并以牛顿世界观为基础重构了整个思想体系，发展近代科技，以此为基础推动工业革命。

工业文明发展的历程是，世界五大洲本土萌生的农业文明被灭绝殆尽，源于英国的工业文明一统江湖，用一句诗来表述，就是"一花开尽百花杀"。这一过程在《枪炮、病菌和钢铁》一书中有非常详尽的描述。

中国无疑在农业文明时代达到了人类社会发展水平的最高峰，而且早在宋代就已经出现了工业文明的萌芽，比西方要早好几百年，但是始终没有迈过非连续性鸿沟。最终被动卷入工业文明时代，完成痛苦的蜕变。

在了解了上一轮超级周期的更替过程后，我们可以大约推测出，本轮超级周期的主要特征。

第一个判断，西方世界正如上一轮超级周期末期的中国，在工业文明时代发展到极致，却也被禁锢在其中，无法跨越非连续性鸿沟。

第二个判断，这一轮超级周期的跨越，同样要经历世界观革命、价值观革命跟方法论革命。本轮世界观革命就是要推翻牛顿世界观，建立复杂系统世界观，以此为基础来构建信息文明的价值观，包括以用户需求为中心，以解决问题为导向，以竞合为手段，以系统整体的生态繁荣为目标。方法论革命则是以大数据为基本生产资料，以网络化交互为驱动方式，以用户需求为导向的数据聚合。

第三个判断，目前所谓的"信息革命"，只能叫作信息革命的萌芽，信息革命爆发的真正标志将是生产力和生产关系的革命性变化，同样先由一个国家率先引爆，然后带领整个世界迈入信息文明时代。

20.3　商业寒武纪

什么才是信息革命爆发的真正标志？

如果用一句话来描述，那就是"商业领域的寒武纪大爆发"。

阿里巴巴对于这一命题做过专门的研究。阿里巴巴研究院的副院长高红冰认为，类似于寒武纪的物种大爆发，当前技术跟商业技术设施的演化，正在促使零售新物种出现集体爆发。"……各个市场主体，海量创新，高频跨界，竞争协作，突变、裂变、聚变产生海量新物种，市场由于多对多的连接，产生大规模共创协作，大面积的开放体系带来了创新，形成巨大的内在性动力增长。"

阿里巴巴为什么会把当前阶段比作寒武纪？在整个生物进化史上，寒武纪大爆发又意味着什么？

生物进化的历程中，在寒武纪之后，物种数量突然出现暴涨。

从大约38亿年前生命诞生，到大约5亿年前的寒武纪，经历了30多亿年的漫长岁月。在这段漫长的岁月中，生物进化的进展相当有限，主要形态还是单细胞生物，以及极少量简单多细胞生物。而在寒武纪之后，生物界一下子变得热闹起来，我们今天看到的所有生物分类的纲都可以追溯到寒武纪时代。

至于为什么会产生寒武纪大爆发的现象，虽然在生物学界还没有最终定论，但是大家已经取得了一些基本的共识。

寒武纪之前的埃迪卡拉纪，可以说是大爆发的准备期，生物出现了一些重要变化。

首先，出现了有性生殖，意味着生物进化的完善机制：遗传和变异最终形成。

其次，出现了眼睛的雏形和原始的神经网络，眼睛可以实时接收信息，神经网络作为细胞间信息通信和数据处理的中枢，实现细胞间的相互协作，使得单细胞能够聚合成多细胞生物，并且根据外界信息做出实时反应。

第三，出现了掠食者，捕食者与被捕食者之间的竞争性生存压力，开始成为推动进化的主要因素。

根据以上信息，我们可以总结出寒武纪大爆发的本质，它包含一个中心和两个基本点。

一个中心就是以生存压力为中心，捕食者与被捕者之间的军备竞赛极大地加速了进化速率。

两个基本点，就是数据处理和网络协同。眼睛等感官系统的出现，使得实时处理信息成为可能。而网络协同指的是神经网络将不同的细胞连成一个整体，细胞之间可以进行高效的信息传输，实现细胞之间的网络协同。

阿里巴巴之所以投入大量的资源做新零售卖场盒马鲜生，是把它看作促成寒武纪爆发的一个试验田。前文中提到过服务力革命的概念，服务力革命就是以需求为导向的数据聚合，它同样包含一个中心，以用户的定制化服务为中心，这是未来企业生存的根基；两个基本点是以大数据为基本生产资料，以网络化的交互为驱动方式，同样包含了数据处理和网络协同两个方面。

寒武纪大爆发的本质，跟现在的商业世界面临的情况非常类似。

第一，都包含一个中心。生物进化以生存压力为中心，企业以用户需求为中心。由于满足用户的需求是企业生存的唯一理由，后者的实质其实也是生存压力。

第二，数据驱动。在生物体中，通过眼睛感光系统采集信息，神经网络传输并实时处理数据，并做出应对。商业中通过终端设备、物联网大数据等手段采集信息，用云计算处理数据进行应对。终端设备就相当于企业的眼睛，物联网和云计算则相当于神经网络。

第三，网络协同。在生物细胞之间，通过神经网络进行信息交互，实现相互协作，涌现出高层智慧。在当代的生产、流通和服务部门，通过互联网进行信息交互，相互协作，实现群体的共生和进化。

最终的结果也是类似的。寒武纪时代99%的原有物种灭绝了，但是物种门类和数量出现大爆发，现存的大部分生物门类都诞生于寒武纪。在当代的商业世界也会出现类似的情形，大部分现有行业及商业模式将被淘汰，全新的商业形态将大量涌现。未来的商业形态，我们在今天根本难以想象，就好像寒武纪前的单细胞生物根本无法想象后来会出现鱼类、恐龙甚至人类。

未来的趋势是什么，我们如何应对？进化战略跟商业寒武纪有什么关系呢？

商业寒武纪是对服务力革命的形象化描述，它的核心是以用户需求为中心。进化战略模型"风林火山"中，"林"就是指以用户需求作为战略的起点。

商业寒武纪的关键点之一是数据处理。进化战略模型中，为了更加敏锐地跟随快速流变的用户需求，对于"风"和"林"的把握，需要通过数据技术加以实现，对于"山"的建设也要依靠数据化技术。

商业寒武纪的另一个关键点是网络协同。我们一直强调"火"与"山"之间的互动关系，就是需要企业建立内部和外部的生态网络，实现网络化协同。

企业点线面体式的进化，就如同简单的单细胞生物进化为越来越复杂的高等生物及生态系统的过程。

在进化的视角下，未来的商业世界将由不同层级的企业构成，形成多维复杂的生态系统。其中包含基本的基础设施提供者，我们称之为基建者，比如华为这样的公司，来构建智能世界的基础设施。国有大公司，以及国家战略基金、研发机构，同样承担基建者的角色。在基建者之上是赋能者，比如阿里巴巴、腾讯这样的公司，来构建基本的产业生态。赋能者之上是大量的服务者，服务者也可以理解为在细分垂直领域的赋能者，他们在基础的产业生态中构建各式各样的子生态，在这些子生态中，活跃着更大数目的使用者，他们在各自的生态位中生存与发展，服务各自的用户，去满足用户的具体需求。使用者生存得越来越好，就意味着生态越来越繁荣，提供支撑的各级服务者、赋能者和基建者也更加受益。

这些企业之间，也是互相成为"火"与"山"，通过协同合作共同为用户需求提供服务，而整体就会形成应用创新、技术创新跟生态创新这样循环驱动的创新飞轮，推动整体生态协同进化。积累下来的创新又会产生新的"风"，从而形成一个更有利于进化的场域。

最后做个总结，信息革命体现在商业领域就是服务力革命，其表象则是商业物种的寒武纪大爆发。进化战略则是促使现有的商业物种进化为商业寒武纪新物种的不二法门。

未来的发展趋势是什么呢？

用户已经结成了用户网络，变得愈发主动和强势，用户的需求则如同大海中的游鱼，愈发碎片化、多元化和多维化。

对于企业而言，就需要物联网、大数据、云计算人工智能成为企业的眼睛和大脑，产业互联网成为企业的神经网络，区块链成为企业的循环系统，公司的界限趋于模糊，内外结合实现生态化的发展，通过生态化实现经济的升维加速进化，直至实现网络化分工协同、网络化要素流动和网络化价值创造，最终实现生产力和生产关系彻底重塑，价值创造和价值分配出现革命性的变化。

在过去的250年或者说工业革命以来，我们一直在做的一件事情叫作生产力革命，目标是在需求给定的情况下提升供给效率，采用的手段是不断地去分解，对每一个细分环节进行标准化，也就是数据化的过程。未来我们要从生产力革命过渡到服务力革命，也就意味着要从原先那种刚性的供应链变成柔性的供应网络，整个供应网络将围绕用户的需求进行快速调整和迭代，形成面向用户需求的柔性定制。

未来的商业不再是单体企业之间的竞争，而是生态系统之间的竞争。对于未来的创业者来说，首先要考虑的是，在哪一个生态系统中获得适合自己的生态，其次才是构建自身的子生态。进化战略则是企业走向未来的必由之路。

第二十一章　巨头眼中的未来

21.1　倚天屠龙记

从某种程度上说，中国现在的互联网江湖就是阿里巴巴与腾讯两大巨头博弈的战场。仅仅在新零售这一个战场上，我们就可以画出十分纷繁复杂的作战地图。

第十六章提到过的互联网商业模型：流量+变现，阿里巴巴跟腾讯相当于各占了这个模型的一端，其中腾讯依靠社交占据流量一端，阿里巴巴依靠电商占据了变现一端。阿里巴巴与腾讯的竞争，我称之为中国互联网江湖的倚天屠龙记。社交流量就是倚天剑，电商就是屠龙刀。

为什么两家公司会斗得如此不可开交？

放眼天下，双方都发现自己最想要的资源就在对方手里。阿里巴巴和腾讯都希望从自身的优势领域出发，向对方的优势扩张，以实现自身商业版图的进一步扩张。所以，在任何一个新的战场上，都会同时出现这两家巨头的身影。

我们简单回顾一下两大巨头之前的宿怨。大概从2012年起，腾讯跟阿里巴巴开始互相进入对方的势力范围，犬牙交错，战火纷飞，形成了"阿里巴巴帝国"与"腾讯联邦"分庭抗礼的格局。

即时通信领域是腾讯的主场，2013年，阿里巴巴在这里面投入大量资源，做了一款工具叫作来往。马云当时曾说"宁肯死在来往的路上，也绝不活在微信的群里"，表达了死磕即时通信的决心。

在电商领域则是阿里巴巴的主场，腾讯组建了拍拍网，战略投资京东，后来还投资拼多多。网约车领域，我们都知道耳熟能详的滴滴与快的之战；移动支付领域，是微信支付和支付宝的战争；共享单车则是摩拜和ofo的战争；本地生活领域，则是美团和饿了么的混战。

两个老对手如何评价对方呢？

马化腾评价阿里巴巴核心词是"控制欲太强"，马化腾说："我们的立场不是要和合作伙伴展开竞争，而是要为他们提供帮助。微信提供了一个去中心化的平台，合作伙伴可以使用它，独立销售商品不受腾讯的控制，而商户也不用缴纳租金。"

反过来马云评价腾讯，说它"价值观不正"。马云说："从文化上来说，我们是非常不同的，我们更加理想主义，我们想在赚钱的同时做一些好事。相对于我们的产品来说，我们更加信任人际关系。"

21.2　腾讯的战略弱点

这两家公司的战略弱点可能存在于何处？用"风林火山"模型来看，"风"和"林"方面两家都没什么瑕疵，主要从"火"和"山"的两个角度来思考。我们要问如下两个问题：

第一，谁的"火"（战略纵深）比较浅薄，可以在短期内被打透？

第二，谁的"山"（战略根基）更不稳固，可能在短期内被颠覆？

这两个问题都强调"短期"的概念，因为对于掌握大量资源的巨头来说，如果对手不能通过"闪电战"的突然打击，在短期内取得决定性战果，给它以足够的时间进行反应，那就变成了类似"一战"中"凡尔登绞肉机"

的长期消耗战，这是谁也无法承受的。

对于第一个问题，第十九章美团挑战携程的案例，就是一个大战略纵深的公司依靠自己的战略纵深硬吃对手的经典案例。但是这种情况对于腾讯跟阿里巴巴都不再适用，因为它们俩都有足够大的战略纵深。就像美苏这种具有超级战略纵深的国家，即使是其中一个巨头想要全力挑战另外一个巨头，最终都铩羽而归。

对于第二个问题，情况则有所不同。当考虑两者的战略根基的时候，阿里巴巴的战略根基在于电商背后的支撑技术，商业载体很难在短时间内发生重大的变化。腾讯的战略根基是社交背后的支撑能力，但是社交的载体人机交互方式可能会短期内出现重大变革。

第十一章的腾讯案例中我们知道，腾讯在2011年左右曾经遭遇过一次危机。

马化腾在微信大战米聊之后，不无后怕地总结道：如果微信不是腾讯做的，我们就完了。虽然腾讯具有如此庞大的商业版图，但是它的战略根基相对来说比较脆弱。

腾讯在强大的表象之下，存在一个致命的缺陷，腾讯战略瞄准的"林"，也就是社交流量这把倚天剑，看似所向披靡，但是对应的战略根基并不稳固，连续性时期它是无敌的，却难以跨过技术的非连续性。腾讯的"风"与技术形态高度相关，当技术出现重大变革的时候，用户可能短期内转换，导致腾讯的"山"被颠覆。

关于腾讯的未来，我们可以问几个关键的问题。

腾讯的战略根基在于人机交互，那么人机交互的"机"有哪些，交互形态会是怎样呢？

在5G时代，除了我们现在熟悉的人机交互，有可能诞生哪些机机交互，这些机机交互会对人机交互有什么影响？现有的这些大众高频刚需的交互场景，会发生哪些重大的变化？是否会出现新的大众高频刚需的交互场景？

这些问题如果腾讯回答不好，都有可能给其带来严重的挑战。

现在腾讯公司如日中天，如果说腾讯盛世下蕴藏着危机，可能很多人都无法相信。关于腾讯现在的处境，我可以举一个历史上的例子。

在2000年左右，正是微软公司如日中天的时候，当时苹果公司的处境非常不妙，乔布斯回归之后，通过发布新的MAC电脑，把苹果公司从破产边缘拉回来。

《好战略，坏战略》的作者理查德·鲁梅尔特，跟苹果的创始人乔布斯很熟，他跟乔布斯说："史蒂夫，这次苹果绝地逢生给人留下了深刻印象。但是，根据我们对计算机行业的了解，苹果无法真正地突破这种微利模式。网络效应太强了，Windows和英特尔的标杆地位根本无法撼动。那么，你有什么长远之计吗？制定了什么战略吗？"

乔布斯只是淡然一笑："我在等待下一个大机遇。"

七年之后，在乔布斯的手中诞生了iPhone，将微软牢不可破的江山撕开了一道大口子，动摇了微软的统治地位，微软则几乎错失了整个移动时代。

我们现在看腾讯，就有点像当年的微软，有可能会出现新的乔布斯这样的人物对腾讯的地位造成威胁。腾讯现在的情况，就像处在黑暗森林中的人一样，虽然它看起来很光鲜亮丽，但不知道在黑暗中潜伏着多少像乔布斯这样敏锐的猎手，在虎视眈眈。

21.3　阿里巴巴的战略野心

阿里巴巴跟腾讯之间的博弈，腾讯握有社交霸权，表面上处于攻势一方，但是它根基不稳。阿里巴巴表面上比较被动，但是它深耕产业链，盘根错节，步步为营，厚积薄发。

前文中，我们从核心优势、核心需求、核心矛盾、生态模式、优点和缺点方面，分别比较了腾讯和阿里巴巴两种模式的不同，但这些只是表观的差异，我们再看一些深层的差异。

两者所有的表观差异的根源在于，两者的世界观存在差异。

腾讯是典型的工业时代世界观，它表现为静止机械的还原论。阿里巴巴是信息时代的世界观，它表现为动态演化的系统论。

这两种世界观其实可以用不同的文明形态作为代表，还原论的典型文明形态就是自古以来的游牧文明，系统论的典型文明形态则是农耕文明。在当前世界占据统治地位的工业文明，则是继承自游牧文明。

我们通常提到农耕文明和工业文明，总会觉得前者是落后的，后者是先进的，实际上两者并无所谓谁先进谁落后，而是人类文明两个主要的侧面，在历史演进的过程中螺旋上升而已。

大家可以想象一下游牧民的生活状态，天地是他们的舞台，是被征服的对象，是获取猎物的狩猎场，这是单向的，一方主动、一方被动的关系。长期处在这样的生存形态下，也就决定了人们的思维方式跟行为表现。

具体到商业思维中，有如下几类表现：

单向的有限游戏，主要考虑和竞争对手的输赢，如何从市场中切出属于自己的蛋糕；单一维度的供给侧思维，表现为追求局部利益最大化，追求细分领域的垄断。

系统论的思维典型的代表就是农耕文明。农耕文明的生活状态是人在土地上生息繁衍，人与人、人与土地之间是相互作用的和谐整体。人和人之间通过密切的协作，采用各种方法让土地肥沃，土地产出作物作为回报，这是一种双向互动、协同共生的关系。

具体到商业思维中，有如下几类表现：

系统性的无限游戏，做大蛋糕是为了分好蛋糕，分好蛋糕又是为了进一步让蛋糕变大；多维度的需求侧思维，考虑到供需之间的双向互动，从对方需求视角，考虑自身应当提供怎样的供给，追求和谐共生的长期演化。

基于世界观的视角，我们重新审视互联网商业模型"流量+变现"，就会发现它仍然是游牧思维的一种表现。

所谓流量，就如同天然的草场；所谓变现，就是把草收集起来，把羊养肥了之后剪羊毛。所谓的合作生态，就是大家各凭本事，用各种方式来剪羊毛。

"流量+变现"说白了就是薅羊毛模式，能薅多久主要取决于羊本身是否皮实耐薅。生态思维的核心，是建立整个系统协同共生的状态，相互促进，繁荣共生，实现长期的协同进化，共同发展。就好比农民伯伯要浇水施肥，增加土地肥力，让庄稼长得更好。

正如历史上的游牧文明只能产生一时强盛的匈奴帝国，而农耕文明则孕育了大一统的中国一样，具有两种不同思维的公司，其长期发展的走向也是不同的。

具备生态思维的阿里巴巴，所要构建的整个商业版图，隐藏着滔天的野心，我称之为商业领域的"大一统"。我把它比喻为两千多年前的汉帝国，整个阿里巴巴商业体系想要构建的是体系内的经济大循环，在这样的一个循环体内，形成应用创新、科技创新、生态创新循环驱动的飞轮。飞轮不断地转动，将更多外部资源吸纳进来，形成一个吞噬一切的黑洞，让自己不断壮大。

这样的一个创新飞轮，是进化战略的终极形态。中间是长期需求的"林"，周围是三类创新循环驱动。

我们现在已经能看到创新飞轮滚动的迹象，比如二维码的出现就是一个很好的说明。

首先是应用创新，日本的工厂为了在车间里进行物料管理，把已经存在的条形码技术引入进来，来提升管理效率，创造了应用创新。

创新之后发现新的问题，因为条形码信息容量太小，读取速度太慢，所以想用技术手段进行克服，于是发明了二维码，这是技术创新。

发明了二维码之后，不仅可以用于物料管理，而且还有更多的用途。把二维码技术开放出来之后，就变成了一种新的生态环境，成为线上线下连接的基础设施，成为孕育更多创新的土壤，这就是生态创新。

在生态创新的环境下，我们看到大量新的应用创新出现，比如移动支付、共享单车、防伪溯源、移动购物等。这些应用创新落地之后，又会推动新一轮的技术创新，创新飞轮就这样循环转动起来。

21.4　进化战略的进化

从阿里巴巴现任CEO张勇的话中，我们可以看到阿里巴巴对未来的期许。

张勇说："阿里巴巴已经形成了一个横跨商业、金融、物流、云计算等多个领域的独特的数字经济体，这样一个数字经济体正是数字中国、数字技术在中国过去十年的巨大发展的缩影。"

我们可以看到阿里巴巴的野心不仅仅是建立一个商业公司，而是要建立整个经济体。

与阿里巴巴对比，我们再看腾讯就一目了然。正像和刘邦对峙的西楚霸王项羽一样，腾讯系是一个诸侯割据的联邦，虽然腾讯通过生态伙伴拼凑出了一个包含物流、信息流、资金流的经济循环体系，也在做腾讯云大数据，但仍然是用游牧思维来做这一切。

腾讯与其生态伙伴之间的关系，还是比较简单的流量变现模式，在腾讯系统内的各个生态伙伴都只是实现了自身的数据闭环，没有实现体系内不同企业之间的数据流动。与腾讯之间的互动，也仅仅是投资关系和比较简单的流量导入，无法实现各个生态伙伴之间的经济大循环。在这样的一个联盟中，各个实体之间是相互割裂的信息孤岛，大家如同诸侯割据一般，割据一方各自为战，甚至还会因为进入了对方的地盘而导致摩擦。

如此看来，虽然阿里巴巴跟腾讯都在新零售领域做了很多布局，但阿里巴巴的新零售跟腾讯的新零售截然不同。阿里巴巴新零售是为未来投资，目的是为了促成商业寒武纪的爆发；腾讯则只是形似而神不似。

阿里巴巴的模式不在于它的体量有多庞大，庞大的体量只是一个基础条件，其真正强大之处是在经济大循环中创造出创新涌现的环境，打造了商业领域的寒武纪，促使新物种爆发式地涌现，从而促成空前繁荣的商业生态。

这就回到了本书第一章所提到的服务力革命。阿里巴巴要做的，就是创建一个复杂的商业网络来实现商业寒武纪大爆发，促成实现服务力革命。一旦这样的爆发期真正到来，无论旧物种曾经多么强大，也逃脱不了纷纷被淘汰的命运。其他的互联网巨头在竞争压力之下，迟早也会转向生态思维。如果转型慢，就会被市场无情淘汰。

马云有一句被广为流传的话："今天很残酷，明天更残酷，后天会很美好，但绝大多数人死在了明天晚上，见不到后天的太阳。"大部分人把这句话理解为人贵在坚持，在残酷的竞争中只有坚持到底才有希望。

马云这句话的本意，其实是对商业世界的未来做预判，他描述的就是商业寒武纪爆发的情景。

当然，我们也不必过于恐惧会"死在明天晚上"，在大洪水到来之前，只要肯努力并且方法得当，其实都有上船的机会。

在东方神话中，开创新世界的神话是鸿蒙初开，天地混沌，盘古开天辟地，自身化作日月山河等基础设施，万物在其中生息繁衍。而西方神话中开创新世界的过程是大洪水，上帝降下大洪水吞没万物，只有被挑中的物种可以躲在诺亚方舟上，躲过灾难，成为未来世界的幸存者。

这里面体现了生态思维和游牧思维的不同。

游牧思维的想法就是搜集流量，然后进行变现，实现自身利益最大化。在生态思维下，我们创造出更有利于创新的商业循环，在这样的循环中让创新涌现，通过创新涌现来促进商业更好地循环。在游牧思维下，企业在共同的市场中竞争，优胜劣汰；而在生态思维下，是在创造的场域中协同进化，共同繁荣。

运用游牧思维的创新公司，倾向于打造封闭式的体系，与竞争对手展开直接竞争。只有跟自己同一条船的盟友才能在竞争中生存，其他人则被淘汰出局。比如特斯拉造电动汽车，是对传统燃油车的颠覆。特斯拉用熊彼特所说的"创造性破坏"的力量，来颠覆通用汽车这样的传统车厂。

运用生态思维的创新公司，则倾向于打造开放式的生态，自身作为生态系统的基础设施，通过建立统一战线的方式来赢得未来。比如同样是做电动车，华为公司并没有选择"创造性破坏"的方式，而是选择"协同共生"，通过打造汽车智能操作系统，为广大车厂进行生态赋能，共同走向未来。

阿里巴巴同样如此，它的目标是成为商业操作系统，为生态伙伴赋能，虽然这个系统看上去比较封闭，但是从商业竞争的角度上说它又是开放的，任何认同阿里巴巴的使命愿景价值观和商业价值的公司或个人，都可以参与其中。

从这个角度评价，阿里巴巴的进化战略已经走到了更高的维度，从预测未来走向了创造未来，去创造未来中的确定性。

阿里巴巴未来战略的"风林火山"是什么呢？它不变的真需求（林），还是人们对于交易的需求，但是它的战略纵深（火）与众不同，它追求的是所有流量入口的循环演化，也就是各种各样的应用创新。它打造的战略根基（山），是围绕电商的各种各样的技术创新，用技术去赋能变现的业务。这些开放的技术赋能平台就会构成生态伙伴们新的战略机遇（风），实现更多的应用创新。

我把进化战略分成三个不同的层次，进化战略本身也可以实现从低到高的进化。

最基本的进化战略称为进化战略1.0，叫作适应未来。核心议题就是企业如何促成创新，以应对环境的变化，主要循环往复两个阶段，首先预测未来的确定性，然后部署行动，过了一段时间再预测未来，再部署行动。通过这样的循环往复，实现适应未来的效果。

第二种叫作进化战略1.5，称为计算未来。它是通过数据的手段来预测未来，紧握时代脉搏，它包含了新四化建设，对象的数据化、过程的模型化、信息的流动化和决策的智能化。通过不断地循环往复来计算未来，紧握时代脉搏。

第三种叫作进化战略2.0，称为创造未来，通过数据智能加上网络协同，来构建促进创新涌现的生态系统，以用户需求为中心，推动应用创新、技术创新、生态创新的创新飞轮，使得商业物种协同演化。

如果我们把视角再放大一点，整个中国正在围绕着自身的使命"满足人民群众日益增长的物质文化需求"，构建全社会层面的创新飞轮。

首先是国家层面的生态创新，有最近比较火热的新基建，还包括基础科技研发、人才培养、制度创新，都是打造一个适合创新的生态环境。

在这样的生态环境下，大量中小企业会进行各种各样的应用创新。巨头们基于这些应用创新的需要，承担技术攻坚的任务，在特定方向上打造自身的技术优势，而这些优势一旦打造出来，就会开放成为全社会的基础设施，成为生态创新的一部分，为更多的企业赋能，这样就形成了全社会参与的更加宏观的创新飞轮。

这样的飞轮转动起来，整个中国也就向着更高维的使命"实现中华民族的伟大复兴"不断前行。

第二十二章 进化战略对应的组织变革

22.1 德鲁克的进化思想

关于成功，中国古人早已总结了一个很好的公式：成功=天时 × 地利 × 人和。

进化战略只是解决了天时和地利的部分，战略最终要由人来执行，良好的战略是否能得到有效贯彻与执行，那就涉及组织建设和人的培养，这将是《进化战略》之后继续深入讨论的课题。

好的战略得不到有效的贯彻执行，甚至在执行过程中歪曲变形，这是历来困扰企业的难题。彼得·德鲁克是20世纪著名的管理战略大师，他提出了很多很好的战略思想，但是终其一生，也没有找到让这些战略思想得到良好贯彻执行的解决之道（详见本书第六章）。

他很早就提出了生物型组织将是未来商业的基本组织形态，他的商业思想理论中，也渗透了很多关于进化的思想火花。比如"风林火山"这个模型，每个方面在德鲁克的思想中都有只言片语的体现。

"林"的含义是战略支点，根植于用户长期不变的真需求，德鲁克说"顾客是企业的基石"；"风"指的是导致需求形态发生变化的关键要素，是战略机遇的源头，德鲁克说过"企业要以机会为中心"；"山"指的是企业的战略根基，是需要长期积累形成的能力优势，德鲁克说过要"寻找企业的潜力"；"火"是围绕"山"构建的不同的变现回路，前文中提到过，这跟木桶的短板理论有关，通过构建不同的变现回路让企业对抗不确定性。德鲁克也说"要让短处变为长处"。

进化战略的思想早就在德鲁克的著作中有所体现，但是为什么那么多的企业家学习德鲁克，却在执行的过程中大都跑偏，很少走到正确的进化道路上来呢？

华为创始人任正非说：

没有正确的假设，就没有正确的方向；

没有正确的方向，就没有正确的思想；

没有正确的思想，就没有正确的理论；

没有正确的理论，就没有正确的战略。

企业的战略，最终要回到创始人对这个世界的基本看法，也就是基本的假设之上。世界观就如同人的操作系统，是将一切理论转换为行动的根本框架。如果世界观有问题，那么再好的理论也会被扭曲。

德鲁克的战略思想之所以会在执行中产生偏差，其实就在于我们绝大多数人的世界观，并不能适应当前的时代。

牛顿是活在几百年前的人物，但是我们大部分人仍然活在牛顿世界观的影响之下。牛顿世界观可以分成几个主要的方面，包括绝对空间、绝对时间、机械论、还原论和确定论，全部展开内容太多，在这里只提一个还原论。

还原论既是一套认知哲学，也是认知方法论。还原论认为：系统整体等于部分之和，因此把一个复杂系统不断地拆分，通过理解每一个局部，最终就可以理解整个系统。工业时代所做的所有事情，大体上就是依照还原论的思想，把生产过程拆解为一道道工序，把价值创造过程拆解为产业链的各个节点。

还原论影响了当今世界的方方面面。在教育方面体现为分科制教学，在科学领域体现为渗透各处的还原主义，在经济学方面体现为新古典主义经济学，在管理学领域体现为基于数据分析的大泰勒主义。

还原论和机械论是紧密联系的。用还原论的观点理解世界，万事万物都如同机械，公司就如同一台精密运行的钟表。一台机械无论怎么精密，它也没有任何进化的可能，只能通过外部的控制进行干预，令其保持正常运行。在还原论的世界观之下，任何进化的萌芽都会被扼杀在襁褓当中。

因此，德鲁克关于进化的管理思想在实际执行中跑偏变形，一点也不令人感到意外。

嘴上说的是以客户为中心，落实到执行上就变成了以自身利益为中心；

嘴上说要关注市场变化，实际执行时就变成了目光向内，为提高执行效率设置一大堆岗位、流程，最后被冗员冗事拖垮；

嘴上说要投资未来，挖掘公司潜力，实际执行时就随着市值指挥棒起舞，为提高短期效益做些杀鸡取卵甚至饮鸩止渴的事情；

嘴上说要多业务协同发展，实际执行时就是相互抢夺资源，具有成熟现金流的大哥闷死当下弱小但是具有未来的小弟。

22.2　信息时代的挑战

牛顿世界观对我们的影响是无处不在的。我们总是坚信分工能提升效率，因此我们把价值链不断地拆细。我们相信分科能把整个世界研究清楚，所以我们不断地进行学术分科，博士研究的领域因此越来越窄。我们建立等级森严的科层制度，我们基于连续性的假设进行推断，基于线性的因果进行决策，这一切都是来自牛顿的世界观。

牛顿世界观对于人类迈入工业时代居功至伟，人类在工业时代取得的一切伟大进步，可以说都源于牛顿世界观。然而，牛顿世界观让我们当下的相互联系越来越紧密，信息时代的变化速度越来越迅速，让我们感到无所适从，成为我们这个时代的思维诅咒。

图44这张表，对照列出了工业时代跟信息时代的不同。

	工业时代	信息时代
信息交互	信息交互是低效的、缓慢的、单向的	信息交互是高速的、高频的、多维的
供给	供给扩张的时代，主要问题是提升效率	供给严重过剩，主要问题是寻找有效需求
需求	需求标准化，功能满足为主	需求个性化，心理满足为主
环境	商业环境变化相对缓慢	商业环境变化极快
组织	管理科学是建立在牛顿机械论基础上，企业是"被组织"的简单系统	现实是混沌的，企业是"自组织"的复杂系统

图44 工业时代跟信息时代的不同

在工业时代，信息交互是低效的、缓慢的、单向的；在信息时代，信息交互是高速的、高频的、多维的。信息时代的这种特点，会导致任何局部的变化都有可能造成全局性的影响，也就是所谓的"蝴蝶效应"，变化越来越频繁且不可预测。

工业时代是一个供给扩张的时代，主要问题是提升效率，满足长期饥渴的需求。信息时代供给严重过剩，主要问题是寻找有效的需求，来生成相应的供给。

工业时代的需求是标准化的，以功能满足为主。信息时代的需求是个性化且多变的，而且以心理满足为主。

工业时代的管理科学是建立在机械论基础上，环境被假定为是稳定的，企业是一个被组织的简单系统。而在信息时代，环境是混沌的，企业是自组织的复杂系统。在工业时代，我们关注的是供给结构。而在新的信息时代，我们更看重的是用户的需求。

在工业时代，我们的目光关注在供给结构上。信息时代我们看重的是为用户创造价值，供给结构应当随着需求的变化而变。

在工业时代，我们追求每个企业各自的局部利益最大化。而在信息时代，我们更看重的是整体系统繁荣，通过整体系统繁荣，让其中的每一个个体受益。

牛顿世界观中曾经推动我们进步的每一项因素，如今都成为束缚我们继续前进的枷锁。进化战略就是为了打破这套枷锁而生。

进化战略本质上是适应信息时代的需求，建立在复杂系统世界观上的一套战略理论。如果想让进化战略落地，不仅仅是做出一套战略方案，而是要涉及世界观、价值观和方法论的全面调整。其中涉及一系列组织建设、文化建设和思想认知方面的深刻变革，这方面的内容将是下一本书《抗熵组织》的主要议题，在这里简单提及其中最关键的一项——使命。

22.3　使命的召唤

在今天的很多企业中，所谓使命就是一串漂亮的大话，是高管团队关在一个度假村里憋了几天憋出来的说辞，主要作用是挂在公司的墙上供外人参观，糊弄别人的同时也糊弄了自己。

在进化战略中，使命是贯穿战略、组织和领导力的核心，是牵引整个组织不断进化的动力源泉。

企业的发展，短期看资源和机会，中期看管理，长期看使命。在一穷二白的初创期，企业的首要目标是生存，能活下来就好。所以，这个时候赚钱本身可以作为阶段性的目的，但是一旦过了破局点，企业解除了迫在眼前的生存危机，就一定要找到企业的使命。华为公司就是通过伟大的使命作为牵引，从一个名不见经传的小公司发展为伟大的企业。

使命是什么？使命根植于"风林火山"模型中的"林"——用户长期不变的真需求，为了满足这个真需求所定义的一个长期任务被称为使命。比如，阿里巴巴的使命是"让天下没有难做的生意"，就是满足长期需求的一个长期任务。

有人会问：这样一来，满足同一类需求的企业，岂不是拥有相同的使命？

满足外部需求只是使命的一部分，为什么这会变成你的使命？因为使命必须跟你自己有所关系。

使命可以表达为三个圆的焦点，它一方面来自他人的长期需求，另一方面也是你所擅长和坚信的东西，才能真正成为你的使命。

创始人基于个人使命创立企业，用自身使命吸引和影响周围一群人，实现个人使命与企业使命的同频共振，才能形成企业使命。这就是伟大的企业通常会渗透创始人强烈个人风格的原因。

建立企业的使命有五个关键词：

第一个词是"坚定"，它必须是发自内心真的相信，而不能是挂在墙上的标语，并且会让你愿意为之不懈地奋斗。本书第四章讲到洛可可的案例，无论是早期使命"挺起中国民族设计的脊梁"，还是后来的"设计美好世界"，都是创始人贾伟真正相信并且愿意为之不懈奋斗的。

第二个词是"长期"，使命要足够的长期，只有长期才能形成持续的牵引力，让我们始终有目标并向着目标前进。微软创始人比尔·盖茨设置的公司使命"让每一个家庭都有一台电脑"，它就不够长期，微软奋斗20年基本就把这个使命实现了，于是微软就失去了整体目标，陷入了内耗和熵增之中。微软的内部政治斗争在整个IT圈都赫赫有名，直到第三任CEO纳德拉上台刷新公司使命，重启了微软。

第三个词是"艰巨"，使命只有足够的艰巨，专注于做困难的事情才能使企业避免陷入红海竞争。

第四个词是"落地"，使命不能是很难理解或者很难实现的，它最好是既远在天边又近在眼前的。

大家可能会感到疑惑，什么样的使命既能远在天边又近在眼前呢？一个很好的例子就是美团的使命，"让人们吃得更好，生活更好"。一方面，远在天边，因为人们对于美好生活的追求和向往，是无穷无尽的事情，它永远没有实现的尽头；另一方面让人们吃得很好，很容易让你想到下一步具体要做什么。

第五个词是共识，使命必须是全体员工的共识，而不能只是老板自己的使命，凝聚所有人的力量为之共同奋斗。

我们来举一个比较有意思的例子，中国四大名著也包含了四个人类组织，由于组织使命的不同，结局截然不同。

《西游记》中，唐僧的使命是西天取经，普度众生。这一使命富有强大的感召力，凝聚了四人小团队，克服九九八十一难，直到达成目标。

《三国演义》中刘备的使命是什么？兴复汉室，拨乱反正。这个使命在刘备称汉中王之前，非常清晰，也非常有感召力，使他能够在一穷二白的情况下，在身边凝聚了一帮人才。但是刘备称帝之后，这个使命就没有了。相当一部分人满足于割据状态，只有少数人比如诸葛亮仍然将北伐放在心中，内部两种力量开始产生撕扯，西蜀政权的各种乱象开始出现。

《水浒传》中，宋江的使命就是替天行道，接受招安。这个使命一开始，在整个梁山内部就没有被所有人认同，所以这样的使命就造成了内斗和纷争。

最后，我们看看《红楼梦》中的贾宝玉。他最大的特点就是根本没有使命，整个大观园就是一个混乱无序的状态。

企业使命是将商业客观世界与人的主观世界连接起来的桥梁，也是将创始人本人与所有利益相关者连接在一起的精神纽带。只有每个人都树立正确的使命观，通过人与人之间的相互激发、同频共振，才能激发出人的生命潜能，并赋予企业以生命，企业的进化才成为可能。那么，如何才能找到自己和企业的使命呢？

22.4　王兴追寻使命之路

王兴是一个很早就开始带有很强使命感的人。他的家庭比同时代绝大多数中国人都要富裕，可以称得上是个富二代，而且他父亲很注意对他个人修养方面的培养。在失去为了生存奋斗这一基础目标之后，王兴很早就开始思索人生的意义。

王兴基本的世界观是系统论，系统论跟王兴大学本科所学的电子工程专业有关，因为系统论本就是从对信息系统的研究中总结出来的，是信息通信研究的底层理论。系统论同时也跟中国古代的儒家思想有很大的关联。前文说过，农耕文明的生存方式会导致生态思维，而生态思维其实就是系统思维。因此，根植于农耕文明的东方哲学通常带有朴素的系统观。

系统观具体展开内容比较多，我在这里简单提两条，一是层次性，任何一个系统都是由更低层次的子系统构成，也是一个或多个更大规模系统的子系统。二是相关性，系统的各个要素之间、系统跟其他系统之间、系统和子系统之间是相互联系、相互影响、相互制约的。

说起来，我跟他还是清华的校友，他比我早一年入清华。1997年，王兴在清华新生入学联欢会上介绍自己的第一句话是"天下兴亡，匹夫有责"。这里面就体现了个人命运跟国家命运之间的相互关系，带有朴素的系统观思想。

王兴入学后跟一群同乡校友吃火锅，有人提议玩真心话大冒险。他提出的问题是："你们认为人生的意义是什么？"这话与当时的场合格格不入，大家面面相觑：这小子是不是来砸场子的？

大一开班会的时候，每人都会被问到对大学生活的看法，王兴的回答是"修身、齐家、治国、平天下"。

以上三个片段可以看出，王兴始终在思考的是，他的人生意义是什么，也就是他的个人使命应该是什么。

王兴不一样的言行，让两个人开始觉得王兴不简单，一个就是后来成为王兴左膀右臂的王慧文，另外一个叫作付栋平，是美团的第六号员工。

王兴办的校内网被卖掉之后，王兴引用丘吉尔的话说："这不是结束，甚至不是结束的开始，而仅仅是开始的结束。"他还说："我重新做一件事，绝不是为了某一天再把它卖掉，而是要做有利于社会、合作伙伴和自己的事情。"靠这句话，王兴招揽到当时在百度做技术工程师的师弟穆荣均。

身边人评价王兴具有超强的学习能力和学习意识，"王兴不会为破碎的瓷器而哭泣，他甚至会试图从碎瓷中收获些什么，哪怕是去了解一下碎花瓶理论"。

当饭否遭遇了巨大的挫折之后，王兴开始深刻反思，问题到底出哪里。

"我是把饭否当通讯来做的，你看我取的名字就知道——'饭否'，它就是人与人之间的一种相互问候。但是，因为微博半公开的特点，呈现出媒体的属性，这是我始料不及的。"

王兴反思的结论是：社交通信工具不单纯是一种工具，它体现出外部的效应，是应该跟更大的系统相互适应的。反思的结果是：王兴开始用系统观来重新思考企业的使命。

用系统的观点来看，公司是一个系统，它既是业务、产品、技术这些子系统外面更大的系统，也是国家、社会这些更大的系统下面的小系统。不同层次的系统之间应该是能够相容的，我们形容为系统不仅要自洽，而且要跟更高层次及更低层次的系统他洽。

王兴就是用这样一种系统观来思考美团的使命。王兴在《财经》的访谈中说："我总是花很长时间同时思考很多问题，我喜欢在问题当中跳来跳去。而且'使命'是如此之难，世界上只有少数公司正确制定了它们的使命。我相信永恒的事情，我希望使命像北极星一样永远清晰，指引你不断努力，所以我们既要确立一个足够宏大的终极目标，即'live better'（生活得更好），但同时，你的使命又要足够明确而具体，和我们最靠近的事情就是'eat better'（吃得更好）。"

从美团的使命中，我们能够看出它跟更高层次及更低层次的系统是如何他洽的。

首先，我们看美团外卖这个系统，它的使命是"帮助人们吃得更好"，而外卖系统是整个美团的一个子系统，美团的使命是"帮助人们生活更好"，跟美团外卖之间是他洽关系。

美团又是整个社会的一个子系统。整个中国社会在中国共产党的领导下，中国共产党的使命是"为中国人民谋幸福，为中华民族谋复兴"。

所以我们看到，美团公司是一个以解决社会问题为己任，打造命运共同体的公司，它始终把解决社会问题放在一个非常重要的位置上。

美团发布的首份企业社会责任报告显示，主动承担社会责任，创造社会价值，积极构建一家社会企业。与用户、商家、上百万骑手、数万名美团员工、数千家联盟伙伴及数万名生态合作者一起，共创美好生活。据中国人大劳动人事学院课题组的研究，美团带动就业机会1960万个，其中包括270万配送劳动机会，商户就业机会1600多万。

在当今时代，企业承担社会责任，不仅仅是一种高风亮节，而是因为大家相互间的联系越来越紧密，在彼此相互依存、无法分开的情况下，只有采用生态系统的思维方式，令整个系统繁荣起来，才能使在系统中生存的企业发展得更好。

后　记

如果说上一本书《华为崛起》是对我在2005年至2016年从事ICT相关的知识产权工作的系统性总结，作为华为专利战略伙伴相关工作的总结与思考，特别是对专利制度背后的企业发展、产业竞争与大国博弈这些常人难以接触的内容进行提炼和总结，那么这一本书《进化战略》就是在ICT技术发展带来的高度不确定环境下，在更广阔的视野下，对指导企业如何生存和发展的战略思想进行系统性的归纳和提炼。

《进化战略》这本书写作的缘起，正是2020年的新冠疫情。疫情发生后，我先后应邀混沌线上平台、字节跳动旗下的巨量引擎、博研教育线上平台等线上平台做了一系列公益性的线上直播课程，为遭受疫情打击的众多企业如何在不确定环境中生存提供理论、案例指导和答疑。在这一系列课程中，我强烈感到传统商学院教授的经营战略课程已经与当下的环境脱节，而我在《华为崛起》中阐述的华为生存之道，以及我近些年来指导企业进行持续性创新和数字化转型中归纳总结的战略理论体系，才是真正帮助企业在当下和未来一段时期内应对各种挑战的有力武器。我将该战略理论命名为"进化战略"，并提炼出"风林火山"这一简单好记的应用模型，该模型不仅可以指导企业的战略实践，对于个人职业生涯的发展也具有很好的指导作用。

在目前这个变化快速，充满高度不确定性的时代，战略规划不再仅仅是企业高管或政府领导人的工作，而将成为每个人必备的生存技能。我不希望进化战略仅仅成为一种美妙的理论，被束之高阁，而是希望能惠及更多人。我先后尝试了各种手段，如案例式教学、角色扮演、工作坊、理论模型PK赛等等，最后选择了游戏化的沙盘，我认为它可以最大程度地为学习者创造巅峰体验和行为转变。因为沙盘能够很好地解决传统教学经常遇到的挑战：

仅仅听老师讲授内心很难受到真正的触动，就算理论完整，道理正确，也很难直接发生行为改变；老师很难把复杂场景中各种要素的动态变化单向地依靠"讲"说清楚，学员更难靠"听"弄明白。

在国内沙盘培训领域的元老级人物，复杂系统沙盘国内第一人于民老师的大力支持和协助下，"风林火山"系列商战沙盘被开发出来。对桌游和沙盘充满热爱的国内桌游领域大咖，也是朗然资本创始合伙人潘育新对该沙盘的完善提了很多中肯的建议。

通过该沙盘学习进化战略有三大优势：

1. 对于**未来场景**最好的学习模式之一：唯有置身期间亲身体验，才能从"分析—思考—了解"到"目睹—感受—改变"；

2. 对于**复杂场景**最好的学习模式之一：面对复杂场景，冲突环境下做出"两难"决策后，会发现自己的思维习惯和误区；

3. 实现**群体共创**最好的学习模式之一：在精心设计的场域中，每个人既能看到自己，也可以获取他人的经验值，实现群体碰撞与共创。

经过为众多知名企业几十次的授课检验，我们发现"风林火山"沙盘很好地实现了预先设计的学习目标。沙盘极大地震撼了学员，并推动学员将所学理论迁移应用到本企业，它是配合本书内容、在线视频课的又一有力学习工具。

在写作本书的过程中，我也得到了许多朋友的帮助和支持。首先感谢混沌学园创始人李善友，与李善友老师的课程和案例的讨论过程，让我收获巨大。我在混沌学园参与的创新思维模型构建、创新院与创商院的课程和练习设计工作提供了大量有益的实践和启示，尤其感谢与郝志中、沈攀和沈杰进行的一系列有益的讨论。

我感谢华为美国公司前总裁何明先生，作为二十年来华为重大战略决策的亲历者及华为组织变革的主要推动者，他从本书写作一开始就给予了大量建设性意见，并与我就书中的理论和案例进行了大量深入讨论。我们也因此成为很好的朋友。我同时感谢华为前副总裁杨蜀先生，他成为《华为崛起》的读者而在线上与我结识，他也是何明十多年的好友，我去深圳与何明讨论变成了杨蜀做东的三人会谈，不仅参观了他的公司，而且他也结合在华为的经历和现在的创业历程，对《进化战略》进行了深入交流。

我感谢与万维瞻卓咨询公司创始人、前IBM咨询顾问、混沌企业研究院创始人柏翔先生进行的一系列深入探讨，让我对BLM模型有了更加透彻的理解，并更加明确了进化战略在指导企业数字化转型中的巨大价值。我同时感谢混沌企业研究院的蒋帅、余珺、杨正午、伏磊、刘立等老师给我的支持与帮助。我感谢资深高管教练邵天天老师，赵晓霞老师，天使投资人、前拉卡拉公司副总裁朱扬青老师，以及前联想副总裁高文平老师，对进化战略理论的深入探讨，以及提出的建设性意见。

我感谢洛可可创新设计集团董事长、洛客设计平台创始人贾伟先生，贾伟不仅完全向我分享了他的创业历程和产品设计理论，而且我们用大量时间持续探讨了进化战略如何在企业中落地应用，贾伟的实践成为进化战略构建过程中不可或缺的一环。我感谢草原领头羊创始人吴长江先生，很怀念和他一边撸羊肉串一边讨论进化战略如何指导企业实践的有趣经历。

我同样感谢京东数科副总裁陈蕾先生，国际数字经济组织（WDEO）主席李晶先生，以及黄昭中、余浩、章卫、厉中阳、凯文、吴珅、李跃文、郁金星、刘学、蒋宁、王崟海等朋友的建设性讨论和意见。

我特别致敬已故的贝壳找房董事长左晖先生，左晖先生在混沌学园分享的精彩课程，以及他将贝壳大量高管送到混沌学园学习，使我近距离、全方位了解了从链家到贝壳的发展历程，成为进化战略中最重要的实践案例。

我还要感谢混沌领教的每一个人，在创新理论学习探讨和案例交流中给我带来的启发和收获。我还要感谢在混沌分享课程的每一位老师，我在混沌各类学习活动及答辩指导中所接触到的助教、辅导员和同学们，他们分享的实践案例和见解都对本书的撰写起到了帮助。尤其是混沌创新院20级六班的苏文俊、Jenny姐、牛立、桂智伟、老陆（陆焱）、斗哥（焦世斗）、朱迪、任佩禹、唐诗尧、郝邵文、齐凤磊、甘源、郑旭、蓉蓉、孙铭瞳、木米大大（庞涛）、陈德翔、苗迪等同学。作为企业创始人或高管，他们积极的作业与讨论让我思考进化战略在更多行业的具体实践。

我要特别感谢中科院院士、清华大学钱学森力学班首席教授、深圳零一学院创办人郑泉水教授，他让我认识到进化战略不仅可以应用于商业组织，也可以用于学术研究和教育组织，甚至可以应用于地区和国家的科技创新发展战略。在郑泉水教授的邀请下，我成为清华钱班的战略顾问，并负责零一学院的战略规划工作。这使我过去二十年的三段主要人生经历——研究生从事的物理基础科学研究、工作后先后从事的应用技术创新战略的研究与实践，以及商业领域的创新战略的研究与实践——产生了内在的奇妙融合，将进化战略应用于基础研究—应用技术—商业转化有机结合的科技创新发展战略，这个美好的使命愿景激励我不断努力前行，相信未来一定会结出更多的丰硕成果！

当然，我最需要感谢的是在我写书过程中一直支持我的家人，尤其是我的夫人高娟娟。她不仅倾心照顾两个可爱的女儿，为我写书争取了许多宝贵的时间，还结合她在亚马逊和美团点评担任管理层的实践经验，与我进行了大量讨论交流，让我收获很多。这本书能够与读者见面与她的付出是分不开的。